W0029086

rowohlt
BERLIN

Dennis Gastmann

# GESCHLOSSENE GESELLSCHAFT

Ein Reichtumsbericht

Rowohlt · Berlin

2. Auflage September 2014

Satz aus der Abril Text OTF bei
Pinkuin Satz und Datentechnik, Berlin
Druck und Bindung CPI books GmbH, Leck
Printed in Germany
ISBN 978 3 87134 773 3

Für Hans,
der ein reicher Mann war,
weil er das Leben liebte

«Über Geschmack kann man streiten, aber nicht über einen Lamborghini.»
*(Roland Paxino, Millionär, bei einer Pâté de Foie gras)*

# Inhalt

# Wunderland

## EIN PROLOG

Das größte Kunstwerk der Erde steht nicht in Paris, nicht in Rom und nicht in New York. Es ist hundertmal erschaffen worden und genauso oft wieder verschwunden. Jedes Jahr, wenn es Winter wird, ziehen fünfzehn Männer aus Südtirol mit Schaufeln in die frostkühlen Alpen und erwecken einen Mythos zum Leben. Meter für Meter. Kurve für Kurve. Mitten im Nichts. Sie brauchen drei Wochen, zehntausend Tonnen Schnee, fünf Millionen Liter Wasser, und jedes Jahr, wenn es Frühling wird, schmilzt ihre Skulptur einfach dahin. Es gibt viele Bobbahnen auf unserem Planeten. Nur eine wird immer neu geboren. Nur eine ist aus purem Eis.

St. Moritz. Champagnerbrise. Gentleman-Sports. Start vor dem legendären Dracula-Club. Das erste Highlight des internationalen Jetset-Kalenders. Gerade hat sich ein Fahrer die Schulter gebrochen, und jetzt nennt der Arenasprecher meinen Namen. Die Ampel springt von Rot auf Grün. Neben mir steht Rolf Sachs, der älteste Sohn von Gunter Sachs. Er lächelt mich an, klatscht in die Hände, ruft: «Go! Go! Go!», und der Bob gleitet in die Rinne. Abwärts. Kein Zurück. Keine Zeit für Zweifel.

Vor acht Minuten hat Sachs angerufen. Vor fünf Minuten sprang ich in seinen Wagen. Vor einer Minute hat er mir einen Helm in die Hand gedrückt. Jetzt verschwindet sein zitronengelber Schal im Augenwinkel, und ich schieße in einer Rakete mit zwei Olympiasiegern und einem Züricher Partyprinzen davon. Kein Auto, kein Motorrad, keine Droge kann es mit diesem Trip aufnehmen. Wall Corner. Snake Corner. Sunny Corner. Mein Herz überschlägt sich. Nash-Dixon Corner. Horseshoe Corner. Telephone Corner. Blut mischt sich mit Adrenalin. Shamrock. Devil's Dyke Corner. Tree Corner. Wir liegen waagerecht in den Kurven, und hundertvierzig Stundenkilometer setzen das Hirn auf null. Reset. Mein Kopf schlägt hin und her, auf meine Seele legt sich Schnee, und plötzlich wird es still.

Wenn eine Bahn nur aus Kristall besteht, dann fliegt der Schlitten fast lautlos über das Eis. Alles, was du noch hörst, ist die Kälte und dein Atem. Rolf Sachs, der die Strecke angeblich schon im Smoking und auf einem Silbertablett hinuntergesaust ist, hat mir geraten, Luft zu holen, wenn ich eine Kurve erahne. «Atmen Sie!», meinte er. Doch jetzt, bei vierzehn Kurven in fünfundsiebzig Sekunden, hyperventiliere ich, und die Zeit gefriert. Bridge Corner. Leap. Gunter Sachs Corner. Ich lasse mich fallen.

## *FREEZE*

Irgendwo da draußen, irgendwo ganz weit entfernt muss ein Wunderland liegen. Darin tanzen Fürsten und Könige, Baronessen und Prinzessinnen, Oligarchen und Mannequins, Moguln und Maharadschas, Scheichs und Scharlatane. Ihr Leben ist aus Zucker, ihre Nächte sind magisch und ihre Sorgen schneeweiß, so stelle ich es mir vor.

Ein Prozent der Menschheit besitzt vierzig Prozent des Vermögens. Gold und Geld liegen in den Händen einer kleinen Schar von Millionären und Milliardären. Das ist Fakt. Während sich andere durchs Leben hartzen, blasen diese Seligen zur Großwildjagd in Namibia, kaufen Karibikinseln und koksen in Saint-Tropez. Das ist Klischee. Sie saugen uns aus wie Vampire, kriechen durch jedes Steuerschlupfloch und schlafen mit der Moral. Spart Wasser, trinkt Champagner! Das ist Polemik.

Ich frage mich, wie die Reichen wirklich sind. Die Erben und die Selfmades, die Adligen und die Jetsetter, die Parvenus und die Playboys. Welchen Preis zahlen sie für ihren Wohlstand? Was macht Geld mit dem Kopf und mit dem Herzen? Wie viel Einfluss und welche Drogen nehmen sie? Welchen Wunsch hat man, wenn man sich jeden erfüllen kann? Was ist Luxus, wenn man alles besitzt? Welche Rolle spielt Geld, wenn Geld keine Rolle spielt? Und vor allem: Wo finde ich den Schlüssel zur geschlossenen Gesellschaft?

Nur der Himmel weiß, wie viele Komplimente ich der Hautevolee in den vergangenen Wochen gemacht habe. Meine Worte glichen Liebeserklärungen, ich dekorierte sie mit Sahne und Kirschen und schickte sie um den Globus. In der Hoffnung, dass ein Rockefeller anbeißt, verschanzte ich mich in meiner Wohnung. Ich wollte nicht mal einkaufen gehen, aus Angst, an der Kasse den Anruf meines Lebens zu verpassen. Meistens schwieg das Telefon. Wenn es klingelte, überbrachte es schlechte Nachrichten.

Die ehrlichste Absage bekam ich ausgerechnet von der Deutschen Bank. Anshu Jain gebe nur Fachinterviews, und deren Inhalte würde ich, mit Verlaub, niemals verstehen.

Boris Becker? Keine Antwort. Steffi Graf? Keine Zeit. Dirk Nowitzki? Keine Chance. Niki Lauda? Absage ohne Gründe. Bernie Ecclestone? Sagt erst zu, landet dann wegen Bestechung vor Gericht und ist beschäftigt. Uli Hoeneß? Redet nicht mehr so gern über Finanzen. Flavio Briatore, Silvio Berlusconi, Mario Balotelli? Schweigen. Weltallspringer Felix Baumgartner? Vielleicht zu einem anderen Zeitpunkt. Die SAP-Gründer Dietmar Hopp und Hasso Plattner? Stehen nicht zur Verfügung. Dietrich Mateschitz, der rote Bulle? Möchte im Hintergrund bleiben. Thomas Gottschalk? Terminliche Gründe. Günther Jauch? Nicht zu sprechen. Die Geissens? Auch ich habe meinen Stolz. Karl Lagerfeld? Ausgeschlossen. Carsten Maschmeyer? Hat Bedenken. Christian Völckers, der Immobilienengel? Er sei häufig im Ausland, heißt es. Ob ich ihn dort treffen könne? Keine Antwort. Friede Springer? Meint, sie passe nicht in meine Story. Ute Ohoven? Orientiert sich gerade neu. Gabriele Inaara Begum Aga Khan, die Charity-Prinzessin? Das ganze Jahr ausgebucht. Der Emir von Dubai? Schweigt. Der Sultan von Brunei? Stellt sich tot. Fürstin Gloria von Thurn und Taxis? Still ruht der See. Ihr Sohn Albert, einer der jüngsten Milliardäre der Erde? Möchte nicht in der Öffentlichkeit stehen und in Ruhe Rennen fahren. Mark Zuckerberg? Der Facebook-Guru spricht nicht über Geld. Yahoo-Chefin Marissa Meyer? Will sich nicht beteiligen. Oracle-Boss Larry Ellison? Bedankt sich, muss aber «respektvoll» absagen. Die Witwe von Steve Jobs? Wünscht mir viel Glück. Kim «Dotcom» Schmitz? Gibt sich interessiert und meldet sich nie wieder. Der australische Milliardär, der gerade die Titanic nachbauen lässt? Vertröstet mich, verrät mir aber immerhin sein Erfolgsgeheimnis: dreimal am Tag gut essen. Bono? Extrem voller

Terminkalender. Madonna, Lady Gaga, Beyoncé, P. Diddy, 50 Cent? Keine Antwort. Paul McCartney? Sein Assistent «Stu» ist very sorry. Mick Jagger? Begrüßt mein Interesse, muss jedoch absagen. Johnny Depp? Hat keine Lust. Paris Hilton? Freut sich, dass ich an sie gedacht habe, und gibt mir einen Korb. Fidel Castro? Meldet sich nicht. Wladimir Putin? Keine Reaktion aus dem Kreml. Präsident Obama? Klares Jein: Momentan sieht das Weiße Haus keine Chance, aber es behält mich im Auge.

Drei vermeintlich Reiche sagten dagegen sofort zu.

Nummer eins war der Wiener Opernkönig Richard Lugner. Allerdings machte mir seine Pressesprecherin ein Angebot, das ich nur ablehnen konnte: Ich dürfe Zeuge sein, wie Mörtel seine neue Party-CD «I bin der Lugner (olé olé)» verteilt. In einem Einkaufszentrum.

Bei Nummer zwei handelte es sich um einen ehemaligen Luxusautohändler, dessen Unternehmen zwangsversteigert wurde. Er war schwer krank und einsam. Jeden Sonntagnachmittag rief er mich an, um mir aus seinem Leben zu erzählen. Wie sehr er Kennedy bewunderte und wie gern er doch nach Übersee gegangen wäre. Wie er durch Südostasien gereist ist und eine Freiwilligenarmee gegen Pol Pot aufstellen wollte. Wie er einmal an einen Betrüger geriet und drei Millionen Mark verlor. Wie er sich einen Rolls-Royce kaufte, bevor er irgendwann die Gehälter seiner Mitarbeiter nicht mehr zahlen konnte. Wie er ausgerechnet am Geburtstag seines Vaters, des Firmengründers, einen Schlaganfall erlitt. Er war ein guter Erzähler und tat mir leid, doch seine Anrufe nahmen bedenklich zu. Ich solle ihn endlich besuchen, bekniete er mich, Montag, Dienstag, Mittwoch, ganz egal, Hauptsache, ich käme. Warum er es so eilig hatte? Ich schätze, der Mann brauchte Geld. Er wollte in mein Buchprojekt einsteigen.

Der Dritte, ein Baron mit erstaunlich vielen Vor-, Zu- und Nachnamen, wurde mein Brieffreund. Jede seiner Nachrichten begann mit «Verehrter Herr Gastmann» und endete mit einem übergroßen Familienwappen. Bald lud er mich in sein Herrenhaus ein, doch die Hüftoperation der Gemahlin verhinderte meine Lustreise. Seine Frau hatte miserable Blutwerte, die er mir wortreich schilderte. In der Verzweiflung nannte er mir die exakte Anzahl der Thrombozyten und Leukozyten, die Namen und Titel der behandelnden Ärzte, die Medikamente und ihre Dosen, die Privatklinik, die Station und sogar die Nummer des Patientenzimmers. Obwohl ich den Baron kaum kannte, schockte mich diese Nachricht. Genauso entsetzt war ich darüber, wie schnell er mir vertraute. So lernte ich meine erste Lektion: Auch Reiche brauchen Liebe. Auch Reiche sind Menschen. Zumindest einige von ihnen.

*FREEZE*

Martineau Corner. Ich spüre nichts mehr. Portago Corner. Kein Kummer, keine Sorgen, keine Angst. Auslauf. Wie sagte Gunter Sachs noch gleich? Du bereust nichts, was du getan hast. Nur das, was du nicht getan hast.

# Der Sohn

## VIER ENGEL FÜR ROLF SACHS

Meine Geschichte beginnt in London. Seit Monaten versuche ich, Kontakt zur Familie Sachs aufzubauen. Doch das ist schwer. Nach dem Selbstmord des Patriarchen haben seine Witwe Mirja und seine Söhne Rolf, Christian Gunnar und Claus Alexander beschlossen, dass alles gesagt ist und alles geschrieben wurde. Das Leben des großen Playboys, Künstlers und Sammlers sei erzählt, es gebe nichts hinzuzufügen. Wahrscheinlich haben sie recht. Aber wie fühlt man sich als Sohn von Gunter Sachs? Wie lebt es sich, wenn man im Schatten einer Ikone aufgewachsen ist? Wenn Brigitte Bardot die eigene Stiefmutter war? Wenn man Villen, Warhols und viele Millionen geerbt hat? Wenn jeder denkt, ihm sei doch alles nur in den Schoß gefallen – wie denkt er dann über sich selbst?

Rolf Sachs hat eine charmante Art, die Yellow Press auf Distanz zu halten. Er leistet sich vier Türsteher. Sie heißen Amy, Sophie, Georgia und Sameera, und wenn ich mit ihnen telefoniere, stelle ich sie mir immer in Catsuits und High Heels vor, mit einer Knarre am Gürtel und einem Messer in den Lackstiefeln. Ich glaube, Amy ist die Sexbombe, Georgia das Mauerblümchen, Sophie der Good Cop und Sameera der böse Wolf. Zusammen sind sie supersüß, supersexy und supertödlich – eine falsche Bewegung, und sie machen mit deiner Interviewanfrage kurzen Prozess. Die vier arbeiten in der britischen PR-Agentur Luchford APM, wo es vermutlich nach Mandelhonig und Pfirsich duftet. Sie vermarkten alles, was edel und elitär ist: Spitzenhotels, Yachtdesigner, Kapitalinvestmentfirmen, Luxusimmobilienmakler und internationale Künstler wie Rolf Sachs. Das Prinzip: Champagner-Journalisten rein, Schmierfinken raus.

Ich kannte mal so eine PR-Lady, sie war Großmeisterin im Presse-Kung-Fu und lehrte mich die Kunst der fünf trickreichen Anti-Journaille-Tiger-Techniken. Erstens: schnelles Überwältigen mit einer fadenscheinigen Absage. Zweitens: Schweigen. Den Gegner ignorieren und ins Leere laufen lassen. Drittens: die klebende Hand – vertrösten, vertrösten, vertrösten. Viertens: der Konterangriff. So lange nach weiteren Details fragen, bis der Reporter die Lust verliert oder seine Deadline abgelaufen ist. Fünftens: der vernichtende Schlag. So freundlich absagen, dass sich der Journalist noch für den Arschtritt bedankt.

Mit meiner Bitte um ein Interview lande ich zunächst bei Amy. Sie ist bezaubernd, meint aber, ich solle mich gedulden. Sachs sei nicht erreichbar. Sie könne seine Termine nicht einsehen, sagt sie, sorry, nein, wirklich nicht, sorry. Irgendwann bekomme ich es mit Sophie zu tun. Auch sie ist bezaubernd. Sophie hakt bei Amy nach, und Amy wiederum überbringt mir den Wunsch von Sameera, ich möge doch bitte Georgia meine Fragen an Sachs schicken. Und meine Bücher. Und meine Deadline. Ich schicke, schicke, schicke. Dennoch macht mir Sameera, die offenbar Kopf der Bande ist, wenig Hoffnung. Amy meldet sich gar nicht mehr. Georgia sowieso nicht. Wahrscheinlich sitzen die Ladys alle in einem Büro und haben großen Spaß mit mir. Das scheint die sechste Tiger-Technik im Presse-Kung-Fu zu sein, die Katze: so lange mit der Maus spielen, bis sie den Verstand verliert oder vor Erschöpfung umfällt.

Sophie allerdings überrascht mich. Vielleicht hat sie Mitleid oder ist einfach zu gutmütig für ihren Job. Auf einmal mailt sie mir eine Liste mit weiteren Klienten von Luchford APM und fragt, ob diese Promis nicht auch etwas für mich wären. Es ist ein Katalog aus attraktiven, vermögenden und sehr erfolgreich aussehenden Personen, die mir leider völlig unbekannt sind. Trotzdem bedanke ich mich und antworte, wie sehr mich all diese Millionäre inspirieren. Ich setze Amy und Sameera und Georgia in Kopie und löse damit etwas aus. Es wirkt, als würden sich Rolfs Engel in ihrer Agentur gegenseitig über den Haufen stöckeln. Sophie, Georgia und Amy schreiben mir eine aufgeregte E-Mail nach der anderen, plötzlich geht es um konkrete Termine. Vielleicht habe ich Hoffnungen geweckt, vielleicht interessiert sich sonst niemand für ihre Yuppies.

Jetzt meldet sich auch Sameera. Sie sagt, Sachs sei zu einem Interview bereit. Allerdings nur, wenn es ausschließlich um seine Arbeit als Künstler gehe und nicht um seinen Vater. Am Ende bekomme ich von den Interviewverhinderinnen drei Interviews. Eins mit Sachs. Eins mit einer Maklerin, die gerne Pelz trägt, und eins mit einem Immobilientycoon, der mal mit Kate Moss im Bett war. Er heißt John Hitchcox, und der Gesprächstermin ist ein Test.

John sieht aus wie der jüngere Bruder von Mick Jagger. Und der echte Mick ist schon in Johns Wohnzimmer aufgetreten. Damals klopften die Nachbarn wütend an seine Tür, John öffnete und hielt ihnen entgegen: «Well, would you tell Mr. Jagger to stop playing?» Micks Tochter Jade arbeitet als Inneneinrichterin in Johns Immobilienfirma Yoo. John hat das Unternehmen zusammen mit dem weltbekannten Designer Philippe Starck gegründet. Außerdem war John mit dem Supermodel Elle MacPherson zusammen, ist mit dem Sänger James Blunt befreundet und hat seiner aktuellen Flamme einen Heiratsantrag auf Necker Island gemacht, der Privatinsel des Milliardärs Richard Branson. John findet, dass er nicht schlecht aussieht. Er bezeichnet sich selbst als «quite aesthetic».

Warum er mir das alles erzählt? Ich schätze, er möchte mir imponieren, aber ich finde ihn nicht sonderlich beeindruckend. John Hitchcox, dessen Poster möglicherweise in jedem britischen Teenie-Schlafzimmer hängt, hat etwas Rohes, Aggressives. Als zwischendurch der Postbote mit einem Sackkarren über die Treppen seiner Eingangstür rumpelt, brüllt er: «Fuck! I hate this! These fucking guys! They walk in and smash the doors. Holy shit!» Mir fehlt die Ehrfurcht vor diesem Tycoon, der Designhotels, Luxuslofts und Edelresorts in über zwei Dutzend Ländern baut und wohl dazu beiträgt, dass die Mieten in Metropolen wie London unbezahlbar werden.

So frage ich einfach drauflos, plaudere mit ihm über alles Mögliche, nur nicht über seine Projekte, und der Multimillionär antwortet erstaunlich ehrlich. Er philosophiert über Gier. Geld infiziere die Menschen wie ein Virus, sagt er. Es fange in der Kindheit an, mit fünf, sechs, sieben Jahren, wenn die Kleinen merken, dass man mit

Geld die bunten Jelly Beans im Supermarkt bekommt, mit viel Geld viele Jelly Beans und mit ganz viel Geld alle Jelly Beans, das gesamte Schokoregal, die komplette Eistruhe, den Supermarkt und, wenn man Lust hat, auch die Kassiererin Misses Smith. Manche würden am Geld wie an einer Nadel hängen, meint John, und nichts anderes könne diese Junkies mehr glücklich machen. Geld sei ein Zwang, eine Obsession, die gefährlichste Droge unserer Zeit, weil man mit ihr nicht nur Yachten, Bentleys und Liebe, sondern auch Macht kaufen könne.

Die Kurve, die unser Gespräch nimmt, ist bemerkenswert. Georgia, die uns in einem Kostümchen gegenübersitzt und eifrig mitschreibt, findet das auch. Allerdings aus einem anderen Grund. Wäre sie Amy oder Sameera, hätte sie das Interview längst abgebrochen. Stattdessen versucht Georgia, das Mauerblümchen, meine Aufmerksamkeit umzulenken. Wenn John in einem Nebensatz sein soziales Engagement erwähnt, zieht Georgia die Augenbrauen hoch, dreht ihren hübschen Kopf zu mir und flüstert ein spitzes «Aha!». Wenn John erzählt, dass seine Firma seit neuestem $CO_2$-neutral arbeitet, was immer das heißen mag, applaudiert sie und ruft leise: «Yeahiiie!» Das Dumme ist nur: Ich finde ganz andere Dinge «Yeahiiie!», und so frage ich mich um Kopf und Kragen, ohne es zu merken.

Ich stehe in der überfüllten Londoner Tube und lese meine E-Mails, so wie es alle tun. Sophie hat sich gemeldet. Sie sei «so sorry», aber leider müsse ihre Klientin, die Maklerin mit dem Pelzmantel, absagen. Die Dame habe ein «Emergency Meeting». Als ich am Fulham Broadway aussteige und zum Atelier von Rolf Sachs wandere, erscheint

Sameeras Nummer auf dem Display. Sie fragt, wie es mir geht. «Gut», sage ich und mache eine Pause. Wo ich denn sei, will sie wissen, und jetzt lüge ich und behaupte, ich hätte eben bei Sachs geklingelt. «Wieso?» Der böse Wolf holt Luft. «Okay, hören Sie zu: Die Fragen, die Sie John Hitchcox gestellt haben, können Sie Sachs nicht stellen. Er wird sich auf keinen Fall zum Thema Geld äußern. Es geht ausschließlich um seine Kunst. Und noch mal: Er wird nicht über seinen Vater reden. Haben wir uns verstanden?»

Klick. Das haben wir wohl.

Es regnet. Ich laufe über die King's Road zwischen Chelsea und Fulham. Manche Einkaufsstraßen in London sind thematisch geordnet. Auf wenigen Metern entdecke ich fünf Lampenläden und zwei Shops, die Kronleuchter verkaufen. Ein anderer hat sich auf Ledersessel spezialisiert. Das «House of Mirrors», ein Spiegelgeschäft, steht neben «Picture This ...», einer Boutique, die Bilderrahmen ins Schaufenster gehängt hat. Nichts als leere Rahmen, die darauf warten, dass man ihnen Inhalt und Sinn verleiht.

Vor zwei Jahren haben die Erben einen Teil der Gunter Sachs Collection bei Sotheby's versteigern lassen. Etwa einen Tisch des britischen Pop-Artisten Allen Jones, dessen gläserne Platte auf dem Rücken einer barbusigen Plastiklady balanciert, die mit Fick-mich-Stiefeln und offenem Bustier im Doggystyle auf einem Lammfell kniet. Es waren nicht die begehrtesten Stücke, aber man hatte sie optimistisch auf zwanzig Millionen Euro geschätzt. Schon am ersten Abend erzielten sie mehr als das Doppelte, und die Zeitungen schrieben, Hype und Nostalgie hätten über die Vernunft triumphiert.

Vielleicht schwebte Gunter Sachs als Geist durch den Raum und verführte die Menschen, so wie er es immer getan hat. Er besaß etwas Magisches. Sein Leben war ein Kunstwerk, es gehört in die Hall of Fame der aufregendsten Biographien unserer Zeit. Die Frage ist nur, wie man es interpretiert und mit welchem Rahmen man es versieht. Ist es ein Ölgemälde mit kitschigem Goldrand oder nur ein Fetzen Papier im Passepartout der Ewigkeit?

Die Antwort gibt sich jeder selbst. Würde man drei Weise bitten, über das Leben von Gunter Sachs zu schreiben, sie würden drei verschiedene Geschichten erzählen.

Der Bewunderer berichtet vom freiesten Menschen, den der Planet je gesehen hat. Ein reicher Industriellensohn aus Schweinfurt wird zum Alter Ego der Nachkriegsdeutschen. Er zeigt ihnen die Welt. Unabhängig, mutig, gutaussehend, sprachgewandt, enorm talentiert, sportlich, humorvoll und hoffnungslos romantisch. Er hat Affären mit Mannequins und Schauspielerinnen, erobert das Herz der Ex-Kaiserin Soraya und lässt aus einem Helikopter tausend rote Rosen auf das Grundstück von Brigitte Bardot regnen. Die Bardot und der Lebemann lieben sich auf dem Heck seines Motorboots, bei voller Fahrt, das Steuer festgebunden, bereit, jeden Augenblick an einem Kliff zu zerschellen. Sachs tanzt auf der Grenze zwischen Himmel und Hölle, zwischen Genie und Wahnsinn. Alles, was er tut, geschieht mit Hingabe. Er ist ein begnadeter Fotograf. Er wird Europameister im Zweierbob, gründet ein internationales Modehaus, dreht Dokumentarfilme und schreibt im Alter ein Buch über Astrologie. Ohne ihn wäre St. Moritz ein Bergdorf, Saint-Tropez ein Fischernest und Sylt nur eine Insel.

Der Neidische wird von einem oberflächlichen und selbstgefälligen Nichtsnutz erzählen, der das unverschämte Glück hat, in zwei Industriedynastien gleichzeitig hineingeboren zu werden. Sein Urgroßvater ist Adam Opel, sein Vater SS-Obersturmbannführer und Gründer des Unternehmens Fichtel & Sachs, das damals Kugellager und Motorräder produziert. Für wen? Natürlich für die Nazis. Gunter kommt 1932 mit einem goldenen Löffel im Mund auf Schloss Mainberg zur Welt. Seine Familie finanziert das Elite-Internat in St. Gallen und das Studium in Lausanne. Sachs, der Chauvinist, vergnügt sich mit der Jeunesse dorée aus Königshäusern und Clans am Genfer See, muss nie hart arbeiten, reist von Strand zu Strand, führt ein Leben auf Wasserskiern und verzehrt schöne Frauen wie Bonbons – er lutscht sie aus und wirft das Papier weg.

Der Psychologe macht aus der Story ein Drama. Es beginnt mit der Ehe der Eltern, die arrangiert und schwierig ist. Gunters Mutter Elinor von Opel will nichts mit den dunklen Verbindungen ihres Ehemanns zu tun haben, der gerne mit Göring und Himmler auf die Pirsch geht. Sie lässt sich scheiden, es folgt ein Streit um das Sorgerecht, und Elinor flieht mit Gunter und seinem älteren Bruder in die Schweiz. Die Kinder werden ihren Vater jahrelang nicht sehen. Mit Anfang zwanzig lernt Sachs seine große Liebe Anne-Marie Faure kennen, wenig später heiraten die beiden. Kurz nach der Geburt ihres Sohnes Rolf geschieht ein Fiasko, die Ur-Katastrophe im Leben des Gunter Sachs. Seine Ehefrau wird operiert, ein harmloser Eingriff, doch man verwechselt die Schläuche für Sauerstoff und Narkosegas. Anne-Marie wacht nie wieder auf, und Gunter zerbricht vor Schmerz. Kein halbes Jahr später erschießt sich sein Erzeuger, der seit dem Krieg an Depressionen leidet. Gunter ist vaterlos, Witwer und mit seinem kleinen Sohn Rolf auf sich allein gestellt. Plötzlich trägt er die Verantwortung für Fichtel & Sachs – zusammen mit seinem

Bruder, der in den Siebzigern bei einem Autounfall stirbt. Ein Leben lang wird Gunter Sachs nach Trost, Liebe und Anerkennung suchen. Als er im Alter von achtundsiebzig Jahren die Diagnose Alzheimer bekommt, erschießt er sich in seinem Haus in Gstaad.

Sachs hinterlässt seiner Frau, dem schwedischen Ex-Model Mirja, und seinen drei Kindern geschätzte fünfhundert Millionen Euro. Auf einer Gedenkfeier in St. Moritz schließt sein ältester Sohn Rolf mit den Worten: «Er verließ diese Welt, seine Familie und seine Freunde unendlich bereichert durch sein Leben. Dear father, Chapeau!»

Dieser Rolf Sachs sitzt mir gegenüber und sagt keinen Ton. Vielleicht hat Sameera ihn vor mir gewarnt. Nach ihrem Drohanruf habe ich zugesehen, so schnell wie möglich in sein Atelier zu kommen, bevor Madame die Kavallerie ruft. Es liegt in einem Backsteinbau auf dem Gelände einer alten Gasfabrik. Ich bin viel zu früh, und das ist wahrscheinlich «typisch deutsch». Genau so heißt die Ausstellung, die Sachs gerade für ein Museum in Köln vorbereitet. Er experimentiert gerne mit Materialien und Stoffen: von Holz zu Dampf, von Glas zu Neon, von Tinte zu Filz. Seine Kunst ist alles, nur nicht abstrakt. Er hat einen Gartenzwerg aus Kohle gepresst und einen Tannenzweig aus Bronze gießen lassen. Er hat einen Schützenverein gebeten, auf Gasthofstühle zu feuern. Sachs sammelt Stühle. An der Decke seines Ateliers hängt einer, der wie Wachs zu zerfließen scheint. Ein anderer wirkt, als wolle er davonlaufen. Manche nennen ihn den «zwinkernden Designer». Er hat einen Wanderstock aus Kastanienholz gefertigt, der einen Anfang, aber kein Ende hat: ein Griff oben, ein Griff unten. Die Souvenirplaketten auf dem Schaft tragen nicht die

Ortsnamen Winterberg, Fulda oder Garmisch, sondern Mallorca oder Phuket. Er hat zwei Schlitten zusammengeschraubt. Voilà, sie sind jetzt ein Tisch.

Sachs bittet mich in sein Büro, schließt die Tür, und nun sitzen wir im Dämmerlicht einer Lampe, die über einem Zeichentisch baumelt. Er hat mir einen Kaffee bringen lassen. Er hat mir ein Glas Wasser eingeschenkt. Er hat mir einen Stapel Papier und einen Filzstift hingelegt, sogar die Kappe abgezogen und auf das hintere Ende gesteckt. Er hat eine wunderbare Atmosphäre mit zwei Schönheitsfehlern geschaffen. Erstens: In meinem Kaffee schwimmt eine Fruchtfliege (das finde ich weniger schlimm). Zweitens: Sachs sitzt einfach nur da, hört zu, sieht mich an und schweigt (das könnte ein Problem werden).

Er trägt ein blaues Hemd, in das ganz winzig seine Initialen eingestickt sind. Sein zitronengelber Schal könnte derselbe sein, mit dem sein Vater manchmal abgelichtet wurde. «GS» legte ihn wie eine Stola über das Sakko und ließ beide Enden locker nach unten hängen. «RS» hat ihn wie eine Würgeschlange mehrmals um den Hals gewickelt. Das sieht lustig aus. Kopf und Körper sind getrennt, als hätte man sein rundliches Gesicht mit Photoshop auf den Rumpf montiert. Bis eben trug Sachs noch eine seltsame Ozzy-Osbourne-Brille. Ihre Gläser waren violett und dicker als das graue Gestell. So viel zu den Extravaganzen. Ansonsten sieht er im besten Sinne völlig normal aus. Sein Vater war ein Beau, er selbst wirkt bodenständig. Der größte äußerliche Unterschied zwischen beiden ist wohl, dass Rolf Sachs mit seinen knapp sechzig Jahren fast keine Haare mehr auf dem Kopf hat.

Ich meine, mich rechtfertigen zu müssen, und versuche zu erklären, warum ich als primitives Gottesgeschöpf unbedingt in die vermeintlich sagenhafte Welt der Reichen reisen möchte, um etwas über die Magie oder den Fluch des Geldes zu erfahren, oder was auch immer, keine Ahnung, wohin das führt, vielleicht ist mein Vorhaben auch naiv und zum Scheitern verurteilt, auf jeden Fall dreht sich mein Schwall aus Worten, den ich Sachs entgegenschleudere, im Kreis, er verheddert, verklebt und verwickelt sich zu einem Knäuel, ja zu einem echten Wortmonster, und ich gerate in einen langen, viel zu langen Monolog, der noch weit epischer, unverständlicher und missglückter ist als dieser Satz.

Erst als ich – warum auch immer – von meiner Familie erzähle, taut Sachs auf. Meine Mutter hat Design studiert, doch als sie mit mir schwanger wurde, konnte sie sich die Kunst nicht mehr leisten. Sie übernahm den Fahrradladen meiner Großeltern und verbannte ihre Malereien und Zeichnungen auf den Dachboden, wo sie noch heute liegen.

Sachs versteht, was ich ihm sagen möchte, und antwortet mit einem Märchen. Es ist das Märchen vom goldenen Topf. Normalerweise bringt eine Dynastie in hundert Jahren maximal ein Genie hervor, aber in seiner Familie gab es gleich mehrere. Mit ihren Erfindungen schöpften sie ein Riesenvermögen und füllten den Topf bis zum Rand. Und jetzt? Jetzt sitzt er auf seinem Schatz wie der Zwerg am Ende des Regenbogens. Hirnforscher behaupten, dass Geldsorgen unser Denkvermögen blockieren. Sachs denkt völlig frei. Der Goldtopf verleiht ihm Zauberkräfte. «Sonst müsste ich ja sagen: Hey, das ist eine tolle Idee, aber leider lässt sie sich nicht verkaufen.» Das viele Geld ist sein Glück, aber auch seine Bürde. Eigentlich, meint Sachs, sei er nur dazu da, den Schatz zu hüten und eines Tages weiterzureichen. Deshalb hat er Investmentbanking gelernt. «Familienpflicht» nennt er das. Ein typisch deutscher Begriff. Meine Pflicht lautete: lieber tot als Fahrräder verkaufen.

Money Talks. Seine Augen leuchten nicht, wenn es um Geld geht. Anders ist es, wenn Sachs über Kunst spricht. Dann nimmt er eine halbvolle Wasserflasche in die Hand und meint, er fände es jetzt unheimlich spannend, darin einen Pingpongball schwimmen zu lassen. Warum? Einfach so. Er will seine Arbeit nicht erklären, sondern Gefühle erzeugen. Die Leute sollen staunen, schmunzeln, lachen, an Freundschaft, Sex, whatever denken, und die Journalisten mögen schreiben, was sie wollen. Allmählich scheint er sich in ein kleines Kind zu verwandeln, das zum ersten Mal im Theater war und mir von Peterchens Mondfahrt erzählt. Einmal, flüstert Sachs, habe er ein Bühnenbild gestaltet. Es bestand aus einer Kerze. Nur aus einer einzigen Kerze, die sich in Zeitlupe vom Himmel auf den Boden senkte und jedes Tuscheln, jedes Räuspern und jedes Husten in sich aufsaugte. Der Saal war plötzlich mucksmäuschenstill, und eine winzige Flamme füllte einen riesigen Raum.

«Ziehen Sie Glück daraus?», frage ich.

«Das ist eine sehr schöne Frage», lächelt er, und nun hören wir gemeinsam einem Jet zu, der über das alte Gaswerk hinwegzieht. Fulham liegt in der Einflugschneise von Heathrow. Der Moment dauert eine Ewigkeit, Jahre vergehen, wir schweigen zusammen, und das ist okay. Rolf Sachs hat dieselbe Aura, die auch Gunter Sachs nachgesagt wird. Er weiß, wie man Gäste verzaubert, trotz Fruchtfliege in der Kaffeetasse.

«Sameera …», beginne ich, und mir ist klar, dass der

Einsatz hoch ist. Entweder zerstöre ich jetzt das Interview, oder ich kann es auf eine noch tiefere Ebene führen. Ich bin mir nicht sicher und setze noch einmal an. «Ihre Agentur hat mir sehr deutlich gemacht, dass ich Sie nicht nach Ihrem Vater fragen soll. Das akzeptiere ich. Verraten Sie mir nur, warum.»

Sachs blickt verlegen auf den Tisch und streicht mit einer Hand über das Holz. «Ach ja, ich bin nun mal sehr blauäugig.» Manchmal öffne er sich zu schnell. Er brauche ständig Leute um sich herum, so sei er es seit dem Internat gewohnt, und einige Menschen würden das ausnutzen. Seit dem Tod des Vaters seien ein Haufen Reporter zu ihm gekommen, die angeblich über seine Kunst reden wollten. «Aber sobald sie bei mir waren, ging es nur um den Vater.»

Sachs sagt immer «der Vater». Der Vater habe ein tolles Leben gehabt. Der Vater sei unglaublich frei gewesen. Und in jedem «der Vater» schwingen Glück, Melancholie und Sehnsucht nach Anerkennung. Er hat das Leben des Vaters einmal als «bunt» bezeichnet. Welche Farbe hat seins? Sachs antwortet, es sei wohl ein Mix aus Holz, Filz, Rot und Edelmetall. Danach lädt er mich Hals über Kopf zum Bobfahren nach St. Moritz ein, und ich frage mich, ob ich besser bin als die Yellow Press.

Wochen vergehen. Immer wieder versuche ich, Rolf Sachs zu erreichen. Ich schreibe ihm, ich schreibe seinem Studio, doch erhalte keine Antwort. Vielleicht ist der böse Wolf schuld. Vielleicht ärgert sich Sachs, dass er sich wieder so schnell geöffnet hat. Vielleicht hat er auch zu viel zu tun.

Irgendwann reise ich nach Köln, um mir die Ausstellung «typisch deutsch?» anzusehen. Sachs ist drei Jahre mit diesem Thema schwanger gegangen. Der Grund mag in seiner Kindheit liegen. Nach dem frühen Tod der Mutter wuchs er bei seiner Großmutter im Taunus auf. Sie war sehr deutsch, eine richtige Opel, bei ihr herrschten Zucht und Ordnung. Manchmal musste er stundenlang still bei Tisch sitzen, bis er endlich aufgegessen hatte. Sie klemmte dem Jungen Schulbücher unter die Achseln, damit er lernte, anständig mit Messer und Gabel umzugehen.

Vor dem Eingang des Museums stehen sieben bunte Mülltonnen in einer Reihe. Sachs hat jede einzelne mit einem Label versehen: Bürokratie, Spießigkeit, Pingeligkeit, Schadenfreude, Sturheit, Intoleranz und Neid. Seinen Kohle-Gartenzwerg hat er «Fleiß» getauft, den Bronze-Tannenzweig nennt er «Bodenständig», die zerschossenen Stühle heißen «Brauchtum». Über einer Balustrade hängt ein riesiges Mensch-ärgere-Dich-nicht-Spiel. Er hat eine Waage aufgestellt, die Herz und Hirn balanciert.

Amy, Sophie, Georgia und Sameera sind weit. Als ich das Museum betrete, laufe ich Sachs direkt in die Arme. Er kann mich zunächst nicht einordnen. «Woher kenne ich Sie noch mal?» Dann freut er sich umso herzlicher, zumindest tut er so. Momentan begegnet er einem Haufen Journalisten, alle Zeitungen schreiben über seine Werke. Vielleicht, Daumen drücken, werden sogar die Tagesthemen über ihn berichten. Endlich, endlich geht es mal nicht um den Vater, sondern um ihn, den Sohn.

Am Abend tritt Sachs bestens gelaunt in einer deutschen Talkshow auf. Er trägt ausnahmsweise einen bunten Schal, und man hat ihn eingeladen, um über seine Kunst zu sprechen. Frage eins: Als was würden Sie Ihren Vater Gunter Sachs bezeichnen? Frage zwei: Was haben Sie außer seinem Vermögen von ihm geerbt? Frage drei: Was war Gunter Sachs für ein Vater? Frage vier: Wenn ich aus so reichem Haus komme, muss ich mir dann noch Gedanken machen, was ich später beruflich tue? Als die Moderatorin zu Frage fünf anhebt, verzieht Sachs das Gesicht, als würde der Leibhaftige mit nackten Füßen über seine Eingeweide laufen, und irgendwo in London fletscht der böse Wolf die Zähne.

In St. Moritz scheint an dreihundertzweiundzwanzig Tagen im Jahr die Sonne. Heute aber schneit es. Es hat schon die ganze Nacht geschneit. Die Dächer des Dorfs sind meterhoch bedeckt. Seit sieben Uhr morgens quälen sich die Räumfahrzeuge durch die engen Gassen. Eine Legion aus Fräsen, Baggern, Raupen, Unimogs und Tiefladern mit Schneeketten, die das Weiß abtransportieren. Das ist der wahre Sound von St. Moritz. Nicht die High Heels, nicht die klingenden Schampusgläser, nicht das Russisch an jeder Ecke, sondern die kratzenden Schaufeln auf dem Pflaster, die heulenden Motoren und das Fiepen, wenn die Maschinen zwischen den Luxushotels und Edelboutiquen zurücksetzen. Die Pelze in den Schaufenstern tragen keine Preisschilder, und doch macht dieser Ort aus seinem Reichtum kein Geheimnis. Allein der Schriftzug «St. Moritz», eine eingetragene Marke, spült jedes Jahr eine halbe Milliarde Euro in die Kassen der Gemeinde. Er prangt auf Silberbesteck und Hundehalsbändern.

Rolf Sachs ist Präsident des Saint Moritz Bobsleigh Clubs – wie der Vater. Rolf Sachs führt den Dracula's Ghost Riders Club – wie der Vater. Rolf Sachs stürzt sich gerne kopfüber auf einem Schlitten den Cresta Run hinab. Eine selbstmörderische Rodelbahn nur für Gentlemen, die der Vater einmal in einem zugenagelten Sarg bezwingen wollte. Er kam bis zur Shuttlecock. Wer zu schnell in diese berüchtigte Kurve brettert, fliegt aus dem Eiskanal. Wer sie überlebt, wird automatisch Mitglied im Shuttlecock Club, der jedes Jahr ein Diner veranstaltet. Schon Gianni Agnelli hat ihn geführt. Genauso Gunter Sachs. Natürlich auch sein Sohn.

Rolf Sachs ist seit zwei Wochen on «Top of the World», so nennt sich St. Moritz selbst. «Rufen Sie an, wenn Sie da sind», hat er mir gesagt. Aber er findet wenig Zeit und Ruhe. Sachs ist der Patron dieser Stadt. Ständig klingelt sein Handy, gerade schon wieder. Es gibt Streit mit einem Fernsehsender, der an einem neuen Film über den Vater arbeitet. «Ein echter Hustle», stöhnt Sachs. So wie ich den Anruf verstehe, haben es die Autoren versäumt, das Buch «Die Akte Astrologie» zu erwähnen. Gunter Sachs hat darin versucht, den Einfluss der Sterne auf unser Denken, Fühlen und Handeln wissenschaftlich zu belegen. Rolf Sachs ist das wichtig. Vielleicht sind Mars oder Jupiter schuld an meiner Misere. Ich bin seit vier Tagen in St. Moritz und kriege ihn kaum zu fassen. Ist er da, ist er schon wieder weg. Bis die Sterne oder der Zufall helfen.

Auf der Jagd nach einer bezahlbaren Mahlzeit entdecke ich sein Auto auf der gegenüberliegenden Straßenseite. Man kann es kaum verwechseln: ein graublauer Fiat mit Rallyestreifen und einem großen geflochtenen Korb auf dem Dach. Vor dem Fahrzeug steht ein Verkehrspolizist, der sich das Nummernschild notiert. Ich schreibe Sachs eine Nachricht, die Amy, Sophie, Georgia und Sameera wahrscheinlich «Emergency-SMS» nennen würden, und er eilt aus einem Hauseingang. Leider zu spät. Der Beamte entschuldigt sich, aber Vorschrift sei Vorschrift, auch für jemanden mit einem so großen Namen. Bürokratie und Ordnung sind eben nicht nur typisch deutsch.

Sachs ist not amused. «Wollen Sie mitfahren?», ruft er mir zu. «Klar!», antworte ich und frage nicht, wohin es geht. Heute trägt der Maestro sein Dracula-Outfit: schwarze Hose und schwarzes Sakko mit blutroten Knöpfen. An der Frontscheibe seiner Rennschüssel klebt eine kleine Vampirfledermaus. Sachs rast den Berg hinauf wie ein Besessener. Er lässt seinen ganzen Frust an der Straße aus, sie kann einem leidtun. Hinter dem Carlton Hotel biegen wir scharf rechts in eine Schneise durch den tiefen Schnee und schlittern vor das ehemalige Olympiastadion von St. Moritz. Ein breites, ultraflaches Haus mit einem Turm, an dem zwei Balkone und eine große Uhr hängen. Auf seinem Dach war früher die Tribüne. Jahrzehntelang ist das Gebäude verrottet, Sachs hat es restauriert und daraus sein Hauptquartier gemacht. Er parkt den Fiat und drückt den Strafzettel einem Hausangestellten in die Hand. «Da! Nun schau, was du verbrochen hast», scherzt er. «O nein, ich Idiot, habe ich denn schon wieder im Parkverbot gehalten?», lacht der Mann. «Wo steht mir der Kopf?»

Sachs hängt seine gelbe Würgeschlange an eine Garderobe mit Dutzenden Schals. Das Haus ist so hell, dass man darin schneeblind werden könnte. Die Fenster sind riesig, ringsherum ist alles weiß. Wir gehen in die Küche und blicken in ein tannenbewachsenes Tal. Irgendwo dort unten müssen die gewöhnlichen Menschen leben. Der Hüter des goldenen Topfes wohnt auf dem Dach der Welt. Er hat alles in den Farben seines Lebens dekoriert: Die Wände sind rot, der Boden braun, die Geräte aus Edelmetall, die Türen und der Esstisch aus hellem Holz. Überall stehen Stühle, und keiner ist wie der andere. Auf einem von ihnen hockt ein hagerer grauer Mann mit Jeans und nackten Füßen, frühstückt und tippt Zahlen in seinen Laptop. Er ist offenbar ein Freund der Familie und wohnt im Turmzimmer. «Oben schlafe ich, unten kacke ich», sagt er. Neben ihm liegt eine Visitenkarte von Sotheby's. Er jongliert mit hohen fünfstelligen Beträgen und zeigt sie mir ganz offen. Achtzigtausend plus, fünfundsechzigtausend minus. Worum es geht, verrät er nicht.

Jetzt schneit die Gattin eines Schweizer Kunsthändlers durch die Tür. Sie möchte Rolf Sachs für eine Menschenrechtskampagne gewinnen. «Du hast das schönste Haus von St. Moritz», schwärmt sie. «Bullshit. Du hast das schönste Haus der Erde!», ruft der frühstückende Online-Banker. Künstler und Kunsthändlergattin verschwinden nach nebenan, und der Freund erklärt mir die Welt: Alle Japanerinnen sind hübsch, alle Chinesinnen sind hässlich, alle Deutschen sind irre. Letztens habe er bei Meininger am Prenzlauer Berg übernachtet und den Hipster an der Rezeption gefragt: «Seid ihr eine Jugendherberge oder ein Hotel?» – «Beides!», habe der geantwortet und ihm eine Broschüre mit Ausflugstipps in die Hand gedrückt: Third-Reich-Tour, Sachsenhausen-Tour, Clubbing-Tour. «Ich sag dir was: Nach dem Dritten Reich, dem KZ und dem Clubbing rutscht dann der Sechzehnjährige auf der Plastikmatratze über die Vierzehnjährige, und drei andere gucken zu, machen Fotos und laden sie bei Facebook hoch.»

Smalltalk. Man könnte es auch Bullshit-Talk nennen. Wer wir sind und was wir beruflich machen, spielt keine Rolle. Wir sind Friends von Rolf. So ähnlich muss es bei Gunter Sachs gewesen sein: Du hast ihn kennengelernt, er fand dich nett, er nahm dich mit, stellte dich ein paar Leuten vor, man scherzte, man plauderte, vielleicht schlief man miteinander, und dann trennte man sich.

Die Tür zum Nebenzimmer öffnet sich wieder. Sachs möchte uns zum Essen einladen und fragt, was wir wollen. Er selbst hat Lust auf Käsefondue, damit er am Nachmittag gut ruhen kann. Er wirkt müde und genervt. Zu viele Worte. Darunter muss mal wieder die Straße leiden, auch die Hausangestellten kommen nicht ungeschoren davon. Beim Anfahren touchiert er einen von ihnen liebevoll mit dem Kotflügel. Wieder pflügt Sachs durch den Schnee, als wäre das Leben nur eine Bobfahrt. Wir landen in einer Schweizer Stube mit Kaminfeuer, und kaum betreten wir das Lokal, springen zwei Pärchen von ihrem Tisch auf.

«Das gibt's doch nicht! Rolf! Also, wenn man vom Teufel spricht!» Es sind alte Freunde, die Sachs ewig nicht gesehen hat. Vielleicht sind es auch nur Bekannte. Wir schieben zwei Tische zusammen, Sachs bestellt Weißwein und Fondue für alle, und schon wieder rollt eine Lawine aus Worten auf ihn zu. Freizeitstress. Eine der Frauen erzählt von ihren Häusern in Salzburg und anderen wichtigen Besitztümern. «Wie war's beim Russen?», fragt die zweite, und Sachs setzt zu einer Story über einen Oligarchen an, der in einer unvorstellbar großen ober- und unterirdischen Villa in der Schweiz hausen soll. Allein der Keller messe viertausend Quadratmeter, und im Eingang stünden zwölf ausgestopfte Eisbären in allen Posen mit Weihnachtsmützen auf dem Kopf. Ein Profipianist untermalte das gemeinsame Diner, dessen Hauptgang angeblich aus einer einzigen Ravioli bestand. Sie baumelte an einer Wäscheleine über dem Teller.

Sachs ist unterhaltsam, großzügig, geistreich, charmant und witzig. Er schenkt jedem nach, und weil ich viel zu weit weg vom Fonduetopf sitze, spießt er mit meiner Gabel Brotstücke auf, tunkt sie in den Käse und reicht sie mir mit einem Lausbubenlächeln. Nach dem Essen legt er den Kopf in beide Hände und massiert seine hohe Stirn. Er brauche mal eine Auszeit, seufzt er, und jemand aus der Runde meint, er könne doch ins Kloster gehen und vierzehn Tage Bibelverse rezitieren. «Kloster ist nicht mein Fall», antwortet er, «erblich bedingt.»

Würde man drei Weise bitten, über das Leben von Rolf Sachs zu schreiben, sie würden drei verschiedene Geschichten erzählen.

Der Bewunderer berichtet von einem der freiesten Menschen, die der Planet je gesehen hat. Er ist ein Weltmann. Reich, unabhängig, sprachgewandt, humorvoll und beliebt. Er hat sich als Designer einen Namen gemacht und einen eigenen Stil geprägt. Ohne ihn wären zwei Schlitten nur zwei Schlitten.

Der Neidische erzählt von einem Nichtsnutz, der das Glück hat, in eine wohlhabende Familie hineingeboren zu werden. Er muss nie hart arbeiten und hat deshalb nur dummes Zeug im Kopf, genau wie sein Vater. Wäre sein Name nicht Sachs, es würde sich niemand für einen Gartenzwerg interessieren, der aus Kohle gepresst wurde.

Der Psychologe macht aus seiner Story ein Drama. Die Mutter stirbt, als Sachs zwei Jahre alt ist. Sein Vater ist überfordert und lädt ihn bei der autoritären Großmutter ab. Der Großvater erschießt sich, und auch der Vater jagt sich eine Kugel in den Kopf. «RS» will das Erbe von «GS» erhalten, doch er ist anders. Gunter Sachs war ein Playboy, Rolf Sachs ist seit drei Jahrzehnten verheiratet. Gunter Sachs war Maximalist, Rolf Sachs ist Minimalist. Aber was er auch tut, er wird immer der Sohn des Vaters sein. Er ist der Tannenzweig, den man in Bronze gegossen hat.

Und so ist es mit allen Millionären, die ich auf meiner Reise treffen werde. Man kann sie auf mindestens drei Arten lesen. Jede enthält etwas Wahrheit.

# Nummer sieben

## DER LETZTE WUNSCH DES SCHRAUBENKÖNIGS

Jemand hatte mich gewarnt. «Ich hoffe für Sie, dass er einen guten Tag hat», orakelte der Jemand, und ich wollte wissen, was er damit meint. «Na ja», antwortete er, «der Kerl ist launisch. Manchmal hat er keine Lust. Dann sitzt er einfach nur da und schweigt. Sie hätten es leichter, wenn Sie eine Frau unter dreißig wären.»

Jetzt ist es so weit. Der launische Kerl hockt neben mir an einem runden Intarsientisch, und die Abendsonne, die sich in den Panoramafenstern des Büros spiegelt, taucht den Himmel in die Farben von Fünfhundertern. Hinter ihm stehen Modelle seiner fünf Privatjets. Die Originale parken auf seinem eigenen Airport. Er fliegt sie selbst und ist gerade von einem Businesstrip durch Asien zurück: von Schwäbisch Hall nach Shenyang, von Shenyang nach Tianjin, von Tianjin nach Shanghai, von Shanghai nach Colombo, von Colombo nach Chennai und von dort aus wieder in die Heimat. Das alles in dreizehn Tagen. Er residiert auf einem Schloss aus dem fünfzehnten Jahrhundert und lässt sich manchmal wie ein Feudalherr porträtieren. Er hat sechzehntausend Kunstwerke gesammelt und vierzehn Museen auf der ganzen Welt gegründet.

Er besitzt die «Vibrant Curiosity», eine fünfundachtzig Meter lange Hundert-Millionen-Dollar-Yacht mit einem gläsernen Atrium, einem eigenen Beach-Club und vierzehn Gästezimmern. Er hat mehrere Ehrendoktorwürden und könnte mit seinen Bundesverdienstkreuzen einen Tannenbaum schmücken. Er beschäftigt fünfundsechzigtausend Mitarbeiter. Sein Unternehmen macht zehn Milliarden Euro Umsatz. Es liegt an einer Straße, die seinen Namen trägt. So also fühlt es sich an, mit einem der zehn reichsten Deutschen Kaffee zu trinken.

Die Top Ten haben drei Dinge gemeinsam: Sie sind Milliardäre, sie kommen aus Familienunternehmen, und sie verstecken sich irgendwo hinter hohen Mauern und gepanzertem Glas. Deshalb ranken sich so viele Legenden um sie. Die langjährige Nummer eins war zeitlebens ein Phantom. Erst zu seinem Tod im Sommer 2014 gab man ein Foto von ihm heraus. Kurz vorher hatte ich bei Aldi Süd noch ein Interview mit Karl Albrecht angefragt. Minuten später kam die Absage. Der Vierundneunzigjährige stehe grundsätzlich nicht zur Verfügung, hieß es. Bei Nummer zwei, der Erbengemeinschaft seines Bruders Theo Albrecht, Aldi Nord, ist es ähnlich. Nummer drei ist ein gewisser Dieter Schwarz. Ihm gehören Lidl und Kaufland, und soweit ich weiß, sind nur zwei Aufnahmen von ihm bekannt: ein uralter Schnappschuss mit Tropfenbrille und gepunkteter Krawatte und ein Paparazzibild vor einem Buchsbaum in einem Hauseingang. Auf Rang vier ist ein schweigsamer Parfum- und Putzmittelclan. Die Reimanns stecken hinter Calgon, Cilit Bang und Clearasil, gelten als begeisterte Skifahrer und leidenschaftliche Steuertrickser. Susanne Klatten ist Nummer fünf. Die BMW-Erbin geriet ins Licht der Öffentlichkeit, als ein

Liebhaber sie mit unfeinen Fotos und Videos erpresste. Der Sprecher von Nummer sechs rief mich persönlich zurück, um sich über mich zu amüsieren. «Ihnen ist doch wohl klar», sagte die Stimme am Telefon, «dass Michael Otto ganz selten Interviews gibt. Warum sollte er ausgerechnet mit Ihnen reden?» Ich fand keine Antwort und schwieg. «Ach, ich weiß auch nicht», schob er nach, «aber irgendwie fände ich es super. Ich frag ihn mal, ob er's macht.» Leider machte es der Katalogkönig nicht. Und Nummer sieben? Ließ mich zappeln. Wochenlang. Dann sagte er zu, aber nur unter einer Bedingung: Ich müsse ein halbes Jahr auf den Termin warten.

Jetzt sitzt er also neben mir und tut etwas, das er eigentlich hasst. Er schwätzt. Ich muss einen guten Tag erwischt haben. Einen sehr guten. «Net schwätze, schaffe!», diktiert er seinen Angestellten gewöhnlich, aber heute ist er selbst kaum zu bremsen. «Ich glaube, er mag Sie», flüstert die Pressesprecherin, und es klingt, als würden wir über einen Berggorilla, einen Schneetiger oder eine andere seltene Art sprechen. Die Assoziation ist gar nicht so abwegig. Noch nie bin ich einer solchen Kreatur, der Spezies Milliardär, persönlich begegnet. Weltweit gibt es nur etwa fünfzehnhundert Exemplare, doch ihre Gattung ist alles andere als bedroht. Gerade in Krisenzeiten vermehrt sie sich ganz prächtig.

Ich versuche zu erkennen, ob man dem Geschöpf Geld und Macht in den Augen ansehen kann, finde darin aber etwas anderes: Charme. Der Superyacht-Kapitän, dessen Büste im Eingangsbereich der Unternehmenszentrale steht, ist ein kleiner Mann mit Lachfalten und schütterem Grau, den ich in die Wange knuffen möchte, wenn er mir erzählt, dass er am liebsten seine Linsen mit Spätzle und

Saitenwurscht mag. «Aber nicht diesen Drei-Sterne-Pipifax und diese Firlefanz-Kocherei, wo alles in sieben Farben auf dem Teller brilliert, und schmecken tut's dann grausam.» Wenn ich jedoch zu einer Frage über Gerechtigkeit ansetze, seufzt er nur und antwortet mit Darwin. Dann spricht er in knappen Sätzen von Auslese, Reinigungsprozessen und Survival of the Fittest. Das ist seine kalte Seite. Nummer sieben ist ein Wechselblüter.

Professor Dr. h.c. mult. Reinhold Würth steht an der Spitze der Nahrungskette. Auf seinem Gebiet ist er der Stärkste der Starken. Einmal im Monat läuft er in leicht gebücktem Gang durch sein neues Logistikzentrum und freut sich, als würde er mit einer elektrischen Eisenbahn spielen. Dann sieht er zu, wie Roboter zwischen haushohen Regalen herumsausen und Päckchen packen, die zu Hunderten und Tausenden auf Laufbändern kreuz und quer durch die Hallen flitzen. Er hätte sich niemals träumen lassen, dass ein kleiner Schraubenhandel solche Ausmaße annehmen kann. Würth musste ihn von heute auf morgen übernehmen, als sein Vater an einem Herzinfarkt starb. «Neunzehn war ich damals», erzählt er, «und jetzscht bin ich immer noch da. Mensch, Meier.» Wir schreiben das Jahr 1954, und die junge Bundesrepublik erlebt drei Wunder: das Wunder von Bern, das Wirtschaftswunder und das Wunder von Künzelsau, einem Dorf, das irgendwo im Bermudadreieck zwischen Mulfingen, Ingelfingen und Kupferzell liegt. Würth verschraubt und verdübelt den Wiederaufbau und macht aus einer Klitsche mit zwei Mitarbeitern einen Global Player. Bald beliefert er Dachdecker, Schmiede, Elektriker, Maurer und Mechaniker mit allem, was sie brauchen. Vermutlich gibt es kein Haus, das nicht von seinen Schrauben zusammengehalten wird. Der kleine Mann aus der Provinz ist Weltmarktführer in einer Branche, die sich «Befestigungs- und Montagetechnik» nennt. Nicht sexy, aber lukrativ.

Vielleicht ist es unverschämt zu fragen, ob er mit seinen sechzehntausend Picassos, Chagalls und Lichtensteins etwas zu kompensieren hat, aber Würth widerspricht nicht. Wer sein Vermögen mit Spax-Schrauben, Sprühkleber, Parkettleim, Spreizdübeln, Stechbeiteln, Flachsteckern, Nietgeräten und Lötpistolen macht, brauche manchmal etwas fürs Herz. Allerdings scheint Nummer sieben mehr Schwabe als Schöngeist zu sein. Er deutet auf ein Fenster. «Da draußen steht 'ne Plastik von Eduardo Chillida. Die hab ich mal für anderthalb Millionen Mark gekauft. Wenn Sie die heute verauktionieren, bringt die vier, fünf, sechs, sieben, acht Millionen Euro. So gibt es viele Fälle, ne?» Ich sehe ins Freie. Seine wertvolle Kunst ist ein Ungetüm aus drei rostigen Beinen, die sich ineinander verschlingen.

Es ist doch seltsam, welche Mondpreise auf dem Markt gezahlt werden. Nicht nur für einen Chillida oder einen Sachs. Die Immobilienblase hat eindrucksvoll gezeigt, dass Häuser und Wohnungen nicht immer die sicherste Geldanlage sind, und nun investieren die Reichen gerne in Gemälde und bizarre Skulpturen. Übrigens darf jeder Würth-Mitarbeiter sein Büro mit einer Malerei aus der Sammlung des Schraubenkönigs schmücken. Der Milliardär glaubt, dass die Schönen Künste seinen Angestellten etwas verleihen, das er «Sozialprestige» nennt. Als die Pressesprecherin bei Würth einstieg, hing in ihrem Büro ein Werk in Knallorange. Sie ließ es gegen ein anderes Meisterstück austauschen. Es ist pechschwarz.

Die Würth-Gruppe ist purer Darwinismus. Sie nährt sich aus dem Konkurrenzkampf ihrer dreitausend Vertreter, die täglich ausschwärmen und nur zwei Ziele haben: Verkaufen und Wegbeißen. Den Stärkeren belohnt die Evolution mit einem größeren Dienstwagen, einem Bonus oder einer Incentive-Reise. Der Schwächere fliegt. Wenn die Vertreter Pech haben, begleitet sie das Alphatier höchstpersönlich auf ihren Touren. Würth hat seinen Außendienstlern lange untersagt, bei ihren Kundenbesuchen einen Laptop zu benutzen. Sie sollten den Schlossern, Dachdeckern und Maurern gefälligst in die Augen sehen und nicht in ihr «Rechenkäschtle» starren. «Aber mittlerweile setzscht sich dann doch die Erkenntnis durch, dass ein Computer leichter isch als ein Acht-Kilo-Katalog.»

Von einer dieser Fahrten ist ein Zwischenfall überliefert, der den Patriarchen besser beschreibt als alles andere. Er steigt am frühen Morgen in einen Vertreterwagen, und der Verkäufer düst erst mal zur nächsten Tankstelle. Zehn Minuten dauert der Stopp, und Würth wird nervös. Wenn dreitausend Außendienstler jeden Tag zehn Minuten Treibstoff nachfüllen, rechnet er, verschenken sie zwei Prozent ihrer Arbeitszeit. Damit bezahlt er also sechzig Vertreter nur fürs Tanken. Seitdem gibt es eine neue Dienstanweisung: Boxenstopps nur vor oder nach der Schicht.

Obwohl sich Würth schon lange aus dem operativen Geschäft zurückgezogen hat, schreibt er seinen Verkäufern gelegentlich siebenseitige Manifeste mit weisen Ratschlägen wie «Ohne Fleiß kein Preis» und «Morgenstund hat Gold im Mund». Zitat:

> Unsere Mitarbeiter/innen im Innendienst beginnen in der Zentrale selbstverständlich um 07:30 Uhr und arbeiten bis 17:15 Uhr mit einer einstündigen Mittagspause.
> Tun Sie dies genauso? Sind Sie um 07:30 Uhr beim ersten Kunden?

In seinem neuesten Liebesbrief echauffiert sich Würth darüber, dass ein Mitbewerber um angeblich dreißig Prozent zulegen konnte. Hinter diese Zahl setzt er gleich drei fette Ausrufezeichen und droht unverblümt mit Entlassungen. Würth sagt, da sei nichts Spektakuläres dran. Ein Verkaufsgebiet sei nun mal ein Schatz, den man heben müsse. Manche Außendienstler aber würden sich sagen: Ich mache mir ein laues Leben, ich habe ein Haus geerbt, und meine Frau ist Sekretärin beim Bürgermeister. Die verdient genug. «Ich reschpektiere das, aber nicht auf meine Kosten. Dann soll er gefälligscht was anderes tun.»

So ist Herr Würth also reich geworden. Märchenhaft reich. «Sieben, acht Milliarden oder so», zwinkert er, und süffisanter geht es nicht. Es ist ein «Oder so», das nachhallt und viel über einen Mann verrät, der die Dimensionen seines Reichtums längst nicht mehr fassen kann. Wie soll er auch? Wie will ein Mensch eine so absurde Zahl begreifen: siebentausend oder achttausend Millionen? Selbst Maschinen haben mit diesen Phantasiebeträgen ihre Schwierigkeiten. Will ich auf meinem Smartphone mit Milliarden rechnen, muss ich das Handy quer halten, weil das Display aufrecht nicht genug Stellen hat.

Würde Reinhold Würth sein Unternehmen, seine Immobilien, seine Yacht, seine Jets und all seine Kunstschätze verkaufen, könnte er sich etwa drei Milliarden herrlich duftende Coffee to go in der Bäckerei nebenan kaufen, und selbstverständlich würden die Kaffeebecher, übereinandergestapelt, von Künzelsau bis zum Mond reichen. Genau genommen sogar noch weiter, aber welche schwäbische Bäckerin kann so hoch stapeln? Sie müsste absolut schwindelfrei sein und irgendwie die Schwerelosigkeit überlisten. Außerdem bräuchte sie einen Raumanzug, ein verdammt ruhiges Händchen, stramme Waden und eine gigantische Feuerwehrleiter, deren Herstellung einige Millionen Tonnen Stahl oder Aluminium verschlingen würde. Besser wäre ein Jetpack auf dem Rücken, denn die Leiter ins Weltall bricht vermutlich unter ihrem eigenen Gewicht zusammen. Nur wie viel Treibstoff verbraucht so ein Raketenrucksack? Ist es möglich, den Tank der Bäckerin in der Luft wieder aufzufüllen? Sicher nicht mit einem Helikopter, denn der würde den Kaffeeturm oder die Bäckersfrau wegpusten, und außerdem kann er die Atmosphäre nicht verlassen. Apropos: Wie kehrt die Konditonautin zurück, wenn sie ihr Werk irgendwo hinter dem Mond vollendet hat? Oder gefällt es ihr da vielleicht sogar besser als in Künzelsau? Was, wenn ihr Becherturm schon nach hunderttausend Kilometern ins Wanken gerät und sich eine Kaffeeflutwelle über das Ländle ergießt, die alles mit sich reißt, jeden Schwaben, jede Saitenwurscht und jedes Herrgottsbescheißerle? Da schießen die Kosten schnell in die Höhe. Wie viel die Württembergische für eine solche Nummer berechnet, möchte ich gar nicht wissen. Wahrscheinlich bräuchte Würth am Ende einen Sponsor, Red Bull könnte ich mir vorstellen. Dann würden aus Kaffeebechern eben Getränkedosen, deren Herstellung wiederum …

Ach, vergessen wir all das, und bleiben wir realistisch:

Wäre Würth bereit, die vertraglich festgelegte Ablösesumme zu zahlen, bekäme er für acht Milliarden Euro immerhin acht Cristiano Ronaldos von Real Madrid. Oder etwa neun Millionen Chihuahuawelpen, zehn Jahre Afghanistan-Einsatz der Bundeswehr oder sechzehntausend Rolls-Royce Phantom mit Leichtmetallfelgen und 459 PS. Anders ausgedrückt: Welche Bedeutung hat Geld, wenn Geld keine Bedeutung mehr hat?

«Ha ja, des sind halt Zettele.»

«Zettele?»

«Ja, Zettel, Scheine. Ob des dann drei Milliarden oder zwölf Milliarden sind, isch dann auch wieder egal. S'isch halt einigermaßen viel.»

Zettele. Wir müssen lachen. Ein merkwürdiger Moment. Wir lachen über Millionen. Darf man das überhaupt? Neben der Liebe ist Geld doch das, was uns auf diesem Planeten antreibt, und ich dachte immer, dass man von beidem nicht genug kriegen kann. Schon mit zwölf wollte ich Millionär werden, warum, habe ich vergessen. Jetzt bin ich Mitte dreißig, und die siebte Stelle auf meinem Konto ist so weit entfernt wie St. Pauli von St. Barth. Manchmal träume ich vom Abspann meines Lebens: Alle Manuskripte sind geschrieben, die letzte Deadline besiegt, und ich gleite in einem offenen weißen Mercedes die Côte d'Azur entlang, eine Schönheit auf dem Beifahrersitz, Jazz in der Luft und Rumba in der Brieftasche. Die Fahrt dauert unendlich und führt ins Licht.

Eigentlich bestehe der Sinn des Lebens in der totalen Befreiung von allem Besitz, allen Verbindungen und Verpflichtungen, verriet mir mein Guru Swami Sudhir Anand einmal, als wir im Lotussitz über den Dächern von Rishikesh saßen. Only liberation can make you happy. Wer auf alles verzichten kann, ist reich. Das sei das ganze Geheimnis. Damals habe ich ihn gefragt, was Reichtum für das Universum bedeutet. Für seine Antwort ließ er sich Zeit. Er schloss die Augen und lauschte den Glockenspielen, die in den Himalayawinden tanzten. Dann wandte er sich wieder mir zu. Im Diesseits sei Geld durchaus wichtig. Wer Geld habe, könne sich das Leben angenehm machen, Häuser und Autos kaufen. Allerdings würden viele Reiche von der Last ihres Wohlstands erdrückt. Sie seien gestresst und depressiv und erlitten einen schmerzvollen Tod. Manchmal, meinte der Guru, seien arme Menschen glücklicher, weil sie mehr Hoffnungen und Träume hätten. Sie reisen in ihrer Phantasie und bauen Paläste in ihren Herzen. Man könnte auch sagen, sie erleben noch Wunder.

Der Dalai-Lama hat die Firmenzentrale in Künzelsau einmal besucht. Es gibt Videoaufnahmen, die zeigen, wie Seine Heiligkeit kichernd einen kleinen Dübelkarton zusammenfaltet und sich mit der Belegschaft fotografieren lässt. Danach klopft er dem Schraubenkönig auf die Schulter und sagt, er spüre, dass Wirtschaft und Geist in diesem Unternehmen nahe beieinander seien. Ganz genau so scheint sich Reinhold Würth zu fühlen. Der Milliardär behauptet, er sei mit sich im Reinen. Er brauche keinen Psychologen und keinen Psychiater, für ihn ergäben eins und eins immer zwei. Wenn das stimmt, dann hat er sich nicht durch Askese aus der ewigen Jagd nach Wohlstand befreit, sondern durch das Gegenteil. Er hat das Spiel gewonnen. «Wissen Sie, das Geld isch eigentlich irrelevant», meint er und will mir ernsthaft erzählen, er habe nie welches dabei. Wenn er den Fliegerclub besuche, lasse er sich auf ein Bier einladen oder die Rechnung später von einem Assistenten begleichen. Aber wieso arbeitet er dann noch? Sogar am Wochenende sitzt er da und diktiert die Post. Er nennt es «Spaß», doch man könnte es auch «Besessenheit» nennen. Vielleicht ist es die Angst vor der Leere? «Ich möchte eben alles in einem Top-Zustand hinterlassen, wenn ich absause.»

Der Milliardär vergleicht sein Leben als Elder Statesman mit einer Bergwanderung. Man steigt an einem sonnigen Tag fünf, sechs Stunden auf, und oben hat man ein Vesper und einen Dreihundertsechzig-Grad-Blick. So steht er also wie ein Gutsherr auf dem Gipfel der Geldberge und sieht hinunter auf sein Lebenswerk und ein liebendes Volk aus fünfundsechzigtausend Mitarbeitern. Würth hat den Konzern schon vor Jahrzehnten in eine Stiftung überführt, damit nach seinem Tod keine Erbkriege ausbrechen.

Ich frage ihn, ob er noch einen Traum hat. Der Patriarch antwortet schüchtern mit Ja, aber er wolle ihn nicht verraten. Dann tut er es doch: Reinhold Würth möchte, wenn es an der Zeit ist, nach Linsen, Spätzle, Saitenwurscht und einem guten Glas Wein einschlafen und nie wieder aufwachen. «Das wäre das Schönste. In Würde sterben.»

Klingt das nicht wunderbar? Natürlich ist alles anders. Natürlich hat er noch Ziele. Natürlich ist es ihm nicht egal, ob er ein paar Milliarden mehr oder weniger auf dem Konto hat, auch wenn er das beteuert. «Soll ich neidisch auf einen Bill Gates sein, nur weil er fünfundfünfzig Milliarden hat und ich nur sieben?», sagt er, aber ich glaube ihm einfach nicht. Das wäre gegen seine Natur. Seine Spezies kann nicht aus ihrer Haut. Sie kann sich nicht zufrieden zurücklehnen und nach einem Glas Rotwein einfach so absausen. Würth hat zum Leben zu viel und zum Sterben noch viel zu wenig. Ich möchte ihm keine Gier unterstellen, aber vielleicht ist er ein Getriebener. Irgendeine Kraft in seinem Inneren zwingt ihn dazu, die Evolution seiner Firma voranzutreiben und die anderen Fische im Teich zu schlucken. Vor einem Jahr hat der Konzern die «Vision 2020-20» ausgegeben: Man will den Umsatz bis 2020 auf zwanzig Milliarden verdoppeln. Reinhold Würth ist bekannt für solche Kampfansagen, die nach FDP und Projekt 18 klingen. Im Gegensatz zu Guido Westerwelle hat er seine Vorsätze aber meistens erreicht.

Ich habe einmal gelesen, dass erfolgreiche Menschen drei Dinge gemeinsam haben: Leidenschaft, Größenwahn und ein Trauma. Die ersten beiden treffen eindeutig auf Reinhold Würth zu. Sein Trauma könnte der frühe Tod des Vaters sein. Ein zweites hat er vor wenigen Jahren erlebt, als neunzig Beamte der Steuerfahndung in Künzelsau auf der Matte standen. Damals hieß es, der Milliardär und seine Manager hätten Millionen hinterzogen. Heute heißt es, es habe sich nur um Verrechnungsgeschichten im Dschungel der vielen inländischen und ausländischen Würth-Gesellschaften gehandelt, niemand hätte sich bereichert. Nummer sieben wollte seinem Konzern einen langen Gerichtsprozess ersparen und akzeptierte eine Geldstrafe von dreieinhalb Millionen Euro. Plötzlich war er, der Bilderbuchunternehmer, vorbestraft. Siebenhundert Tagessätze. Man habe ihn komplett falsch beraten, sagt er. Er habe den verkehrten Anwalt gehabt. Wäre er jünger gewesen, er hätte sich vor Gericht gewehrt, und überhaupt: Er habe nie, nie, nie einen Cent Schwarzgeld besessen. «Wenn ich vom Ausland gekommen bin oder so und hab meiner Frau was mitgebracht, dann isch des seit Jahrzehnten immer auf dem Amt in Schwäbisch Hall verzollt worden. Obwohl kaum ein Zöllner kommt und fragt. Also da hatten die den komplett Falschen am Wickel!»

Trotzdem würde Würth doch so schön in die Galerie der gefallenen Moralapostel unserer Zeit passen: Uli Hoeneß, Alice Schwarzer und all die anderen. Es gibt wissenschaftliche Untersuchungen, die belegen wollen, dass Geld den Charakter verdirbt. Reiche Menschen betrügen angeblich öfter als Arme und nehmen den anderen häufiger die Vorfahrt. Bekommen Reiche im Supermarkt zu viel Wechselgeld, dann geben sie es seltener zurück, meinen US-Forscher. Man hat sozial höher- und niedriger gestellte Personen in zwei Laboren versammelt und dann jeweils einen Topf mit Süßigkeiten auf den Tisch gestellt. Achtung, bitte nicht anfassen, die Bonbons sind für die Kinder im Nebenraum! Was ist passiert? Natürlich, die Vertreter des Großkapitals futterten das Glas halb leer, und die Armen darbten.

Eigentlich möchte man den Wissenschaftlern gerne glauben. Solche Erkenntnisse lindern den Weltschmerz des kleinen Mannes. Es war schon immer heilsam, über die Schwächen der Herrschenden und Wohlhabenden zu lachen, weil sich der Wahnsinn des Alltags manchmal nicht anders ertragen lässt. So kann ein Reicher noch so viel Gutes tun, eine einzige Sünde bleibt länger im Gedächtnis als hundert Almosen. Vielleicht ist das der Fluch des Reichtums. Wo kein Geld ist, ist der Teufel. Und wo Geld ist, da ist er gleich zweimal.

Reinhold Würth sagt einen Satz, den ich wirklich verblüffend finde. Er habe erst mit seinem Steuerskandal gemerkt, dass es Leute gebe, die neidisch auf ihn sind. Das sei ihm vorher gar nicht aufgefallen. So weit ist seine Spezies also von uns entfernt, dem Plankton im Meer, das wir Gesellschaft nennen. Ein einziger Mann hat Milliarden, und Millionen haben nicht einen einzigen Cent. Wie gerecht ist die Welt? Ach, das sei eine philosophische Frage, meint Nummer sieben, man könne sie politisch oder religiös beantworten. Politisch: Marx und Engels hatten recht, aber der Kommunismus funktioniert nicht. Religiös: Jetzt holt Reinhold Würth aus.

Er habe da so eine Geschichte in der Lokalzeitung gelesen. Es sei um eine Frau aus Flein bei Heilbronn gegangen, die den Titel «Miss 50plus Germany» gewonnen habe. «Wieso isch die jetzscht mit über fünfzig die Hübscheste von ganz Deutschland, und ein anderes Mädel isch achtzehn und schaut grausam aus: Mit einem dicken Bauch, riecht aus dem Mund und hat Fußpilz, da gibsch ja die unmöglichsten Sachen.» Ich möchte ihn erneut in die Wange knuffen, und die Pressesprecherin wundert sich. «Nehmen wir's ernst», sagt der Milliardär und tut schon wieder etwas, das für seine Spezies untypisch ist: Er erzählt von seiner Familie. Es geht um seinen einzigen Sohn. Als Markus Würth zur Welt kam, waren die Ärzte offenbar nervös und übereifrig. Das Kind wurde in drei Wochen dreimal geimpft und erkrankte kurz darauf an hohem Fieber. Heute ist Markus schwerbehindert.

Das also ist sein drittes Trauma. Reinhold Würth stockt und wendet den Blick zum ersten Mal von mir ab. Er sieht aus dem Fenster in den Himmel, der jetzt so schwarz ist wie das Meisterwerk im Büro seiner Pressesprecherin. Was seine religiöse Antwort auf meine Frage ist? Gerechtigkeit gibt es nur im Himmel. Nach dem Absausen.

# Big Pony

## ZWISCHEN SYLT UND SCHNÖSELDORF

Duvall ist mein Lieblingsarschloch. Bei ihm ist der Kunde nicht König, sondern Clown. Ich habe erlebt, wie er einen Besucher aus seiner Boutique warf, noch bevor der sich umsehen oder auch nur ein Wort sagen konnte. «Sie gehen besser rüber zu C&A», zischte er damals. Der Kunde war ein ganz normaler Mann, und das war sein Problem. Duvall hasst es, an Normalos zu verkaufen, lieber verkauft er nichts. Noch mehr hasst er es zu handeln. Das beleidigt ihn und seine Stoffe. Ein Burberry-Mantel ist ein Burberry-Mantel, Mottenlöcher hin oder her, und wenn er dir keine fünfhundert Euro wert ist, dann verpiss dich doch und sieh zu, wo du ihn billiger bekommst. Weil ich es noch nie geschafft habe, mit Duvall zu reden, kann ich nur zwei Gerüchte über ihn wiedergeben: Angeblich trinkt er jeden Tag eine Flasche Ballantine's und zwei Flaschen Baileys, und jeden Abend soll eine schwarze Limousine auf ihn warten. Der Mann hat Stil.

Es ist alles wie immer. Duvall hängt hinter seinem Schreibtisch, säuft und sieht fern, als wir den Laden betreten und gleich links die Wendeltreppe nach unten nehmen. Mit einer abfälligen Geste gibt er uns zu verstehen, dass wir zwar geduldet sind, aber in seinen Edel-Secondhandkeller gehören. Er ist Kaiser, wir sind Staub, das gehört zur Show. Die britischen Vintage-Klamotten im Parterre wären eh nichts für mich. Auch Ole findet, dass ich etwas Dezenteres wählen sollte. Wir suchen nach einer grünen Hose und einem rosafarbenen Polohemd, möglichst mit einem Pony drauf. Je größer das Pony, desto besser, meint Ole. Das Prinzip ist Camouflage. Naturfilmer schmieren sich mit Kot ein und stecken sich Äste in die Haare, um den Gorillas nahezukommen. Für meine Expedition brauche ich das Tarnzeug der High Snobiety, und weil ich von diesem Affenzirkus wenig Ahnung habe, brauche ich Ole, den Bonobo der Boheme.

Ole ist mein Zweit-Lieblingsarschloch. Ich weiß gar nicht, was ihn mehr verändert hat: die sechs Jahre auf der Uni Bayreuth oder die sechs Wochen in der Geschlossenen. Seine Eltern sind schuld. Mutter und Vater, Staatsanwältin und Richter, wollten immer, dass ihr Junge ein Mann des Gesetzes wird. Das hat aus ihm einen gefährlichen Irren gemacht. Außerdem straften sie ihn mit diesem perversen Namen: Ole von Osterberg. Weil es bei den Osterbergs Tradition ist, dass jeder männliche Nachkomme einen nordischen Vornamen mit «O» bekommt. Leider ist weder Ove noch Orm, noch Omko von Osterberg aufgefallen, dass all diese Namen bescheuert sind.

Ole hatte schon immer herrische Tendenzen. Manche sagen, er wurde zum Arschloch erzogen, und ich glaube, sie haben recht. Das wurde schon in der Grundschule deutlich. Als ich Ole von Osterberg zum Spielen nach Hause einlud, begrüßte er meine Mutter mit den Worten: «Frau Gastmann, meine Tante macht gerade einen Aerobic-Kurs, und Ihnen würde das auch nicht schaden.» Das

Jurastudium und die Psychopharmaka haben alles noch verschlimmert.

Heute steht Ole auf Siegelringe, sammelt Militaria und hört beim Autofahren völkisches Liedgut, obwohl er mit dem Herzen Kommunist und mit dem Parteibuch Sozialdemokrat ist. Er will die SPD aushöhlen, sagt er immer. Die Logistik sei durchaus passabel, man müsse nur das komplette Personal ersetzen und das Ziel «Weltherrschaft» ins Parteiprogramm schreiben. Außerdem liebt Ole es, unschuldige Menschen zu verklagen. Zu Übungszwecken, meint er. Bekommt er beim Bäcker fünfzehn Cent zu wenig zurück, ruft er die Polizei. Wenn der Polizist ihn dann einen «kleinen Wicht» nennt, legt Ole eine Dienstaufsichtsbeschwerde ein. Glücklicherweise hat er bisher alle Prozesse verloren, das hält ihn auf dem Boden.

Oles Outfit hat seit zwanzig Jahren nicht gewechselt. Er trägt immer noch die gleichen Segelschuhe, die Cordhose und die abgewetzte blaue Barbourjacke mit einem Nirvana-T-Shirt darunter. Ich glaube, all seine T-Shirts sind aus den Neunzigern, weil das Oles beste Zeit war. Damals konzentrierten sich die Ambitionen seiner Helikopter-Eltern noch auf Oles großen Bruder Olov, der den Stallreiniger im Gestüt der Familie soff, um sich umzubringen. Das Zeug begann, ihn von innen aufzufressen, die Ärzte gaben ihm noch zwei Tage, und aus allen konservativen Ecken Deutschlands eilten Odins, Orges und Olaf-Björns in unsere Stadt, um sich zu verabschieden. Irgendwie, ich bin kein Mediziner, schaffte es Olovs Magenschleimhaut, sich wie eine Schlange zu häuten, und nach zwei Wochen saß er wieder kerngesund über dem Bundesgesetzbuch. Die Nummer war tragisch, aber in Olovs Schatten hatte Ole seine Ruhe.

Wenn seine elterlichen Gesetzgeber im Urlaub weilten, borgte sich Ole, damals siebzehn, ihre S-Klasse, bretterte im Tiefflug über die Grenze nach Holland und importierte Gras für die halbe Oberstufe. Manchmal nahm er mich nachts mit zum See, um ein Tretboot zu klauen und es irgendwo zu versenken. Einmal sind wir zu seiner nymphomanischen Exfreundin gefahren, und ich habe Schmiere gestanden, während er etwas in die Motorhaube ihres BMW Z3 ritzte. Es war keine Frage, dass sie es verdient hatte, aber über das Motiv mussten wir lange diskutieren. Ole wollte ein Hakenkreuz in den Lack kratzen, davon konnte ich ihn abhalten. Er entschied sich dann für etwas Positives und ritzte ein Herz. Das ist Ole. Ein liebenswerter Krimineller. Vielleicht passt er deswegen so gut in Duvalls Laden.

Der Blumenwalzer aus der Nussknacker-Suite züngelt durch die Katakomben. Duvall schätzt Tschaikowsky. Ole hasst Tschaikowsky, aber er schätzt die Auswahl bei Duvall. Er ist hier zu Hause, ganz eins mit dieser Boutique des gehobenen schlechten Geschmacks. Wie ein Chamäleon verschwindet er in einem Kleiderständer mit zwanzig blauen Barbourjacken, die auch nicht besser aussehen als seine. Ich teste einen Janker mit aufgesticktem Hirsch. Das Ding sitzt perfekt, aber Ole behauptet, es würde mir nicht stehen, und außerdem sei ein Hirsch kein Pony. Später wird Ole das gute Stück selbst kaufen.

«Vielleicht das rosa La-Martina-Shirt?»

«Schwul!»

«Du meintest doch rosa ...»

«Ja, aber nicht Schwuchtelpink! Was würde der Führer dazu sagen? Sekunde mal ...»

Ole biegt um die Ecke und kehrt mit einem hautengen

blauen Marinehemd und einer roten Karottenjeans zurück. Die Regelhose ist hoffentlich nicht sein Ernst, denke ich mir, Ole hatte doch Grün vorgeschlagen. Grün tut weniger weh. Und wo ist das Pony? Ole sagt, ich soll das Pony vergessen und das Zeug einfach anziehen. Blick in den Spiegel: Entsetzen. Ich sehe aus wie der junge Guttenberg. Allerdings wie ein Guttenberg aus der Kleiderkammer.

«Sag mal, fall ich in dem Scheiß nicht auf?», frage ich, und Ole sagt, ich soll die Fresse halten. Erstens sei das kein Scheiß, sondern «prächtige Ware» (ja, er sagt wirklich «prächtig»), und zweitens müsse ich lernen, mit dem Schwarm zu schwimmen (diesen Satz hat er garantiert aus irgendeiner Chronik über den Zweiten Weltkrieg). Dort, wo wir hingehen, würden alle so albern rumlaufen. Das ist das Tolle an meinem Borderline-Kumpel: Er beherrscht die Codes der geschlossenen Gesellschaft, kann sie aber gleichzeitig aus kritischer Distanz betrachten. Und er kann gut mit Duvall. Ich zahle sechshundert Euro und bekomme zu meiner Regelhose und dem Marinehemd noch ein passendes Paar mandelgrüne Burlington-Socken.

Es wird ernst. Ich habe mir die Haare nach hinten gegelt und mich in meine Guttenberg-Uniform geworfen. Ole konnte mich nicht überreden, auch noch einen Hunderter für Segelschuhe auszugeben. Jeder Mann brauche doch «ein gutes Paar Segelschuhe», meinte er, aber ich habe lieber meine alten Lloyds aus dem Schrank gekramt. Bevor ich Ole wiedertreffe, werfe ich einen letzten Blick in den Spiegel und hasse den Menschen, den ich da sehe. Ich bin ein Pomadenhengst.

Der Pöbel sieht das genauso. Selten habe ich so böse Blicke im «Sozialschlauch» geerntet, wie Ole liebevoll die

U-Bahn nennt. Ein Bus ist in seiner Sprache übrigens eine «Sozialraupe», ein «Proletariertaxi», ein «Randgruppentransporter», ein «Unterschichtbeschleuniger» oder ein «Ghettoexpress». Ein zweiter Herr mit roter Hose steigt zu und fragt einen Fahrgast «mit Menstruationshintergrund», ob er sein Ticket irgendwo entwerten müsse. «Wissen Sie, ich bin so selten mit der U-Bahn unterwegs», klagt er, und schon fühle ich mich wohler. Endlich jemand von meinem Schlag.

Der Bonobo der Boheme wartet im Herzen von Pöseldorf neben einem mattschwarzen Bentley Continental GT. Eine gewisse «Isa» hat ihre Telefonnummer mit Lippenstift auf der Beifahrerscheibe hinterlassen. Pöseldorf wird im Volksmund auch «Schnöseldorf» genannt, weil die Menschen hier in den Farben eines Til-Schweiger-Films leben. Ihr Kosmos ist cremeweiß und kaffeebraun. Sie joggen geschminkt um die Alster, glauben immer noch an die FDP, und ihre Kinder spielen Feldhockey. An den Wochenenden mutiert Pöseldorf zu Pöbeldorf. Dann haben die Porschefahrer zu viel getankt und randalieren im «Zwick» oder kotzen in den «Hähnchenkeller», wo sich das Schnöselpublikum mit dem Kokser- und Rotlichtmilieu vermischt. Hamburg hat die höchste Millionärsdichte des Landes und vielleicht die dichtesten Millionäre der Welt. Ja, ich bin neidisch auf diese Leute. Vielleicht liegt es an meinem Trauma. Ich war mal mit einer Schnöseldorferin liiert, die mich bei Erdbeeren und Champagner auf einer Parkbank an der Alster abserviert hat. Aber von ihr erzähle ich später.

Ole trägt meine Frisur, ein weiß-rosa gestreiftes Hemd, ein Sakko mit Einstecktuch und seine übliche Cordhose. «Du Penner hast gesagt, wir brauchen rote oder grüne

Hosen!», fluche ich, und Ole meint, ich würde ihm immer besser gefallen. Da sei plötzlich etwas in meinem Blick, das er noch nie an mir gesehen hätte: Verachtung. «Perfekt! Genau so bleiben. Das wird dir helfen.»

Rums. Manchmal klemmt die Tür ein wenig, erklärt Ole, aber jetzt ist sie eindeutig offen. Früher soll sie mal ein großes Glasfenster gehabt haben, doch dort, wo einmal Glas war, ist nun eine Sperrholzplatte. Es würde mich nicht wundern, wenn diese Jugendstilvilla mal in jüdischem Besitz gewesen wäre, wie so viele Häuser in diesem Viertel. Heute wird sie von einer schlagenden Verbindung bewohnt, die sich «gemäßigt» nennt, es aber witzig findet, SS-Leute in die Galerie ihrer alten Herren aufzunehmen. Ole pflückt ein Schwarzweißporträt von der Wand, auf dem ein Mann mit Verbindungshut merkwürdig entrückt an der Linse vorbeiblickt. «Der Typ hat mal ein KZ geführt, obwohl er eigentlich im Widerstand war.» Jemand hat eine Kakerlake an die Wand genagelt. Sie trägt eine winzige Schärpe in den Verbindungsfarben.

Der Saal ist mit dunklem Holz verkleidet, in den schweren Tischen sind Brandlöcher, die Theke ist von leeren Bierkästen eingemauert. Ähnlich stelle ich mir Hitlers Bürgerbräukeller vor. «Hier unten werden immer langweilige Reden über Politik geschwungen», meint Ole, «dabei will man doch nur saufen.» Ich soll das alles nicht falsch verstehen. Dies sei keine Verbindung, die an Führers Geburtstag auf der Terrasse das Horst-Wessel-Lied singt. Eher «Kein schöner Land in dieser Zeit» oder «Die Gedanken sind frei» oder «Barbie Girl».

Auf dem roten Teppich im Treppenhaus liegen Socken. Im Bad besichtigen wir ein Kotzbecken mit Griffen und extrabreitem Abfluss. Die schönsten und blutigsten Wundbilder aus einem Jahrhundert Mensurfechten schmücken die Kühlschranktür in der Küche. Darunter hängt das Polaroid eines Burschen, der mit einer Erektion auf dem Rasen liegt und uns dazu noch beide Mittelfinger präsentiert. «Degendorff stand auf Sex im Garten. Die Nachbarn hassten ihn dafür, aber er brauchte einfach immer eine Handbreit Erde unterm Arsch.» Burschenschaften sind Schweigeorden. Nach vier, fünf Jahren Saufgelagen kursieren so viele würdelose Fotos von den Studenten, dass sie keine andere Wahl haben, als den Bund ein Leben lang zu finanzieren und seinen Mitgliedern Gefallen für Gefallen für Gefallen zu tun. Genauso ist es in der Mafia und wahrscheinlich auch im Vatikan. Es wäre doch unschön, die eigene Erektion auf Facebook wiederzufinden, oder nicht?

Ole stellt mir seinen ehemaligen «Saufpaten» vor, der einen Schmiss am Kinn trägt und so aussieht, als hätte er einem britischen Earl die Klamotten abgezogen. Clemens-Hubertus ist zweimal durchs Jura-Examen gerasselt und heulte sich dann bei einem Alten Herrn aus, der in irgendeinem Oberlandesgericht sitzt. Danach bekam die Uni einen Anruf nach dem anderen. Richter, Staatsanwälte, Senatsabgeordnete kochten das Institut so lange weich, bis Clemens-Hubertus einen «Gnadenversuch» bekam. Heute jobbt er in der Kanzlei eines Alten Herrn in Blankenese.

Ein Lulatsch im lilafarbenen Pulli mit grünem Kragen schlurft an uns vorbei und grüßt beiläufig. Ich höre endgültig auf, mich für mein Guttenberg-Outfit zu schämen. Das war Tammo, der Verbindungsidiot, erzählt Ole. Eigentlich ein netter Kerl, aber grenzdebil, und deshalb merke er nicht, dass er zwar die Drecksarbeit mache, aber nie etwas zu sagen habe. Für solche Fälle hat die

Burschenschaft einen Alten Herrn in einem großen hanseatischen Unternehmen. Der Alte ist dort ausgerechnet Korruptionsbeauftragter und schleust ab und zu einen hoffnungslosen Verbindungsstudenten in die Konzernhierarchien. Johann, ein fettes Frettchen, das fast aus seinem petrolfarbenen Polohemd platzt, säuft sich gerade um die Welt. Er macht Praktika bei Alten Herren in Dubai, Südafrika oder Singapur und lässt es sich gutgehen. Seine Freundin, eine christlich konservative Hotpants-Trägerin aus der Jungen Union, soll mit ungefähr jedem schlafen. «Fromm fickt gut!», meint Ole.

Es überrascht mich, dass mein Freund trotz seiner Vorgeschichte einfach so ins Verbindungshaus spazieren kann. Als wir gemeinsam nach Hamburg kamen, boten ihm die Corps-Studenten ein Zimmer für symbolische hundert Euro an, weil sie ihn als «Fuchs» rekrutieren wollten. Der adlige Richtersohn, dachten sie sich, würde gut in das Netzwerk passen. Vielleicht hätten sie vorher mit mir sprechen sollen. Ole bezog das Zimmer und trat bei einem schlimmen Besäufnis tatsächlich in die Verbindung ein, um am nächsten Morgen gleich wieder auszutreten. Das hat man ihm übel genommen. Er musste seine Koffer packen, kam eine Weile bei mir unter und ging später nach Bayreuth, wo er prompt wieder in ein Verbindungshaus zog. Für mich ist das schwer zu verstehen, und Ole kann es sich auch nicht erklären. Einerseits verachtet er gepamperte Rich Kids, die von ihren Seilschaften durchs Leben gezogen werden. Andererseits braucht er sie, weil sie ihm so ähnlich sind. Herkunft verpflichtet, manchmal versklavt sie auch.

Einer der Studenten, die im oberen Stockwerk wohnen, hat ein Damenhöschen über die Klinke seiner Tür gehängt.

Das bedeutet, dass er gerade Sex hat oder nicht gestört werden will oder wahrscheinlich beides. Ole stürmt, ohne anzuklopfen, ins Zimmer. Auf dem Bett liegt ein aufgeschwemmter Kerl, der seine rechte Hand aus der Hose zieht und so wirkt, als könnte er seinen eigenen Burn-out verschlafen. Er grinst, und Ole macht irgendeinen Herrenwitz. Ein Antiquitätenschrank steht mitten im Raum, und Wäsche bedeckt den Boden. Duvall-Style: Paisley-Halstücher, eine blau-rot-gold gestreifte Seidenkrawatte, fliederfarbene Socken. Am Hirschgeweih über dem Bett hängt ein zweites Höschen. Vaseline auf der Kommode. Es riecht nach Pubertät.

Selbst wenn dieser Verein verfassungswidrige Ziele hätte, er würde niemals die Kraft aufbringen, sie wirklich umzusetzen. Die Hormone vernebeln die Sinne der Vielhaber und Nichtsmüsser, der Juristen-, Ärzte- und Unternehmersöhne, Alkohol konserviert ihre Seele und hält sie ruhig. So gammeln sie in dieser Brutstätte der Elite vor sich hin, bis ihre Zeit gekommen ist. Und sie kommt.

Wir gehen ein paar Treppen nach unten. «Monsieur, das ist das Herz unseres Palazzos!», jubelt Ole und öffnet die Tür zu einer engen fensterlosen Kammer, in der ich es keine zwei Minuten aushalte. «Willkommen im Presskeller.» Plötzlich stehen wir mitten in tagealtem Erbrochenen, das fast den gesamten Boden bedeckt. Vor uns ein Holztisch mit halbvollen Bierkrügen, hinter uns leere Oettinger-Kisten und in unserer Nase der Tod. «Die Studenten gehen hier rein, jemand schließt die Tür von außen ab, und dann stürzen sie so lange Bier, bis es in Fontänen wieder aus ihnen herausschießt», lacht Ole. «Wir nennen das ‹Brüllsaufen›. Willst du es auch mal probieren?» Ich brauche eine Weile, bis mir einfällt, woran mich der bestialische Gestank erinnert. Es ist derselbe Duft, der auch durch den Slum Mathare in Nairobi weht, und ich weiß nicht, welchen der beiden Orte ich erschreckender finde.

Wenn Schnöseldorfer frische Luft brauchen, holen sie ihre Oldtimer aus der Garage und teilen das Meer im Autozug der Deutschen Bahn. Ich rolle über den Damm nach Sylt, der noch immer den Namen des Reichspräsidenten Hindenburg trägt, und frage mich, wie es Ole wohl geht. Eigentlich wollte er mich begleiten, aber ich konnte ihn heute Morgen nicht erreichen. Er ist bei seinen Bierbrüdern in der Verbindungsvilla geblieben und schrieb mir nachts um drei eine SMS: «Alter, komm vorbei, ich glaube, ich hab gerade Zwillinge klargemacht!» Ole hatte ein Selfie angehängt. Er stand in seinem Janker mit Hirsch auf irgendeiner Straßenkreuzung und machte ein Gesicht wie Edward Norton.

Ich bin zum zweiten Mal auf Sylt. Vor zehn Jahren wurde ich von einer Redaktion hierhergeschickt, um die Reichen zu fragen, was sie vom Armutsbericht der Bundesregierung halten. Es war der leichteste Auftrag meiner Karriere. Vielleicht auch der traurigste. Ich fuhr zur Whiskeymeile in Kampen, wo die Schickeria immer noch Sachs & Bardot spielt, und hatte innerhalb von zwanzig Minuten meine Antworten: Armut ist genetisch bedingt, richtige Armut gibt es nicht in Deutschland, und wer doch arm ist, der hat keine Lust zu arbeiten. Was halten Sie von einer Reichensteuer? Nichts, die Reichen haben sich ihren Reichtum verdient. Was würden Sie einem Arbeitslosen raten? Die sollen alles, was sie haben, auf eBay verkaufen. Auch ärmliche Leute haben doch einen Computer. Wären

Sie bereit, einem armen Menschen zu helfen? Also, wenn jetzt einer käme und sagen würde: «Ich wasch Ihnen den Porsche», würde ich sofort antworten: «Okay.» Zehner hin, erledigt.

Auf meinem Beifahrersitz liegt eine dunkelblaue Stofftüte. Ein Mann mit Schnäuzer und Warnweste hat sie mir eben durchs Fenster gereicht, und Profiler hätten ihre Freude damit. In der Tasche finde ich die Seele Sylts: etwa zwanzig Luxusprospekte. Rallyelegende Walter Röhrl wirbt für die Cabrio-Jacke «Monte Carlo», der «$yltdollar $tore» möchte mir Poloshirts mit der Aufschrift «Black Money Crew» andrehen. Ich soll Sushi essen, Yoga machen, Kaschmirpullis kaufen, einen Morgan fahren und meine Jüngsten auf das Internat Schloss Torgelow schicken: «Die Zukunft Ihres Kindes beginnt mit der Wahl der richtigen Schule! In Klassen mit höchstens zwölf Schülern erwirbt Ihr Kind ein Abitur auf hohem Niveau und findet Freunde fürs Leben.» Der Rest sind Lifestylemagazine und Maklerkataloge. Mittlerweile scheinen die reichen Hamburger jeden Preis für ein kleines Wochenenddomizil mit Reetdach zu bezahlen. Zwei Millionen für eine Doppelhaushälfte, fünf Millionen für etwas Freistehendes. Manche Dörfer auf der Insel bestehen schon zur Hälfte aus Zweitwohnungen.

«Die fallen über uns her wie Außerirdische. Am liebsten würden die auch noch im Naturschutzgebiet bauen!», schimpft Monika, mit der ich gerade einen Deal gemacht habe: Ich benutze nur eine Seite des Betts und bekomme das Doppelzimmer dafür billiger. Die Insulanerin führt eine kleine Pension direkt hinterm Deich. Das Frühstück serviert sie in einer Fischerhütte, die ihr verstorbener Mann im Garten gebaut hat. Leider falsch herum, sonst hätte sie auf der Holzveranda Abendsonne ohne Ende. Morgensonne ist zwar auch nicht schlecht, aber sie verwandelt die Frühstückshütte regelmäßig in eine Frühstückssauna, und das stört die Gäste. Sollte Monika noch einmal Millionärin werden, möchte sie das Häuschen mit einem Kran aus dem Boden ziehen und umdrehen lassen, auch wenn sie fürchtet, dass es dabei auseinanderfallen würde. Es sei ja nur zusammengesteckt.

Monika hat eine Schwäche für Tinnef. Bojen und Fischernetze hängen unter der Decke, an den Wänden kleben süße bunte Seesterne, doch die machen ihren kleinen Holzkapitän mit der Pfeife auf dem Sims auch nicht wieder lebendig. Ihr Blues weht durch die Zimmer wie der Nordseewind um das Backsteinhaus. Den ganzen Morgen hat sie sich den Kopf zerbrochen, ob heute Samstag oder Sonntag ist. Jetzt läuten die Glocken der Schifferkirche, und sie hat endlich Gewissheit.

Außer mir ist noch eine Seniorin aus dem Westerwald zu Gast. Die alte Dame kam gestern mit dem Zug. Neun Stunden über Koblenz. Sparpreis. Sie hatte sich Brote und gekochte Eier als Verpflegung eingesteckt und große Angst, dass die Klimaanlage an Bord ausfallen und die Bahn einen halben Tag auf freier Strecke in der Hitze brüten würde. Man hört ja so viel. Sie fragt, ob mir die Kurverwaltung diese Pension empfohlen habe. Als ich etwas von «Internet» sage, lacht sie nur. Früher wäre sie ja immer woanders abgestiegen, aber irgendwann sei die Hausherrin an einem Herzinfarkt verstorben. «Und dann ist so was ja vorbei.»

Die Aliens sind auf einer morastigen Wiese in Keitum gelandet. Sie haben eine weiße Zeltstadt errichtet und ihre Raumschiffe direkt dahinter geparkt. «Eure Scheißkarren werden auch immer breiter!», ruft jemand, während er versucht, seinen Golf zwischen zwei Hausfrauenpanzer zu quetschen. Auch die Sportart, um die es hier geht, stammt aus einer fremden Galaxie: Gleich beginnt das Finale der German Polo Masters. «Team Lanson» trifft auf «Team Sal. Oppenheim», ein Champagnerhersteller gegen eine Privatbank. Ole hat mir eine VIP-Karte besorgt. Ich muss also nicht mit dem Gesindel unter freiem Himmel Fischbrötchen essen, sondern kann mich unter die Big Ponys im Promizelt mischen, wo es Entrecôte vom Weiderind, Lachsfilet im Buchenspan und Kobe-Burger aus dem Sternerestaurant Süllberg in Hamburg gibt.

Es ist alles genau so, wie Ole es mir beschrieben hat. Jeder Zweite trägt einen Gaul auf der Brust. Je größer das Pony, desto wichtiger der Mensch. Man pflegt nach wie vor, den Shirtkragen hochzuklappen, das wird sich wohl nie ändern. Die Zickendichte ist extrem hoch. Damen mit Lästergesichtern, die ihre Lippen angestrengt aufeinanderpressen und sich mehr mit der Zahnbleaching-Werbung im Programmheft beschäftigen als mit ihren Ehemännern. Ein Adliger, dem man die Erbkrankheiten seiner Ahnen und Vorväter deutlich ansieht, schaufelt sich Trüffelravioli mit Champagnersoße auf den Teller, ein schwules Pärchen diskutiert über die Kalorien des Vitello tonnato, ein Italiener mit Einstecktuch und Napola-Frisur umarmt seinen Kumpel und reibt sein Becken an ihm. «Digger, was bist du für 'n geiler Hengst! Weißt du, was? Ich steh nicht mehr auf Frauen, ich steh jetzt auf dich!» Dann greift er einem Mädchen möglichst auffällig von hinten an den Arsch in der weißen Segelhose. «Ey, war nur 'n Scherz, Digger. Was glaubst du, was mein Alter machen würde, wenn sein Erstgeborener 'ne Schwuchtel wär? Mich enterben!»

Es hat die ganze Nacht geregnet, und am Nachmittag droht ein Gewitter, weshalb das Finale vorgezogen wird. Vangelis ertönt. «Conquest of Paradise». Ein Jaguar und ein Land Rover mit Werbetafeln rollen über den Rasen, und «Franky», ein Mops im viel zu engen grünen Hemd, der als Pololegende und Naturheilpraktiker vorgestellt wird, schleppt sich auf den Kommentatorensitz. «Uuuuuund hier die prickelnden Champagner-Boys von Lansoooooon!» Polo scheint kein Athletensport zu sein. Manche Spieler haben Love Handles und eine deutliche Bierschürze. Trotzdem wirken sie auf ihren Pferden, hoch oben über dem niederen Volk, so erhaben wie moderne Kolonialherren. Ihre Tiere geben ihnen etwas Archaisches. Donnern die Hufe über den Rasen, wecken sie Urängste: Achtung, der Fürst kommt und fordert sein Ius primae noctis, das Recht der ersten Nacht! «Uuuuuud nun einen Riesenapplaus für das ‹Team Sal. Oppenheeeeeeeiiiim›!» Verhaltener Beifall von rechts.

Ich schiebe meinen Kopf durch eine Pflanzenwand auf der Terrasse. Tatsächlich gibt es neben dem VIP-Bereich noch einen VIP-VIP-Bereich für die Privatbanker, die das Turnier sponsern. Mich erinnert diese Klasseneinteilung an einen denkwürdigen Familienurlaub im Ceaușescu-Rumänien der Achtziger. Das Hotel, es galt als das beste des Landes, hatte die Esstische in drei Reihen aufgestellt. Ganz auf der einen Seite saßen die Westdeutschen, in der Mitte die DDR-Bürger und auf der anderen Seite die Einheimischen. Was die Wessis nicht aßen, landete am nächsten Abend auf den Tellern der Ossis, und danach hatten die Rumänen das Vergnügen.

«And it's a gooooooooal!» Ein Reiter, der sich «The Machine» nennt, hat gerade die prickelnden Champagner-Boys in Führung geschossen. Im VIP-Zelt juckt es niemanden, obwohl Franky am Mikro tapfer von «Weltklasse-Polo» und einem «wunderschönen Spiel» erzählt. «Da brennt der Rasen! Da brennt die Luft in Keitum!» Die Big Ponys sind viel zu sehr mit sich selbst beschäftigt. Am meisten hat der CDU-Politiker Christian von Boetticher zu tun. Er spielt das ewig selbe Stück. Erst begrüßt er jemanden mit Handschlag, um nach einer Minute ein besorgtes Gesicht zu mimen, die Arme in die Hüften zu stützen, leicht auf den Zehenspitzen zu kippeln und Worthülsen von sich zu geben: «Aha, ach so, ja, ja, da sind wir dran, da machen wir was, sehr richtig, dass Sie das ansprechen.» Dann zieht er weiter. Von Boetticher war übrigens in einer Burschenschaft. Er ist ein Alter Herr der Studentenverbindung «Slesvico-Holsatia v.m.L! Cheruscia zu Kiel».

«And it's a goooooooooal!» Die Privatbanker sind bis auf ein halbes Tor an die Champagner-Boys herangekommen. Warum es halbe Tore gibt, versteht niemand. Auch sonst durchschaut nur Franky die Regeln. Er versucht immer wieder, sie zu erklären. Eine Partie Polo ist offenbar in mehrere Spielabschnitte aufgeteilt. Die sogenannten «Chukker» dauern sieben Minuten, dann erklingt eine Glocke. Gerade hat der Unparteiische das Spiel allerdings vor der Glocke abgepfiffen, und es herrschte Verwirrung. Die prickelnden Champagner-Boys wollten schon vom Feld traben, als der Schiedsrichter einfach wieder anpfiff, um drei Sekunden später mit dem Glockenton wieder abzupfeifen. «Ein hochklassiges Spiel auf besten Pferdeeeeen!» Der Italiener, der keine Schwuchtel ist, klopft einem zerbrechlichen jungen Kahlkopf auf die Schulter. Der junge Mann sieht aus, als ließe er gerade eine Chemotherapie über sich ergehen. «Alles Gute, Digger, ne?» Wie ich erfahre, handelt es sich um Maik Mahlow, einen zwielichtigen Softwareunternehmer und selbsterklärten Millionär, der aus seiner Krankheit eine Werbeshow gemacht hat. Er tritt gerne mit gekauften Promis und einer blauen Avatar-Gestalt an seiner Seite auf. Heute trägt er ein T-Shirt mit dem Spruch: «Ich werde sterben! Na und?» Manche zweifeln daran, dass er wirklich Krebs hat. Auf dem Rücken seines Hemds steht die Internetadresse seiner Firma PC Fritz, die angeblich Raubkopien verkauft und mehrere Razzien hinter sich hat.

«And it's a gooooooal! 3 zu 2,5 für Oppenheeeeeeim!» Schlimmes Gekicke auf dem Rasen. Der Boden wird immer tiefer, der Poloball bleibt im Matsch stecken, ein Spieler nach dem anderen reitet darauf zu und schlägt vorbei. In diesem dreckigen Geschäft scheinen sich die Privatbanker deutlich wohler zu fühlen, sie hängen die Champagner-Boys langsam ab. «Team Lansooooon sollte vielleicht mal ein Schlückchen Prickelwasser nehmen! Vielleicht hilft auch etwas Unterstützung von den Fans? Kommt schon! Na? Wo sind die Faaaaaaaans? Hmmm ... Die lassen wohl selbst die Korken knallen!»

Lovelyn, die aktuelle Siegerin von Germany's Next Topmodel, taucht auf. Sie macht ein paar Fotos mit den Big Ponys, posiert im La-Martina-Zelt, dann verschwindet sie wieder. Offenbar war sie nur für eine Stunde gebucht. Ich hole mir einen ofenfrischen Apfelkuchen und einen Kaffee, setze mich, werfe beides sofort um, tue so, als wäre nichts geschehen, und bestelle ein Frustbier. Hinter mir sitzt eine reife Blondine mit extrem gut gebräunten Zornesfalten. Trotz ihres Alters steht sie auf den Paris-Hilton-Look: rosa Stoffhose, weißes Rüschenoberteil, übergroße Sonnenbrille. Es ist die RTL-Moderatorin Frauke Ludowig.

Sie unterhält sich mit einem Mann, und weil es sehr laut ist, verstehe ich erst mal nur die Worte «Tatar», «Krabben» und «Langusten». Dann kommt «Conny», eine Lady im Leopardentop, an ihren Tisch: «Ach, wir kennen uns doch aus der Sansibar!» Conny war gestern am Strand, und als sie gerade ihr Sommerkleid abgestreift hatte, sah sie vier knackige achtzehnjährige Mädels am Wasser spazieren. Da hat Conny an sich heruntergeguckt und gedacht: Scheiße.

«Uuuuuuund damit gewinnt Oppenheeeeeeim mit 7 zu 4,5 gegen die Champagner-Booooooys!» Herrlich, der Hauptsponsor hat das Turnier wie geplant gewonnen. Frauke Ludowig überreicht einen Pokal, dann schweben die Polospieler ans Buffet. Im Schlepptau ziehen sie schlechtgelaunte Armani-Freundinnen in Safarihosen durch das VIP-Zelt, die so aussehen, als hätten sie gerade zwei furchtbar langweilige Wochen mit dem Bachelor in Kapstadt verbracht.

Nun dürfen die Zuschauer das Feld stürmen und nach einem Champagnerkorken suchen, den der Schiedsrichter während der Partie heimlich fallen gelassen hat. Franky verspricht dem Finder eine Flasche Lanson. Kein Privatbanker betritt den Rasen. Auch die Big Ponys halten sich vornehm zurück und beobachten das einfache Volk, wie es mit bloßen Händen zwischen Matsch und Pferdeäpfeln nach einem Stückchen Glamour gräbt. Ich stolziere in meiner Regelhose über den Rasen wie Franz Beckenbauer nach dem WM-Finale 1990 und frage mich, was schlimmer ist: Polo, Burschenschaften oder Krebs.

Ole ruft an. Er sagt, er gibt mir noch einen Monat. Dann bin ich genauso gestört wie er.

# Diamantenfieber

## SCHATZSUCHE BEI WERNER KIESER

Manche haben Spaß, andere gehen zu Kieser. Seine Fitnesscenter verbreiten den Charme einer Bundeswehrkaserne. Wie Rekruten krümmen sich die Geschöpfe in grauen Muskelmaschinen und blicken stumm in ihre Seelen, weil es sonst nichts zu gucken gibt. Keine Fernseher, keine Saftbars, keine Fototapeten, keine Springbrunnen, keine UV-beleuchteten Pflanzen. Nicht mal Musik füllt die Kammern der Qual. Werner Kieser vergleicht sein Training mit einer Zahnreinigung oder einer Rasur. Es ist eine notwendige Wartung des Körpers. Nicht mehr, nicht weniger.

Als Kieser die ersten Studios in Hamburg eröffnete, machte er Millionen Verluste, weil die Deutschen meinten, sie hätten es mit moderner Kunst zu tun. Da lud er die gesamte Presse der Stadt ein, bestellte ein Buffet für vierzigtausend Mark, und was taten die Journalisten? Sie kamen, sie aßen, und sie tranken, aber sie schrieben kein Wort. Warum die Stimmung trotzdem kippte, ist ihm noch immer ein Rätsel. Er hielt einfach stur an seinem Konzept fest. Kieser wollte mit dem Kopf durch die Wand, und irgendwann gab die Wand nach. Mittlerweile zahlt die

Menschheit dafür, dass er ihr nichts bietet. Nichts außer Kraft. Er hat eine weltweite Kette unter seinem Namen aufgebaut und einen Slogan erfunden, den jeder herunterbeten kann, ob er nun will oder nicht: Ein starker Rücken kennt keine Schmerzen.

Manche haben Geldsorgen, andere sind Schweizer. Durchschnittlich besitzt jeder von ihnen eine halbe Million Franken. Natürlich verteilt sich der Reichtum auf wenige, aber unterm Strich sind die Alpenindianer Vermögensweltmeister. Es gibt dazu einen beliebten Witz. Ein Deutscher betritt eine Schweizer Bank und möchte ein Konto eröffnen. «Wie viel wollen Sie denn einzahlen?», fragt der Beamte am Schalter. «Fünfzig Millionen», flüstert der Mann. «Würden Sie bitte deutlicher sprechen, ich habe Sie nicht verstanden.» – «Fünfzig Millionen», wiederholt der Deutsche, nun etwas lauter. «Aber mein Herr», antwortet der Bankier, «Armut ist doch keine Schande!»

Reichtum ist auch keine Schande, dachte ich mir und bat den Eidgenossen Josef Ackermann um ein Interview. Seine Abfuhr war erstaunlich charmant. Es hieß, der ehemalige Chef der Deutschen Bank bedanke sich «ganz herzlich» dafür, dass ich mich für sein Geld interessiere. Er habe sich «sehr gefreut», und ich stellte mir vor, wie er im Taumel der Euphorie auf einer Bettdecke aus gesponnenem Gold herumhüpfte. Leider, so schrieb seine Sekretärin, könne Ackermann dennoch nicht an meinem Buch «mitwirken». Eine Begründung blieb sie mir schuldig. Die Gattin eines bekannten Züricher Schönheitschirurgen speiste mich anders ab. Sie war durchaus zu einem Gespräch bereit, forderte aber ein Honorar von fünfzigtausend Euro plus Mehrwertsteuer. Werner Kieser, der Minimalist, fasste sich kurz. Er antwortete: «Wann und wo?»

Manche leben in einem Palast, andere in einem Bunker. Kiesers zweistöckige Stadtvilla folgt dem Stil des Brutalismus. Kein Putz, keine Farbe, keine Ziegel. Es wirkt, als hätte man sie aus einem Felsen gehauen. Nur etwas Efeu rankt über den rissigen, vom Schnee und Regen der Alpen verwaschenen Formbeton, auf dem noch die Abdrücke der Schalung erkennbar sind. Es ist ein Haus wie eine Rüstung, rau und kantig, trotzig und starr. Steingewordenes Understatement, inspiriert von Le Corbusier, mit herrlichem Blick über den Zürichsee. Wer nicht ahnt, dass es Millionen gekostet hat, könnte es leicht für einen Rohbau halten. Direkt nebenan residiert der ehemalige Schweizer Bundespräsident Moritz Leuenberger.

Edle und Mächtige rotten sich auf dem Berg, das hat sich seit dem Mittelalter nicht geändert. Hier oben ist die Luft so schön klar, und man kann den Pöbel schon aus der Ferne sehen, wenn er mit Fackeln und Mistforken anrückt. Die Mauern sind hoch, die Kameras wachsam, der Porsche Cayenne Standard, manchmal schaukelt sogar ein Rolls-Royce durchs Bild. Als ich klein war, konnte ich durch mein Kinderzimmerfenster auf so einen Wohlstandshügel blicken. Ganz oben thronte das Haus des reichsten Mannes unserer Stadt. Er war ein Magier, der Wunder vollbringen und Staubmäuse in Gold verwandeln konnte. Der Reiche hatte es vom Gebäudereiniger zum Millionär gebracht und besaß eine ganze Reihe von Unternehmen, darunter auch eine Firma für Pyrotechnik. Wenn er Geburtstag feierte, ließ er vor meinem Fenster bunte Lichtblitze, Spiralen und Fontänen vom Nachthimmel regnen.

Ich stehe vor der pechschwarzen Eingangstür einer Villa, deren Besitzer ein Vermögen auf dem Rücken seiner

Kunden verdient und dafür auch noch geliebt wird. Ach was, er wird angebetet. Selbst die Presse findet nur noch religiöse Bezeichnungen für ihn, die journalistische Distanz ist längst der Heiligenverehrung gewichen. Man nennt ihn «Muskelpapst», «Prediger» oder «Hohepriester der Kraft». Dabei ist er eigentlich bekennender Atheist. An seiner Tür klebt eine Plakette des Schweizerischen Rottweiler-Clubs:

Hier wache ich!

Manche öffnen im Anzug, andere eher leger. Werner Kieser steht in einem gestreiften Pyjama vor mir. Unter seinem linken Arm klafft ein Loch, und aus dem nicht vorhandenen Kragen wuchert ein grauer Lockenteppich.

«Darf ich vorstellen: Volta!», sagt er und deutet auf den riesigen Rottweiler zu seiner Linken. «Hübsches Tier, oder? Ich weiß auch nicht, warum diese Hunde so schlechte Presse haben, aber kommen Sie erst mal rein. Was wollen Sie trinken?»

Ich folge Hund und Herrchen in eine düstere Höhle ohne Wandfarbe, Estrich und Parkett. Jetzt wird mir klar, warum Kieser-Studios so sind, wie sie sind. Der Mann ist im Grau zu Hause, und grau sei nun mal die Weisheit, erzählt er. Ich setze mich an einen übergroßen runden Küchentisch und erlebe, wie der Muskelpapst, mir den Rücken zugewandt, einen halben Liter Zitronenwasser auf Eis zubereitet. Gerührt, nicht geschüttelt. Ich schwitze. Irgendwie erinnert mich diese Szene an den klassischen Besuch beim Bond-Bösewicht. Gleich wird mir Kieser seine Weltherrschaftspläne offenbaren, und danach wird er seinen Rottweiler auf mich hetzen oder versuchen, mich mit einem Laserstrahl abzumurksen, der nebenbei auch noch den Mond zerstören soll.

«Was führt Sie zu mir, Herr Gastmann?»

«Ich würde gerne mit Ihnen über Ihr Vermögen sprechen.»

«Über was?»

«Über Reichtum. Ich schreibe einen Reichtumsbericht.»

«Einen Reichtumsbericht? Über mich?»

Er kichert.

«Geld ist ein Betrugsmittel, Herr Gastmann. Die Rübe, die man dem Esel vor die Nase spannt, damit er arbeitet!»

Ich hatte ihn mir größer vorgestellt, zwei Meter, mindestens, aber Kieser ist ein Kraftwürfel. So klein wie breit. Zwischen seinen kräftigen Schultern klemmt ein Spartanerschädel mit kurzgeschorenen silbernen Borsten, auch dem Bart gönnt er nicht mal einen halben Zentimeter Länge. Seine Trotzki-Brille ist wie aus Stein geschlagen, so wie die Villa, so wie Volta, so wie der Kieser, so wie alles hier. Mit Wohlwollen könnte man seine Welt «zweckmäßig» nennen, sie ist auf das Wesentliche reduziert, wenn auch auf hohem Niveau. Kieser bezeichnet sich als «Individualanarchisten», er hasst Kitsch und lehnt alles ab, was den Menschen verführt. Weder glaubt er an Gott noch an den Teufel oder die Seele. Klingeln die Zeugen Jehovas bei ihm, bittet er sie freundlich herein und versucht, sie zum Heidentum zu bekehren. Das sei Reichtum für ihn. Sich die Zeit zu nehmen, um herauszufinden, warum jemand einer so absurden Überzeugung folgt. «Ich habe lieber bittere Wahrheiten als süße Lügen», erzähle er den Zeugen gern. Dieser Mann braucht keine Sekte, er ist selbst eine.

«Hat Geld für einen Anarchisten keine Bedeutung?»

«Ach, Geld ist ein Betriebsmittel. Banale Antwort.»

«Das ist alles?»

«Natürlich! Ich meine, ich brauche Geld, ich brauche viel Geld. Ich entwickle ständig neue Maschinen.»

Kieser blickt auf meine Füße.

«Joggen Sie?»

«Gelegentlich.»

«Hören Sie auf damit! Wir sind keine Lauftiere, wir sind Affen. Das zu erkennen tut vielen weh, aber es ist so. Unser Fuß ist ein Greiforgan und kein Huf. Sie kriegen das auch noch, dieses Abkippen. Die Alten knicken einfach beim Treppensteigen um und fallen hin. Beim Sturz bricht der Schenkelhals, und dann wandern sie in die Klinik, liegen horizontal, die Lungenflügel reiben aneinander, sie bekommen eine Entzündung, und weg sind sie. Wieso gibt's dagegen kein Trainingsgerät, habe ich immer gedacht. Im Grunde sterben die Leute doch an Kraftmangel, wir schonen die Alten zu Tode. Hat mich 'ne halbe Million gekostet, diese Erfindung.»

Jetzt versucht er, mich zu bekehren. Ach, er werde immer maßlos überschätzt, weil er so oft in der Presse sei. Die Journalisten würden seine Präsenz mit Reichtum übersetzen. Wer so viel zu sagen habe, der sei bestimmt steinreich. «Aber dem ist nicht so, Herr Gastmann!»

Wer's glaubt.

Mir fällt auf, dass Kieser ein Hörgerät trägt. Er sagt, er habe in seiner Jugend zu viele Schläge auf die Ohren bekommen. Kieser war Boxer, aber seine Geschichte beginnt mit dem Schwingen, auch «Hosenlupf» genannt. Bei diesem archaischen Schweizer Ritual, das zwischen Ringen und Sumo liegt, ziehen sich die Kontrahenten

Zwilchhosen über die Kleidung, hochgekrempelte, viel zu weite Trachtenbüchsen. Die Kämpfer geben sich die Hand, dann greifen sie sich gegenseitig an den Zwilch und bemühen sich, ihren Gegner mit einem «Brienzer», einem «Wyberhaagge» oder einem «Buur» auf den mit Sägemehl bedeckten Boden zu schwingen. Ein «Lätz», «Hüfter» oder «Übersprung» bricht dem zehn Jahre alten Werner Kieser den Unterarm. Kaum ist der Arm verheilt, bricht er ein zweites Mal und wird immer dünner. Der Kinderarzt hat nichts Besseres zu tun, als Schrecken zu verbreiten. «Wenn du dir den Arm noch einmal brichst, bleibt er für immer dünn!», mahnt er und schickt den schmächtigen Jungen zum Boxen, weil es dort immerhin Gewichtsklassen gibt. Natürlich verletzt sich Kieser erneut. Mit siebzehn zieht er sich eine Rippenfellquetschung zu und soll ein halbes Jahr mit dem Sport aussetzen, obwohl er doch eigentlich Boxweltmeister werden will. Der Arzt rät ihm dringend, sich zu schonen, aber Kieser wählt einen anderen Weg.

Damals lernt er etwas kennen, das ihm wie ein Wunder vorkommt. Krafttraining ist in der Schweiz noch völlig unbekannt. Kieser stemmt Hanteln, die sein Onkel aus dem Blech ausgebrannter deutscher Weltkriegspanzer herausschneidet. Die Schmerzen gehen, die Gesundheit kehrt allmählich zurück. Bald schweißt er Geräte aus Alteisen vom Schrottplatz zusammen und eröffnet Zürichs erste Muckibude, später importiert er Trainingsmaschinen aus den USA. Das Geld dafür, etwa hunderttausend Dollar, leiht er sich von Freunden und von seiner Großmutter. Niemand glaubt ernsthaft, es zurückzubekommen. Kieser ist ein netter Kerl, denken sie sich, also was soll's.

Als die Fitnesswelle in den Siebzigern nach Europa schwappt und ein Konkurrent nach dem anderen aufmacht, fühlt Kieser sich alt. Er erweitert seine Läden um Saunas, Whirlpools und Solarien. Doch dann stellt er entsetzt fest, dass seine Klienten fett und faul werden, sie kommen nur noch zur Entspannung in seine Studios. Also baut er den Krempel wieder ab, verliert ein Drittel der Kundschaft und nimmt in Kauf, dass die Umsätze erst mal einbrechen.

«Wenn Sie in der Sauna rumliegen, werden Sie vielleicht sauberer, aber nicht stärker», sagt er, reicht mir das Zitronenwasser und bittet mich in die Kaminecke. Er stellt zwei Stühle im rechten Winkel zueinander, sodass wir Knie an Knie sitzen. Volta legt sich auf meine Füße. Der Hund ist deutlich wärmer als der nackte Boden der Villa.

«Herr Gastmann, mal eine indiskrete Frage: Welchen Bildungshintergrund haben Sie?»

Die Eiswürfel klingeln im Glas. Kieser legt die hohe Stirn in Falten, und für einen Augenblick ähnelt er seinem Rottweiler, dann hebt er zu einem epischen Vortrag in Soziologie, Politik und Neuerer Geschichte an. Marx, Engels, Bakunin, Feuerbach, Hegel, Stirner, das volle Programm. Ich würde ihn so zusammenfassen: Wer machtgeil ist, der hat Angst vor den Menschen und will sie beherrschen. Wer geldgeil ist, der hat Angst, arm zu werden, und sucht nach Sicherheit und Anerkennung. Beide Verhaltensweisen sind krankhaft und das Ergebnis eines Defizits. «Wenn Sie rein wirtschaftlich denken», erklärt Kieser, «dann ist das ganze Leben defizitär. Am besten kommen Sie gar nicht auf die Welt. Mit fünfundzwanzig ist Ihre Reproduktion wahrscheinlich erfüllt, und die Evolution hat kein Interesse mehr an Ihnen. Das ist traurig, aber der Natur ist das wurscht. Oder auch ein Hund: das Futter, die Impfungen, der Arzt, die Zeit. Das ist eigentlich unsinnig.»

Ein deprimierendes Szenario. Wir werden beide nicht mehr gebraucht und könnten nun gemeinsam sterben, die Evolution würde es nicht jucken. In diesem Sinne ist Gesundheit also kein Reichtum, wie es immer heißt, sondern reine Lebenserhaltung. Kieser spricht von «Kraftkapital». Ich könne mir aussuchen, ob ich dahinsiechen möchte oder «fit in die Kiste» springe. Dass ich in die Kiste müsse, sei leider nicht zu verhindern, also solle ich mein Geld ausgeben. So schnell wie möglich. Für Reisen, gutes Essen, Kunst, Spaß, whatever.

Das erinnert mich an meinen Großvater. Otto hat bis zum Tod geschuftet und viel zu spät gemerkt, dass er nicht gelebt hat. Als er schwächer wurde, wollte er in wenigen Monaten alles nachholen. Zum ersten Mal seit Jahren leistete er sich neue Hemden und neue Schuhe, er kaufte meiner Großmutter Kleider und Kochtöpfe, nahm sie mit auf eine Safari und auf eine Kreuzfahrt durch die Karibik. Otto zeigte ihr die Welt und starb kurz darauf an einem Herzinfarkt. Es war das letzte Glimmen eines Arbeiterlebens. Mein Großvater war ausgebrannt. Auch Volta wirkt wie tot, er schläft auf meinen Füßen. Man muss wissen, dass sein dreiundsiebzig Jahre altes Herrchen vor kurzem einen Bachelor in Philosophie gemacht hat.

«Sie haben es ja immer noch heiß, Herr Gastmann.»

Das stimmt, und es liegt weder am Rottweiler noch an der Temperatur. Ich fühle mich wie ein Voyeur, ein Spanner, ein Paparazzo, schlimmer als die Bild-Zeitung, RTL und Das Goldene Blatt zusammen. Diamantenfieber. Da lade ich mich in das Haus eines Schweizer Millionärs ein und suche nach Gold, Silber und Edelsteinen. Irgendwie ist das billig. Oder erwacht gerade eine alte Angst in mir? Einer meiner ersten Zeitungsartikel führte mich in die Jugendstilvilla einer jüdischen Kaufmannsfamilie im Westen von Hamburg. Ich sollte ein Interview über Rechtsradikalismus führen und war auf dem Hinweg in braune Soße getreten. Leider ohne es zu merken. So zog ich eine Spur auf den Orientteppichen im Flur, quer über das Tafelparkett im Salon bis zum Rokokosofa im Wintergarten. Es ließ sich niemand etwas anmerken, obwohl das Gespräch über eine Stunde dauerte. Nicht die Dame, nicht der Herr des Hauses und auch nicht das Personal, das diskret hinter mir herwischte. So konnte ich zwar mein Gesicht wahren, aber ich schäme mich bis heute für diesen Fauxpas.

Erfreulicherweise platzt jemand in die Vorlesung, und Volta springt mit einem Satz auf. Unerfreulicherweise kracht er dabei mit Wucht von unten gegen die Glasplatte des Wohnzimmertisches.

«Haben Sie Angst vor ihr?», fragt Frau Kieser.

«Ach, der Hund ist eine SIE?»

«Ja doch, so schön kann nur eine Frau sein!»

Gabriela Kieser ist fast zwanzig Jahre jünger als ihr Mann und soll die Evolution des Kraftimperiums weiter vorantreiben, wenn ihr Gatte topfit in die Kiste gekracht ist. Als sie das Wort «Reichtum» hört, erzählt sie von ihrem Traum. Frau Kieser möchte gerne mal mit einem Hund auf Wanderschaft gehen. Sie habe gerade ein Buch gelesen über einen Herrn «Friiii», und dieser «Friiii», der sei ja ein Pensionierter und totaler Langweiler, der eigentlich nur einen Brief einwerfen will, aber dann einfach weiter von Süd- nach Nordengland zieht. So, jetzt müsse sie aber wirklich los. Auf die Tram. «Du gahscht?», fragt ihr Mann.

«Jo, ich gah», antwortet sie, geht, und Kieser scherzt, er sei zum dritten Mal glücklich verheiratet. Irgendwie hat uns diese Minute aus unserer Depression gerissen.

«Kommen Sie, ich zeig Ihnen mal, wie reich ich bin!»

Endlich. Mein Haus, mein Auto, mein Boot. Ich erlebe eine Weltsensation. Ein Schweizer packt aus, und diese Floskel darf man wörtlich nehmen. Der Millionär im Schlafanzug reißt seinen Kühlschrank auf, er öffnet seine Gefriertruhe und leert sogar einen Mülleimer vor mir aus. Zum Vorschein kommt unter anderem ein Eierkarton, der sicher nicht billig war, Schweizer Preise sind erbarmungslos. So transparent und offen hat sich noch kein Reicher präsentiert. Wir dringen in Galaxien vor, die nie ein Journalist gesehen hat. Der große Werner Kieser zeigt mir seinen Heizungskeller. Danach darf ich seinen Luftschutzraum bewundern. So was ist in diesem Land Pflicht für den Fall, dass mal ein deutscher Finanzminister mit der Kavallerie einreitet. In Kiesers Hobbywerkstatt geht es besonders dekadent zu. Hier lagert der Hohepriester der Kraft, man stelle es sich vor, einen riesigen Sack Trockenfutter, außerdem gleich fünf silbern glänzende Hundenäpfe und eine stattliche Dose dunkelblauen Sprühlack. Wie protzig kann man sein? Kieser ist gelernter Schreiner. Er hat einen Quader gezimmert, einen Rätselwürfel, wahrscheinlich aus seltenem Tropenholz. Irgendwie lässt sich dieses Ding auseinanderschieben, aber ich scheitere kläglich.

Genauso verhält es sich mit seinem Reichtum. Gibt man bei Google «Werner Kieser» ein, erscheint eine Liste möglicher Ergänzungen. Fast an oberster Stelle steht «Vermögen». Die halbe Welt scheint sich für Kiesers Geld zu interessieren. Klick. Suche. Nichts. Auch seine Pressesprecherin ist eine Sphinx. Sie rückt nicht mal die aktuellen Umsatzzahlen heraus: «Sorry, Herr Gastmann, sorry.» Vor Jahren waren es über hundert Millionen Euro, völlig verarmt kann Kieser also nicht sein. Die Dame verrät mir nur, dass es im Moment 138 Kieser-Studios im Franchisesystem mit exakt 269241 Kieser-Kunden gebe, die im Schnitt 53 Jahre alt und, ganz nebenbei, eher höher gebildet seien. Viele Zahlen, wenig Information. Als ich mich bei der Pressesprecherin schriftlich nach Kiesers Kontostand erkundige, antwortet sie mit einem Smiley.

Zweiter Stock der Villa. Blick ins Gästeklo: nichts Besonderes. Blick ins Arbeitszimmer: nichts Besonderes. Blick ins eheliche Schlafgemach: wieder nichts Besonderes. Bis auf die zwei Bettgestelle nebeneinander, die ein wenig an Krankenhausliegen erinnern. «Die sind was ganz Besonderes!», lacht Kieser. Da er sich möglicherweise vorkommt wie ein Zirkusbär, reagiert er mit einer Übersprunghandlung. Der Hohepriester der Kraft flitzt hinter einen Notenständer, nimmt ein Schwyzerörgeli in die Hände, sein kleines Akkordeon, wippt von einem Bein aufs andere und singt: «Ja / Grüezi wohl, Frau Stirnimaa / Säged si, wie läbed si, wie sind si au so draa? / Grüezi wohl, Frau Stirnimaa / Säged si, wie läbed si, wie gaht's däm ihrem Maa?»

Zum Abschied ein Blick in die Garage. Kieser zeigt mir sein Bond-Mobil, einen Volvo Kombi, und ich kapituliere. Geld ist die Rübe, die man dem Esel vor die Nase spannt, damit er arbeitet. Ich bin der Esel, und Kieser die Rübe. Er hat mir einen exklusiven Einblick ins Nichts gegeben.

«Tut mir leid, dass der Besuch für Ihren Reichtumsbericht wenig gebracht hat», lächelt er.

«Ja, es ist schon bedauerlich, in welchen Verhältnissen

Sie leben müssen. Verraten Sie mir noch Ihren Kontostand?»

«Wissen Sie, da möchte ich Max Stirner zitieren: Vermögen ist das, was man vermag.»

Tage später bekomme ich eine Nachricht. Werner Kieser fragt, ob ich ihn in seinem Ferienhaus besuchen möchte. Es stehe auf fast zweitausend Metern in einem abgeschiedenen Dorf im Engadin. Sechzig Menschen, achtzig Kühe, ein paar Pferde und vier Hunde. Die Luft sei zwar dünn, aber der Verstand glasklar. Kieser hat ein Foto mitgeschickt. Kein Putz, keine Farbe, keine Ziegel. Es wirkt, als hätte man das Gebäude aus einem Felsen gehauen. Nicht mal Efeu rankt über den rissigen, vom Schnee und Regen der Alpen verwaschenen Formbeton, auf dem noch die Abdrücke der Schalung erkennbar sind. Es ist ein Haus wie eine Rüstung, rau und kantig, trotzig und starr. Wer nicht ahnt, dass es Millionen gekostet hat, könnte es leicht für einen Rohbau halten. Manche zeigen ihren Reichtum, andere sind Schweizer.

# Marbella Club

## RENDEZVOUS MIT PRINZESSIN BEA VON AUERSPERG

Außen Warschau, innen Vegas. Das «Senator» ist eine gealterte Partyqueen, die nach den Exzessen der Nacht auf dem Flokati eingeschlafen ist. Ohne die Kreolen und die falschen Wimpern abzunehmen. Ohne aus den Leopardenstiefeln zu schlüpfen. Ohne den Lippenstift und das Rouge aus dem Gesicht zu wischen. Verblasste Flamingofarben begrüßen mich in der Lobby: Koralle, Pfirsich, Lachs. Von der Decke baumelt falsches Efeu, auf dessen Blättern noch der Staub besserer Tage liegt, und in den Glasfahrstühlen spiegeln sich die alterstrüben Kronleuchter wie Geister längst vergangener Jetset-Zeiten.

Früher muss dieses Hotel ein Palast gewesen sein, heute ist es nur noch ein billiger Stopp für anspruchslose Traveller und ahnungslose Touristen. Es riecht nach Sonnenmilch, Chlor und Massenabfertigung. Meine letzte Pauschalreise liegt zwanzig Jahre zurück, doch nur der Applaus nach der Landung ist verschwunden. Sonst hat sich nichts verändert. Weder das Halstuch der Reiseleiterin noch der dicke Kerl, der kein Wort redet, seinen Bauch unter das Lenkrad schiebt und hundert arme Seelen vom Flughafen direkt in die Hölle karrt.

Ich drehe mich um und schaue für eine Sekunde zurück auf den Parkplatz. Noch immer sehen mir die anderen Reisenden durch die Busfenster hinterher. Manche aus Schadenfreude, manche aus Mitleid, manche aus Angst vor dem eigenen Schicksal. Ich hatte keine Wahl. Alles ging so schnell, dass Last Minute die einzige Option war. Flug, Transfer und Hotel inklusive. Zwar werden die Low-Cost-Rooms nur alle zwei Tage gereinigt, die Kacheln im Bad sind gesprungen, die Lichtschalter lose, die Terrassentür klemmt, und auf frische Handtücher muss ich erst mal verzichten. Dafür blicke ich von den Plastikstühlen auf meinem Balkon links auf das Meer und rechts auf die Villen in den Marbella Hills.

Eine davon könnte meiner Gastgeberin gehören. Prinzessin Bea von Auersperg ist die Witwe eines österreichischen Großwildjägers und soll irgendwo dort oben in einer Finca mit Mata-Hari-Touch residieren. Auf ihrem weißen Marmorboden, so sagt man sich, liegt echtes Löwenfell, und ihren Kamin umranken die Stoßzähne eines Elefantenbullen. Eine Freundin aus Wien hat mir in einer Mischung aus Anerkennung und Amüsement erzählt, dass es in Marbella eine uralte Adelsclique gebe, die noch an den Jetset glaubt, und Bea von Auersperg sei ihre Prophetin. Also schrieb ich der Prinzessin und erhielt die Antwort, ich möchte mich tout de suite in den nächsten Flieger setzen. Wenn ich Lifestyle und puren Luxus erleben wolle, müsse ich sie auf die Aids-Gala im legendären Marbella Club begleiten. Der gesellschaftliche Höhepunkt des Sommers an der Costa del Sol. Treffpunkt: Viertel vor zehn. Eintritt: nur für geladene Gäste. Dresscode: der große Gatsby.

Wer ist Gatsby? Wer ist die Prinzessin? Auf beide Fragen kann man dieselbe Antwort geben: Sie sind einfach da. Das meiste, was ich über Bea von Auersperg weiß, habe ich aus Interviews. Der Rest sind Fetzen, Bits and Pieces, und wenn ich sie zusammensetze, entsteht ein Märchen mit traurigen Zügen. Die Prinzessin erzählt gerne, sie sei als Beatrice Kyd Edle von Rebenburg in der Nähe von Graz zur Welt gekommen. Das Jahr ihrer Geburt verrät sie nicht. Natürlich wächst sie behütet in einem Schloss auf. Als sie fünf Jahre alt wird, nimmt sie ihr Vater mit nach Amerika. Später studiert sie Architektur in Wien, schließt das Studium aber «nicht ganz» ab, wie sie zugibt. Der Jetset beginnt. Erst Rom, dann Brüssel und «immer so herum» durch den internationalen Partykalender.

Auf einer dieser Feiern lernt sie Alfred Eduard Friedrich Vincenz Martin Maria von Auersperg kennen, kurz «Alfi», einen Traumprinzen und Abenteurer. Was für ein Paar: Bea von Auersperg, die mit ihrer Löwenmähne an Farrah Fawcett erinnert, gilt als eine der schönsten Frauen der Erde, und Alfi ist ein braungebrannter Steve McQueen. Er entführt seine Geliebte ins wilde Afrika, die beiden heiraten in Nairobi, und ein Jahr später wird ihre Tochter Cecile geboren. Zwar gehört der Prinz zum verarmten Adel, doch er hat von Scheidungen profitiert und verdient sein Geld mit Jagdsafaris. Wer es sich leisten kann, den führt er ganz nah an die Big Five, die großen Bestien aus dem Busch: Nashörner, Büffel, Elefanten, Löwen, Leoparden. Die reichen weißen Männer müssen nur noch abdrücken.

Leider ist Alfi entweder von einem Voodoozauber besessen, oder er wird von schlechtem Karma verfolgt. Es scheint, als kreisten seine Dämonen so lange um ihn, bis sie endlich Lust bekommen, ihn zu holen. Auch seine Biographie liest sich wie ein Roman. Ende der Fünfziger lernt er eine Milliardenerbin aus den Staaten kennen. Martha Sharp Crawford, genannt Sunny, ist die Tochter eines amerikanischen Energieriesen. Auf einer Europareise steigt sie in einem Hotel ab, in dem der Prinz gerade als Tennislehrer jobbt. Die beiden verlieben sich, heiraten noch im gleichen Jahr, schenken Annie-Laurie und Alexander Georg das Leben, lassen sich aber schon acht Jahre später wieder scheiden. Sunny geht mit den Kindern zurück nach New York und ehelicht Claus von Bülow, der für einen Ölmilliardär arbeitet. Eine fatale Hassliebe. Eines Tages wird Sunny bewusstlos im Bad ihres Anwesens gefunden. Die einen sprechen von Alkohol und Tabletten, andere behaupten, der Ehemann habe seine zuckerkranke Frau mit einer Überdosis Insulin ins Koma gespritzt. Von Bülow wird zu dreißig Jahren Haft verurteilt und später spektakulär freigesprochen. Sunny erwacht nie wieder aus ihrer Ohnmacht und stirbt nach achtundzwanzig Jahren Dämmerschlaf in einem Pflegeheim in Manhattan.

Alfis zweite Frau, Hannelore Auer, heute Gattin des Schlagersängers Heino, hat Anfang der siebziger Jahre einen schweren Autounfall. Auch sie liegt ewig im Koma, wird dreimal für tot erklärt, und Alfi, der Großwildjäger, sucht sich neue Beute. Die Hoffnung stirbt, die Liebe auch, aber Hannelore überlebt. Im letzten Akt erwischt es den Prinzen selbst. Auf einer seiner Safaris, wie soll es anders sein, verunglückt auch Alfi auf vier Rädern und fällt wie Sunny und Hannelore in ein nicht endendes Koma. Nach sieben Jahren ohne Bewusstsein verstirbt der Prinz und hinterlässt Bea von Auersperg, seiner dritten Frau, eine traumhafte Villa an der Sonnenküste Andalusiens.

Wenn die Jetset-Prinzessin nicht schlafen kann, so

stelle ich es mir vor, krabbelt Inspiration über ihre Bettdecke. Am nächsten Morgen setzt sie sich dann an einen Sekretär, dreht Ringe, fasst Schmucksteine ein und heftet silberne Kätzchen an Armbänder, die sie neben ihrer Handtaschenkollektion «Memories of Africa» in die gläsernen Vitrinen ihrer Boutique legt. Die Gattin des saudiarabischen Königs soll einmal Kundin bei ihr gewesen sein. Fünf, sechs Wagen seien damals vorgefahren. Ihre Majestät stürmte mit einer Entourage den Laden und deutete wahllos auf irgendwelche Dinge: «Das! Das! Das!» Dann verschwand sie ohne ein Wort und ließ ihre Diener bezahlen und die Tüten hinaustragen.

Vielleicht langweilt sich Bea von Auersperg manchmal. Anders kann ich mir kaum erklären, warum sie mich eingeladen hat. Wäre sie publicitygeil, hätte sie Gala, Bunte oder RTL bestellt, aber nicht mich. Will sie mich mit ihrer Tochter verkuppeln? Unwahrscheinlich. Die Prinzessin lehnt Mischehen mit Bürgerlichen kategorisch ab. Dadurch werde der Adel doch immer mehr verwässert.

Noch eine halbe Stunde bis zur Party, und eigentlich hatte ich erwartet, dass sich der Empfangschef vor Lachen ins Orangensaftkonzentrat wirft, wenn ich in meinem Outfit am Tresen erscheine. Stattdessen nickt er mir zu. Auch der Taxifahrer versteht nicht, warum ich mich schäme. Wohl aber, dass ich ihn gerufen habe, obwohl es bis zum Marbella Club nur fünfhundert Meter sind. Bei dreißig Grad im Smoking mit Fliege und Kummerbund die Hauptstraße entlangzuwandern wäre keine gute Idee gewesen.

Wir lassen alle Fenster herunter und rollen durch den dichten Verkehr auf dem Bulevar Príncipe Alfonso de Hohenlohe, der mich an den Sunset Boulevard in Los

Angeles erinnert. Er ist von Palmen und Botox-Kliniken gesäumt, und jedes fünfte Auto scheint ein Ferrari zu sein. Vor einer Bar fischt jemand mit babyblauen Klinikhandschuhen jene Blätter aus den Buchsbäumen, die es wagen zu welken. Alles ist fresh und clean und lenkt davon ab, dass wir uns im Epizentrum der spanischen Schulden- und Immobilienkrise befinden. Kaum eine Region hat es härter getroffen. Doch je schlechter die Zeiten, desto besser die Partys.

Der Pate des Bulevars war übrigens ein weiterer Jetset-Prinz mit österreichischen Wurzeln und tausend Namen: Alfonso Maximiliano Victorio Eugenio Alexandro Maria Pablo de la Santísima Trinidad y todos los Santos zu Hohenlohe-Langenburg. Man könnte sagen, dass er der Costa del Sol die Unschuld genommen hat. Marbella war noch ein Fischerdorf, als der Buddy von Gunter Sachs im großen Stil Land aufkaufte und die Grundstücke an die Thyssens, die Rothschilds und andere reiche Familien weitergab. In den Fünfzigern gründete er den Marbella Club und machte Schlagzeilen als aristokratische Skandalnudel. Alfonso heiratete die damals fünfzehnjährige Prinzessin Ira von Fürstenberg, eine Fiat-Erbin, vergnügte sich nach der kurzen Liaison mit Models und Schauspielerinnen, und es folgten diverse Kinder. Prominentester Nachkomme ist Hubertus von Hohenlohe, der bei den Olympischen Winterspielen in Sotschi für Mexiko im Riesenslalom angetreten ist. Er startete im hautengen Mariachi-Kostüm, und sein Auftritt dauerte zweiundfünfzig Sekunden. Dann stürzte er und rutschte den Hang hinab.

Noch zwanzig Minuten bis zur Gala. Um den Marbella Club zu erreichen, muss der Taxifahrer erst nach rechts in eine Haltebucht schwenken, an der Ampel warten und dann quer über beide Fahrbahnen abbiegen. Nach diesem Manöver reihen wir uns in eine millionenschwere Kolonne aus Aluminium und Carbon. Das ist der erste Teil der Show: Rolls-Royces, Aston-Martins, Maseratis, Bentleys, sogar Maybachs rollen langsam Wagen für Wagen vor. Ein Portier öffnet mir die Autotür und bittet mich, in einen Golfcaddy umzusteigen. Er fährt mich hinunter an den Strand, und ich werde Teil eines Films, der mich so fesselt, dass ich mir wünsche, es käme niemals der Abspann.

Vielleicht liegt es am Marbella Club selbst, an seinen rotbraunen Dachziegeln, seinen weißgetünchten Mauern und seinen lichtbeschienenen Gärten, in denen es nach Azaleen, Rosmarin und Oleander duftet. Er ist immer noch das, was er ursprünglich einmal war: die Finca Santa Margarita. Früher war sie einer Heiligen geweiht, heute huldigt sie wohl eher dem gleichnamigen Cocktail. Prinz Alfonso nannte sie sein kleines Paradies, und weil er immer Freunde im Haus hatte, machte er irgendwann ein Luxushotel daraus. Cary Grant, Ava Gardner und Audrey Hepburn sollen hier gelebt und geliebt haben, und ihre Magie ist geblieben.

Der Golfcaddy hält vor dem Beachclub des Anwesens. Unter Pinien und Dattelpalmen tummeln sich zweihundert schöne Menschen, die direkt aus den Roaring Twenties angereist sind. Ladys in Charlestonkleidern mit Topfhüten und langen Zigarettenhaltern, Dandys mit weißen Jacketts und ein Haufen Pinguine wie ich. Während sich Models mit Federboas auf Oldtimern räkeln, spielen ein paar Jungs in Knickerbockers zum Einlass Dixieland. Durch die aufgekratzte Menge hetzen Paparazzi, echte und falsche. Die falschen tragen Trenchcoats, Schlapphüte und Fotoapparate mit riesigen Blitzauslösern. Betritt jemand die Szenerie, der prominent genug ist, stürmen sie im Pulk auf ihn zu und springen den echten Reportern vor die Linse. Entweder geht es darum, den VIP-Status der Aids-Gala zu unterstreichen, oder sie wollen der Klatschpresse den Abend verderben. Für mich ist es die totale Reizüberflutung. Und es ist heiß.

Babyglatte Haut, sommerblondes Haar, himmelblaue Augen. Die Jetset-Prinzessin betritt im schimmernden Abendkleid das Spielfeld. An ihrem Stirnband haften Federn und eine Stoffblume, Perlenketten umschmeicheln ihr getuntes Dekolleté. «Ach, wundervoll, da sind Sie ja!», haucht sie und stellt mir im Vorbeifliegen den Begleiter zu ihrer Rechten vor. «Ihr Ehemann?», frage ich. «Aber nicht doch!», ruft sie, und schon ist sie weg.

Wie schade, denke ich mir, die beiden würden fabelhaft zusammenpassen. Wedigo von Wedel-Malchow, ein Nachtclubbesitzer im aquamarinblauen Sakko, hat etwas von Michael Douglas. Er scheint viel Zeit an der freien Luft zu verbringen, sein Falkengesicht ist karamellfarben wie ein Glas Sherry. Wedigo ist gut gealtert, wenn sich auch das Schwarz, das er nach hinten gekämmt hat, an den Schläfen langsam silbern färbt. So weit, so illuster. Zu uns gesellt sich eine Fantasykriegerin, die in ihrem Paillettenkleid aussieht wie ein menschlicher Kronleuchter. Dazu trägt sie ein purpurnes Bolerojäckchen aus Nerz und eine Handtasche, die früher ein Kugelfisch gewesen sein muss. Ihre langen Wasserstofflocken bändigt ein pflaumenfarbenes Seidenband, und über der Stirn trägt sie eine Pfauenfeder und eine Medaille – so wie Conan der Barbar. Ich habe es mit Gunilla von Bismarck zu tun. Sie soll die ungekrönte Königin Marbellas sein, der strahlende Mittelpunkt des internationalen Jetsets, will man der Klatschpresse Glauben schenken. Gunilla ist die Urenkelin unseres eisernen Reichskanzlers, der sich wahrscheinlich alle Haare ausreißen würde, wenn er denn noch welche hätte.

Meine kleben mittlerweile wie Öl. «Geil! Wet Gel!», ruft die vierte Figur aus dem Ensemble, ein Riese mit dem Kreuz eines Bullen, neongelber Frisur, polarweißer Kauleiste und Designerschuhen, die von der Hacke bis zur Spitze mit goldenen Stacheln besetzt sind. Der Mann scheint Gatsby für den Diktator einer südamerikanischen Bananenrepublik zu halten, denn er führt eine helle Uniform mit roten Knöpfen spazieren. Zur Begrüßung gibt er mir High Five. Als ich ihn nach seinem Namen frage, streckt er mir seine linke Faust entgegen. Am kleinen Finger trägt er einen goldenen Totenkopf-Ring mit Diamanten in den Augenhöhlen. «Was, du kennst TK nicht?», fragt Wedigo, der die Szene verfolgt hat. «Dann google den mal, da fällst du um!»

Mir ist nicht klar, wie ich mich in diesem erlesenen Kreis verhalten soll. Von allen Seiten rennen echte und falsche Paparazzi auf meine neuen Freunde zu, und ich trete einen Schritt zurück, um zu beobachten, wie sie sich im Kameralicht bewegen. Sie genießen es. Die vier setzen ein starres Lächeln auf, zeigen einen Hauch Zahn und pressen die Zunge fest an den Gaumen, damit der Ansatz eines Doppelkinns oder verräterische Falten am Hals verschwinden. Das ist das Geheimnis gelungener Porträts. Anschließend wandeln wir gemeinsam durch einen silbernen Regen aus Lamettafäden. Fackeln und Lampions beleuchten den Weg. Wir gelangen auf einen kleinen Vorplatz, in dessen Mitte ein Champagnerbrunnen plätschert. «Letztes Jahr war hier alles weiß», erzählt Wedigo. «Koks?», frage ich. «Nein, Kunstschnee!» Das Motto sei

Russland gewesen, und der Club war voller Zaren und Eisprinzessinnen. Wedigo selbst kam als Weihnachtsmann.

Wer sich wichtig genug fühlt, begibt sich für ein offizielles Foto zu Prinzessin Marie-Louise von Preußen auf den roten Teppich. Die Organisatorin der Aids-Gala posiert vor einer Sponsorenwand mit dem Logo von Tiffany's. «Soll ich da auch mit drauf?», frage ich. «Nein, bitte nicht», erwidert Bea von Auersperg, und natürlich merke ich, was in meinen Begleitern vorgeht. Sie sehen mir an, dass ich mich nicht wohl fühle, und fragen sich, wer ich überhaupt bin. Ich kann spüren, wie ich von Minute zu Minute in ihrem Ansehen sinke, TK nimmt mich schon gar nicht mehr wahr. Bis ein Wunder geschieht. Ein Fotograf eilt auf uns zu. Er spricht weder Bea noch Wedigo noch Gunilla oder TK an. Der Mann hat eines meiner Bücher gelesen, bittet mich höflich um ein Foto, steckt mir seine Karte zu und möchte mich für die deutschsprachigen «Costa del Sol Nachrichten» interviewen. Ich versuche ihm zu erklären, dass ich undercover unterwegs bin, merke aber gleichzeitig, wie sehr mir die Situation hilft.

TK dreht ab. Für ihn bin ich nur noch «Dennis, the Menace – a very famous writer from Germany». So stellt er mich vor, während wir durch die Gatsbys, die Dandys und die Pinguine im offenen Atrium schwimmen. Sie drängen sich auf den weißen Treppen, sitzen auf den Balustraden oder lehnen an den Pinien, die im Innenhof und auf den Terrassen der alten Finca wachsen. Wir schütteln Hände, scherzen hier, plaudern da, und ich beginne, den Eisbrecher an meiner Seite zu bewundern. Er ist absolut souverän. Er ist unterhaltsam. Charmant. Spontan. Er kann sich bewegen. Er verfügt über einen eingebauten Smalltalk-Timer und wandelt stilsicher auf dem schmalen Grat zwischen lässig und langweilig. Kurz bevor ein Gespräch anstrengend wird, sagt er mit einem coolen Spruch Goodbye und hinterlässt seine Visitenkarte. Eigentlich erzählt er immer das Gleiche: dass er abgenommen hat, dass es ihm hervorragend geht, dass seine Geschäfte ausgezeichnet laufen.

Plötzlich zieht TK einen faustgroßen Plastikbeutel aus der Hosentasche. «Seit ich clean bin, habe ich immer meine Gewürzmischung dabei!», lacht er, und wer weiß, vielleicht handelt es sich wirklich nur um Thymian, Basilikum und Oregano. Ein Kellner bietet uns Champagner an. «Ach, bleib doch weg mit dem Scheiß! Ich brauch was Härteres!» TK springt hinter eine Bar und reißt eine unschuldige Flasche Wodka auf. Im Anflug auf den Tresen versucht er, zwei Frauen zu küssen. «Ahahahahaha! Hast du das gehört? Ich sage: ‹May I kiss your neck?› Da dreht sich die eine wütend um, und die andere sagt: ‹Darling, you can kiss me anywhere!›» – «Sorry, it wasn't me, it was TK!», ruft er den Ladys hinterher, und ich muss schon wieder High Five geben.

Ich bin TKs Klatscheäffchen. Wenn er meint, dass er einen guten Spruch gemacht hat, hebt er seine rechte Hand, reißt den Kiefer unanständig weit auf, atmet ein Lachen aus, und ich schlage ein. Das gibt ihm Power. TK bildet mich zum Partylöwen aus, ob ich nun will oder nicht. Wir stürzen den Wodka aus Wassergläsern und trinken auf die besseren Zeiten des Clubs. TK findet ihn morbide. Uralter Glamour. Total von gestern. Dann gibt er mir seine Karte. Sie ist aus Hartplastik, schwarz, und die Vorderseite zeigt einen wütenden Stier mit tiefroten Augen. Auf der Rückseite ist nur ein Code, den man mit dem Handy scannen kann. Sonst nichts. Kein Name, keine Firma. «Geil, oder?» High Five.

Was er denn so beruflich mache, frage ich, und TK rollt mit den Augen, als hätte ich noch nie von Jesus Christus gehört. Er sei im Immobiliengeschäft, ziehe gerade hundert Hochhäuser für zwanzig Milliarden Dollar in Pakistan hoch, und am Mittwoch sei er auf Ivana Trumps Geburtstagsparty in Monte Carlo eingeladen. «Ich bin übrigens nicht schwul!», meint er, und ich möchte wissen, was das jetzt soll. «Na, ich habe dich doch all den schwulen Gatsbys vorgestellt. Die denken jetzt, wir wären in love!» Zack, High Five.

Die Menge schiebt sich zum Galadiner auf die Terrasse direkt am Wasser. Hollywoodpalmen, Meeresrauschen, sanfter Jazz. Vor der Bühne, die an ein Revuetheater erinnert, stehen Dutzende weiße Tische. Es regnet Werbegeschenke. Ein Goodie Bag von Tiffany für die Damen. Zigarren, eine Flasche Scotch und eine kleine Lasertaschenlampe für die Herren. Bea von Auersperg geht voran zu unserer runden Tafel, die gerade so weit von der Bühne entfernt ist, dass man noch gut sehen kann, sich aber nicht genötigt fühlt, Aufmerksamkeit zu simulieren. «Das ist der beste Tisch des Abends!», meint sie. TK hat mit einer anderen Gruppe schräg hinter uns Platz genommen. Ich sitze genau zwischen Prinzessin Auersperg und Gräfin Bismarck, den begehrtesten Szene-Ladys des großdeutschen Jetsets. Wir werden von zwei oder drei Kamerateams gefilmt und versuchen daher, möglichst natürlich zu wirken, was dazu führt, dass ich mich besonders unnatürlich verhalte. Ich scanne die Dekoration. Sie ist ein Kunstwerk, das ich aus Ehrfurcht gar nicht zu berühren wage. In der Mitte der Tafel prangt ein Strauß roter

Rosen, aus dem Perlenketten auf die Samtdecke fallen. Elf Plätze. Elf Windlichter. Elf Menükarten. Elf Silberbestecke. Elf geschliffene Weingläser. Wer sind die anderen Jetsetter?

José Luis Ortiz y Moreno, Gunillas Lebensgefährte, fällt mir erst jetzt auf. Er wandelt still in ihrem Schatten. Der Spanier mit dem müden Blick ist Astronom. Sein Kopf ist irgendwo in den Sternen. Es gibt eine seltsame Geschichte über ihn. Vor zehn Jahren verkündete er der Presse, er habe einen neuen Himmelskörper entdeckt, den Zwergplaneten Haumea im Orbit des Neptun. Gleichzeitig behaupteten amerikanische Himmelsforscher, sie seien zuerst auf den Planeten gestoßen, Ortiz sei ein Betrüger. Wie sich herausstellte, hatte Ortiz tatsächlich in der Datenbank der Wissenschaftler geschnüffelt. Allerdings nur, beteuerte er, um seine eigenen Daten zu überprüfen. Heute gelten beide Seiten gleichermaßen als Entdecker des Zwergplaneten, der nach einer hawaiianischen Fruchtbarkeitsgöttin benannt ist.

Zwischen Ortiz und Wedigo sitzen Josephine und Josy, zwei Asiatinnen. Josephine ist die Göttin der Melancholie, ihre hübschen Augen starren traurig ins Nichts, ihren Lippen entweicht kein Wort. «Das ist meine Ex», flüstert Wedigo. Die zweite ist die Göttin der freien Liebe. Josy trägt ein unglaublich knappes Dress. Ich schätze ihren Körper auf fünfzig, ihren Geist auf dreißig und ihre Libido auf achtzehn. Wie ich erfahre, hat sie den Tisch bezahlt und dafür gesorgt, dass ich einen Ehrenplatz bekomme. Sie findet es aufregend, dass ein Schriftsteller in ihrer Nähe sitzt, und legt ihre Hand auf meine. Irgendwie beruhigt sie mich. «Dennis, I'm so glad that you're here.» Ihr Ehemann soll ein jüdischer Casinobesitzer sein, der mittlerweile zu alt für Events wie dieses ist. Josy ist halb Vietnamesin, halb Italienerin und besitzt einen französischen Pass – was für eine Mischung. Sie wirkt auf mich oversexed and underfucked. «The Chinese can cook, the Japanese can serve and the Vietnamese are there to make love!» Ihr gegenüber sitzt eine Figur aus Porzellan, die still an einer Zigarette zieht. «That's my daughter. Nobody's perfect!», meint Josy. Das verstehe ich nicht. Ihre Tochter ist perfekt. Die Göttin der Schönheit.

Fehlen noch drei. Beginnen wir mit dem Pärchen, das mir gegenübersitzt. Er sieht aus wie der junge Antonio Banderas und sagt keinen Ton. Das blonde Sternchen an seiner Seite schweigt ebenfalls und mustert mich kritisch. Vielleicht echauffiert sie sich darüber, dass ich sie noch nicht begrüßt habe. Die Dame ist nicht irgendwer: Es handelt sich um Anette Lundgren, Exfrau des Hollywoodstars Dolph Lundgren, der sich als russische Kampfmaschine Ivan Drago durch Rocky IV boxte.

Über den elften Gast in unserer Runde kann mir Wedigo einiges erzählen. Monty sei superreich, er habe von seinen drei verstorbenen Ex-Lovern Millionen geerbt. «Hat er sie umgebracht?», frage ich. «Nein, er ist ein netter Kerl. Deswegen ist er immer mit im Boot.» Monty habe ein altes Torero-Haus am Strand gekauft und drei Monate an den nigerianischen Staatspräsidenten vermietet. Für anderthalb Millionen Euro. Er fülle den Champagner in Gläser, die so «pervers groß» seien, dass man sie nicht anheben könne. Man müsse sie auf dem Boden stehen lassen und mit einem Strohhalm daraus trinken.

Monty reicht mir freundlich die Hand. «Will you have lunch with us tomorrow?», fragt er, und ich bin für eine Sekunde irritiert. «Dennis, do you speak English?»

Die zehn wechseln ansatzlos von Deutsch auf Englisch auf Französisch auf Italienisch auf Spanisch und wieder zurück. Im ersten Moment ist das beeindruckend, im zweiten nur logisch: deutsche Eltern, amerikanisches Internat, französischer Liebhaber, Urlaubssemester in Rom, spanische Haushälterin. Sie beherrschen nicht jede Sprache perfekt, aber für diese Art von Konversation reicht es. Es geht nicht um verstorbene Ex-Lover, gescheiterte Beziehungen oder um die Frage, wer als Erster welchen Stern entdeckt hat. Es geht um Fun. Die Worte fliegen kreuz und quer über die Tafel und bilden ein kosmopolitisches Gewirr aus herrlich oberflächlichem Nonsens.

Das Gerücht kommt auf, Nicolas Cage sei gestorben.

Bea: «Traurig, traurig.»

Monty: «What a shame.»

Wedigo: «Voilà, wenn ich es doch sage!»

Gunilla: «Einfach umgefallen. Und noch so jung.»

Josy: «Fuck!»

Wedigo: «Fuck you.»

Josy: «Alors, fuck me!»

Wedigo: «Are you sure?»

Josy: «Yeah baby! Come on Dennis, don't be shocked.»

Bea: «Bist du nicht aus Hamburg?»

Ich: «Stimmt.»

Gunilla: «Me too, me too.»

Monty: «Oh, Hamburg, beautiful.»

Bea: «Tor zur Welt.»

Wedigo: «Mein Lieblingsrestaurant in Hamburg ist ‹Die Bank›.»

Monty: «Very stylish.»

Josy: «I love the ‹Osteria›.»

Bea: «Das ‹Tarantella› an der Oper ist auch ganz wunderbar.»

Gunilla: «Dennis, wo hast du am liebsten Dinner?»

Ich weiche aus, weil Gunilla wenig Verständnis für meine Wahl hätte. Stattdessen werfe ich selbst eine Frage in die Runde. Ich möchte wissen, was Jetset noch bedeutet. Jetzt, wo die Welt geschrumpft ist und jeder einfach so mit einem Last-Minute-Flug nach Marbella düsen kann, nicht nur die Reichen.

«You know, der Jetset ist einfach eine Clique, die zusammenhält», sagt Wedigo. «Wenn du in New York, Kuala Lumpur oder auf St. Barth bist, dann kennst du auf den Partys immer zwanzig Prozent. Du musst nur auf die richtigen Partys gehen.»

«Jetset hat einfach eine gewisse Klasse. Gunter Sachs, das war ein echter Jetsetter», schwärmt Bea, «international, talentiert, so gutaussehend. Er hat sich um seine Freunde gekümmert und war mit den tollsten Frauen der Welt zusammen. Nicht mit so dämlichen Hühnern. Das Gegenteil von ihm ist Rolf Eden.»

«Was ist mit Harald Glööckler?», frage ich.

Ach, der sei doch derb, ordinär und gewöhnlich und gehöre nicht dazu, weil er a) nicht adlig und b) nicht sonderlich vermögend sei und c) von Versace-Tellern esse. «Weißt du, was ich damit meine? Bei mir zu Hause möchte ich im Tod keine Versace-Teller haben, so was hat keinen Stil, daran erkennt man den Geldadel. Adel und Geldadel sind wie Feuer und Wasser. Ich habe einen Heidenrespekt vor dem, was der Mann als Designer geleistet hat. Aber Glööckler und all die anderen werden niemals dazugehören. Im Leben nicht.»

Es gibt eine Foie gras. Glücklicherweise wird mir erst

jetzt, als ich diese Zeilen schreibe, klar, dass es sich bei der Vorspeise um Gänsestopfleber handelte. Manchmal hat völlige Ahnungslosigkeit auch etwas Gutes. Mit Genuss verdrücke ich das Ergebnis französischer Kochbrutalität, während meine Tischnachbarn die Hälfte liegen lassen. Auch die Vichyssoise im Zwischengang bleibt stehen. Nur ich löffle die Terrine bis auf den Grund aus, wie ich es gelernt habe. Mir ist nicht klar, dass man daran meine Herkunft erkennt. Nur Bauern fressen ihren Trog leer. «Hat's dir geschmeckt?» Gunilla hält mir ihre Vichyssoise hin. «Willst du noch was von meiner?»

Wenig später drückt mir die Gräfin ihren Ellenbogen in die Seite und fuchtelt mit einer Wasserflasche vor meinem Gesicht herum. «Meine Güte, Junge, das musst du doch sehen!» – «Was denn?», frage ich. «Hallo? Mein Glas! Es ist fast leer! Du musst mir nachschenken!» Außerdem hätte ich eben mit ihr aufstehen sollen, als sie für einen Augenblick den Tisch verlassen hat. «Also wirklich! Unmöglich.» Ich entschuldige mich und gebe zu, dass ich es nicht besser wusste. Gunilla kann es nicht fassen. Auch Bea ist sprachlos. «Wie, du hast so was nie gelernt?» Die Gräfin und die Prinzessin gingen offenbar davon aus, dass ich mich verweigert hätte, und waren deshalb verärgert. «Da hast du aber was nachzuholen, eine Frau merkt so was!», zischt Gunilla und hat recht. Auch den Männern werden meine Manieren auffallen. Wenn ich dazugehören will, muss ich ihre Codes lernen. Das gehört zur geschlossenen Gesellschaft.

Jemand hält eine Eröffnungsrede, und damit alle gut sehen können, lässt Wedigo den Strauß Rosen von unserem Tisch entfernen. Er streckt den Arm wie ein General in die Luft, und sofort eilt ein Kellner herbei.

Josy: «What's going on?»

Bea: «They are taking our flowers!»

Gunilla: «Weil wir der wichtigste Tisch sind!»

Monty: «No, because they need it for another table.»

Alle zusammen: «Ahahahahaha!»

Was auf der Bühne passiert, geht völlig unter. Ich glaube, die Firma Tiffany hat einen Scheck von sechzigtausend Euro übergeben und es wurde verkündet, dass auch HIV-positive Menschen ein Teil unserer Gesellschaft seien. An unserem Tisch hört niemand zu. Applaus, Applaus, Schirmherrin Marie-Louise von Preußen lässt sich feiern, geht durch die Reihen, und Gunilla ruft ihr «Gut gemacht!» hinterher.

Das also ist der Jetset. Adlige Familien, die seit Generationen Partys feiern und sich mit den Künstlern, den Schönen und den Geschichtenerzählern schmücken. TK ist ein bürgerlicher Profiteur und Dienstleister, der wohl akzeptiert wird, weil er die Regeln der Society beherrscht. Das hat er mir voraus. «Tu mir einen Gefallen, Dennis», sagt Bea, «halt dich bitte an ihn. Er ist Reichtum und Luxus pur, das wirst du sehen. Der feiert Partys, das kannst du dir nicht vorstellen. Da stellt er uns alle in den Schatten. Bitte versprich mir, dass du ihn auf seiner Insel besuchst!»

Ich: «Er hat eine Insel?»

Monty: «Star Island.»

Wedigo: «Das ist Wonderland!»

Bea: «Wo steckt er eigentlich?»

Wedigo: «Wenn TK auf Touren kommt, haut er richtig auf die Kacke.»

Ich spüre, dass der Mix aus Champagner, Wodka, Wein und Worten langsam gefährlich für mich wird, und entschuldige mich. Leider merke ich nicht sofort, dass die Kabine auf dem Herren-WC besetzt ist. Die Tür ist nicht abgeschlossen. Ich reiße sie auf, und für den Moment, den eine Schneeflocke braucht, um auf einer heißen Herdplatte zu schmelzen, starren mich zwei Männer an, als hätten sie gerade den großen Gatsby persönlich erblickt. Ich weiß, was Mann und Frau auf der Toilette anstellen. Ich ahne, was Frau und Frau dort tun. Wenn mehrere Männer in einer Kabine verschwinden, gibt es dafür in der Regel zwei Gründe. Einer hat mit Geschlechtsverkehr zu tun, der andere nicht. Sie knallen die Tür wieder zu, und ich kehre etwas verstört an den Tisch zurück.

Bad News. Ich habe den Hauptgang verpasst. Rinderfilet in Morchelsoße mit einer kleinen spanischen Quiche. «Das kann doch nicht wahr sein!», ruft Gunilla, schaut sich um, entdeckt einen Kellner, zeigt erst mit dem Finger auf ihn und dann auf das unschuldige Stück Stoff, auf dem eigentlich mein Teller stehen sollte: «Señor! Señor! Aqui! Sofort!»

Wir erreichen den Höhepunkt des Abends. Die Models mit den Federboas ziehen von Tisch zu Tisch und verkaufen Lose für die Tombola. «Das ist so furchtbar langweilig», flüstert Gunilla und deutet an, dass sie in Kürze gehen wolle, dabei ist es noch nicht mal Mitternacht. «Dann werde ich natürlich mit Ihnen aufstehen», verspreche ich, aber die Gräfin bittet mich, keinen Wirbel zu machen, es sei ja überall Presse. Sie wählt den französischen Abgang: unbemerkt verschwinden ohne ein Au revoir. Beifall an unserem Tisch. Josys Nummer wurde gezogen, und sie schickt ihre Tochter auf die Bühne, um den Preis abzuholen. Eine malvenfarbene Handtasche aus Leguanhaut im Wert von eintausendsechshundert Euro.

Josy: «Gosh, what am I supposed to do with that?»

Bea: «Ja, gib's halt der Haushälterin. Die freut sich über so was.»

Das letzte Los gewinnt den Hauptpreis, eine Flugreise für zwei Personen inklusive Mietwagen nach Paris, Hotel «Le Bristol». Viertausendfünfhundert Euro. Jetzt kommt eine schlecht geschnittene Blondine mit ihrer gesamten Familie auf die Bühne, bedankt sich und richtet ein paar nette Worte an die Feiergemeinde. Sie sieht aus wie Ute Ohoven, und Wedigo erklärt mir, dass sie tatsächlich Ute Ohoven ist. Ich bin betrunken.

Als die Küche Lavakuchen serviert, verlässt mein Verstand die Umlaufbahn. Meine Sinne sind berauscht vom Alkohol, vom Adrenalin, von der Hitze und von all diesen Gatsbys und Gestalten, die Grimassen ziehen, sich gegenseitig antatschen, manchmal spitz aufschreien, ihre guten Sitten und irgendwie auch ihre Kleider an einen unsichtbaren Haken hängen und langsam – liegt es am Wein oder am Salz in der Luft – zu glitschigen Meeresbewohnern mutieren. Wedigo fasst Josy unters Kleid, und um sicherzugehen, dass ich es auch mitbekommen habe, nimmt Josy seine Hand und führt sie vor meinen Augen an ihre Brust. Plötzlich verwandelt sich Wedigo in einen Rochen, der unter dem Tisch seine Bahnen zieht und immer wieder über Josy, den Seestern, hinwegschlabbert. Wedigos Ex ist eine Wasserschildkröte geworden und blickt noch trauriger als zuvor. Die Hummerkrabbe vis-à-vis dürfte Anette Lundgren sein, Antonio Banderas und Monty schwimmen als Tigerhaie um sie herum. Gunilla, der Tintenfisch, hat sich schon lange mit Ortiz unter einem Stein verkrochen, und Bea von Auersperg hüpft als Seepferdchen auf und ab. Jetzt spült die Strömung einen Schwarm Clownsfische an unseren Tisch, es sind die Models mit den Federboas. Wir folgen ihnen und gleiten gemeinsam auf die Tanzfläche.

«Prächtige Figuren! Wenn dir eine gefällt, dann sofort drauf!», blubbert Wedigo, und ich treibe wie ein Stück Holz durch ein Meer aus bunten Königstöchtern. Die Brandung wirft mich hin und her, Land ist nicht in Sicht. Auf einmal taucht direkt vor mir ein Delfin auf, die Prinzessin Isabel de Borbon, Wedigo hat gesagt, ihr Name öffne in Spanien jede Tür, und neben mir wiegt sich Chiara Ohoven wie eine Koralle in der See. Die nächste Welle bringt Josy zu mir. Sie paddelt dreimal um mich herum und fragt, ob ich mit ihr und den anderen in eine Disco verschwinden möchte. Ich umarme sie und lehne ab. Ein letztes Bussi-Bussi mit Bea. Wir versichern uns, dass wir in Kontakt bleiben, und wissen beide, dass wir lügen. «In Hamburg ziehen wir mal gemeinsam um die Häuser», verspricht Wedigo, und auch ihn werde ich nie wiedersehen. Dann kommt die Flut und nimmt sie alle mit sich.

In dieser Nacht bleibe ich so lange allein an unserem Tisch sitzen, bis alle Gäste gegangen sind. Ich stecke den Scotch und die übriggebliebenen Zigarren ein, ziehe die Visitenkarte aus meiner Sakkotasche, versinke in den blutroten Augen des Stiers auf der Vorderseite und denke an TKs Insel. Wonderland. Star Island. Die Windlichter sind erloschen, die Gläser umgestürzt, die Perlenketten gerissen, aber ich will noch nicht gehen.

# Unsichtbar

## DIE SCHULE DER BUTLER

Wer ist Mr. Lee? Ich weiß es nicht. Woher hat er sein Geld? Keine Ahnung. Drogen? Denkbar. Menschenhandel? Nicht ausgeschlossen. Waffen? Sehr wahrscheinlich. Mr. Lee muss unermesslich reich sein. Sein Kartell soll weltweit operieren. Moskau, Shanghai, New York, Mumbai, Mexico City. Überall. Niemand verrät Details, und so ist es unmöglich, sein internationales Firmengeflecht zu durchschauen. Mr. Lee kommt von ganz unten und hat in Windeseile Milliarden gemacht. Heute wohnt er in einem goldenen Schloss im holländischen Valkenburg. Mitten in einem Park.

Mr. Lee macht mir Angst. Und nicht nur mir. Er ist ein unberechenbarer Fleischberg. Zwei Meter hoch. Glatze. Düstere Augen. Eben ist er mit einem Motorroller vorgefahren, und nun hämmert er wie ein Irrer gegen die Schlosstür. Er kickt sie mit einem Fußtritt auf und trampelt in Jogginghose und Bomberjacke über den Marmorboden. «FUCKING HELL!!!», brüllt er und lässt seine elf Butler in der Empfangshalle antreten. Sie eilen aus der Küche, aus dem großen Saal, aus den Gemächern im ersten Stock und stellen sich in eine Reihe. Mr. Lee läuft wie ein

General vor ihnen auf und ab. «Ihr verdammten Idioten! Da bezahle ich elf beschissene Butler, und kein Schwanz öffnet mir die Tür! Wenn ihr das noch einmal macht, nur ein einziges Mal, dann verliert ihr dreißig Punkte!»

«Mr. Lee» ist eine Rolle. Der größte anzunehmende Drecksack, der einem Hausangestellten passieren kann, gespielt vom Chairman der International Butler Academy. Er leitet die strengste Butlerschule der Welt.

Wer ist Mr. Cantlon? Oder besser: Wer war Mr. Cantlon einmal? Das ist nicht wichtig. Nach der Ausbildung in diesem Schloss hat er seine Vergangenheit hinter sich gelassen. Heute ist Mr. Cantlon der Headbutler der Akademie, eine Art Executive Manager, verantwortlich für das komplette Personal vom Koch bis zur Putzfrau. Er koordiniert die Einkäufe, beantwortet die Post, betreut die Presse und steht vierundzwanzig Stunden Gewehr bei Fuß für den Fall, dass Mr. Lee einen Wunsch hat. Geht Mr. Lee auf Geschäftsreise, besorgt Mr. Cantlon die Flugtickets, packt die Koffer und begleitet ihn als Personal Assistant, so es denn nötig ist. Vor allem aber ist er der Mentor der Butlerschüler. Hat Mr. Lee ihnen den Kopf abgerissen, schraubt Mr. Cantlon ihn wieder drauf.

Mr. Cantlon kann sich fast lautlos bewegen. Auf Teppich, auf Marmor, sogar auf Parkett. Die Ledersohlen seiner Lackschuhe hinterlassen nur ein gedämpftes Flipp, Flapp. Wir passieren das Königin-Beatrix-Porträt auf der Holztreppe, Flipp-Flapp, schweben durch den Flur im ersten Stock, Flipp-Flapp, und lassen uns auf Barockstühlen im Gästezimmer nieder. Die Morgensonne scheint durch das Sprossenfenster auf den Kaffee in der Porzellantasse, das Milchkännchen und die silberne Zuckerdose. Unterteller, Häkeldeckchen, Höflichkeitskeks, alles da. Noch bevor ich ihn fragen kann, erklärt mir Mr. Cantlon auch schon, dass wir uns im Kasteel Oost befinden. Das ehemalige Landhaus aus dem sechzehnten Jahrhundert ist nach einem Brand als goldgelber Märchenpalast wiedergeboren worden und steht nun unter Denkmalschutz.

Mr. Cantlon entschuldigt sich. Er sei ein wenig gestresst. Irgendwo im Haus ist ein Rohr gebrochen, und er hat seit morgens um sieben die Klempner im Haus. Außerdem musste er heute Nacht alle zwei Stunden aus dem Bett, Fläschchen geben und Windeln wechseln, weil Mr. Lee eine Familie mit Kleinkind zu Gast hatte. Er kokettiert, denn trotz des nächtlichen Terrors wirkt Mr. Cantlon absolut makellos. Jedes Detail sitzt perfekt: der Anzug, der Kläppchenkragen, die silbergraue Weste, die Seidenkrawatte, die weißen Handschuhe und die nussbraune Brille, die mit seinem frisch gescheitelten Herrenschnitt harmoniert. Obwohl er auf die Sechzig zugehen mag, kann ich kein graues Haar an ihm entdecken. Ein überflüssiges Gramm Fett sowieso nicht. Jede seiner Bewegungen hat Haltung, Stil und Beiläufigkeit, als möchte er mir sagen: Alles ist organisiert, alles wird gut. Mr. Cantlon ist ein Sorgenlöser. Er gibt mir in jeder Sekunde das unaufdringliche Gefühl, dass ich mich um nichts zu kümmern brauche.

«Ein Raum muss mit einem Butler leerer sein als ohne ihn, Herr Gastmann. Nach Ihrem Besuch werden Sie verstehen, was ich damit meine.»

Flipp-Flapp. Mr. Cantlon zeigt mir das Schloss. Den weinroten Speisesaal, die Großküche im Keller und den deutschen Maître de Cuisine, der nur Englisch spricht und äußerst holländisch kocht. Der Leseraum gefällt mir am besten. Ich mag den ovalen Tisch mit dem Loch in der

Mitte. Darin baumelt die Tagespresse wie an hölzernen Wäscheleinen. «Stimmt es eigentlich, dass Sie jeden Morgen die Zeitung bügeln?», will ich wissen, und Mr. Cantlon gibt mit zur verstehen, dass dies durchaus zu seinem Repertoire gehört. Früher habe man jeden Morgen Papier oder Tücher zwischen die Seiten gelegt und die Druckerschwärze herausgebügelt, damit sich niemand bei der Lektüre die Finger beschmutzt. Heute sei die Bügelnummer etwas old fashioned. Quer durch das Schloss ziehen sich geheime Personaltreppen, auf denen sich die Butlerschüler flink und unbemerkt von Saal zu Saal bewegen. In manchen Palästen könne man sogar zwischen den Wänden hindurchlaufen, um die geschlossene Gesellschaft nicht zu stören. Ein absurdes Bild: Da speist der Hausherr also mit seiner teuren Gattin, während die Dienerschaft wie eine Termitenkolonie durch die Hohlräume hinter den Brokattapeten kriecht.

Wie masochistisch muss man sein, um sich freiwillig zu unterwerfen und dafür auch noch zu zahlen? Die Ausbildung ist ein Crashkurs. Sie dauert acht Wochen und kostet 13750 Euro. Bis auf die Zahnbürste ist alles inklusive: Anzug, Weste, weiße Handschuhe, Unterkunft und Verpflegung. Außerdem, und da wird es spannend, lässt die Akademie ihre Kontakte spielen. Auf Wunsch vermittelt sie ihre Schützlinge an Luxusresorts, Konsulate, Privatfamilien und Großkonzerne, auf Superyachten oder Kreuzfahrtschiffe wie die Queen Mary 2, an das Ritz-Carlton in Barcelona, das Waldorf Astoria in Jeddah oder das Burj Al Arab in Dubai. Auch die jordanische Königsfamilie zählt zu ihren Klienten. Über achtzig Prozent der Schüler kommen angeblich gut versorgt in der Glitzerwelt unter.

Als Mr. Cantlon die Tür zum Konferenzzimmer öffnet,

machen elf erwachsene Männer Männchen. Sie fassen an die Sitzfläche ihres Stuhls, heben ihn lautlos an, setzen ihn wenige Zentimeter hinter sich sachte auf das Parkett, richten sich auf, legen die linke auf die rechte Hand vor ihrem Bauch und fixieren ausgerechnet mich. Elf Mal schwarzer Anzug, graue Weste, weiße Handschuhe. Stille.

Eine Dame im Kostüm tritt dazu. Heute stehen Protokoll und Etikette auf dem Programm. «Gentlemen, bitte stellen Sie sich unserem Gast vor!», ruft die Benimmlehrerin in den Saal, und den Anfang macht ein verblüffendes Look-alike von Zlatan Ibrahimović, der Rücken gerade, die Augen starr auf mich gerichtet. Er spricht mit militärisch fester Stimme: «Mein Name ist Mr. Lupescu. Ich komme aus Rumänien und bin fünfunddreißig Jahre alt.» Der Nächste erinnert ein wenig an den jungen Neil Tennant von den Pet Shop Boys und zuckt bei seiner Vorstellung mit dem linken Auge: «Mein Name ist Mr. Durant. Ich komme aus Belgien und bin vierundzwanzig Jahre alt.» Es folgt ein internationales Demutskonzert in weiteren neun Akten und Akzenten: «Mein Name ist Mr. Palangdao. Ich komme von den Philippinen und bin zweiundvierzig Jahre alt.» – «Mein Name ist Mr. Anastasopoulos. Ich komme aus Griechenland und bin neunzehn Jahre alt.» – «Mein Name ist Mr. Gerlach. Ich komme aus Deutschland und bin siebenundzwanzig Jahre alt.»

Ich versuche, jeden Vortrag geduldig mit einem Lächeln und einem anerkennenden Nicken zu würdigen. Natürlich behalte ich nur wenig. Der Filipino hat Mascara-Reste um die Augen und spricht mit der Stimme von Barbra Streisand. Ein Klassenclown aus Hamburg ist dabei, der mich mit «Hummel, Hummel» begrüßt. Ganz vorne zu meiner Rechten steht ein Stotterer, der mehrere Anläufe braucht, dann aber flüssig aufsagt, dass er Franzose und schon achtundfünfzig Jahre alt sei. Am meisten beeindruckt mich ein junger Brite, der aus viktorianischen Zeiten zu stammen scheint. Manchen Schülern merkt man an, dass sie nicht häufig einen Anzug tragen, der Brite aber ist mit Schlips und Kragen auf die Welt gekommen. Sein Kinn zeigt nach oben, doch nur so weit, dass es stolz und noch nicht hochnäsig wirkt. Seine Haltung ist selbstbewusst, aber nicht provokant. Er ist da, und er ist nicht da. Ich kann durch ihn hindurchsehen. Tatsächlich: Er ist unsichtbar.

Die Benimmlehrerin bittet mich diskret, auf einem der hinteren Stühle an der Wand Platz zu nehmen. Doch bis dahin schaffe ich es nicht. Schon eilt der Brite mit einem Stuhl herbei und platziert mich zwischen den Butlerschülern im Plenum. Der Filipino deutet lächelnd auf ein Glas Wasser, das er unbemerkt vor mir auf den Tisch gestellt hat. Weißes Deckchen inklusive. Die Benimmlady findet das wenig amüsant. «Mr. Gastmann, würden Sie sich bitte wie besprochen auf einen der hinteren Stühle setzen? Danke schön. Sie unterbrechen den Energiefluss der Gruppe», sagt sie, und etwas erleichtert verziehe ich mich in eine Ecke.

Erste Lektion: Körpersprache. Auf der Leinwand erscheint ein Foto des ehemaligen italienischen FIFA-Schiedsrichters Pierluigi Collina. Glatze, weit aufgerissene Augen, geschwollene Halsadern. Was uns dieses Bild sagen soll? Nicht das Trikot machte Collina zu einer Legende, sondern seine Autorität. Nicht die Uniform macht den Butler, sondern seine Attitüde. «Gentlemen, selbst wenn Sie nackt sind, sollten Sie sich so verhalten, als ob Sie eine Butleruniform tragen würden. Was Sie sagen, spielt keine

Rolle. Worte interessieren nicht.» Die Benimmlehrerin stellt den Filipino auf die Probe: «Mr. Palangdao, wenn Sie Mr. Lee den Morgenkaffee bringen, fragen Sie dann freundlich, ob Sie eintreten dürfen?»

«Äh ...»

«Nein! Sie machen es einfach. Ein Butler fragt nicht, was gewünscht ist. Er weiß es. Nicht reden, handeln!»

Eigentlich vertritt sie damit dieselbe Lehre wie mein Guru in Rishikesh: Wörter sind nicht wichtig, also lerne, ohne sie auszukommen. Wenn du unbedingt sprechen musst, dann wähle nur Worte von Bedeutung, sonst verschwendest du Energie. Deine und meine. Hari Om. Auch sonst trägt die Butlerakademie Züge eines indischen Ashrams. Wer hier eincheckt, verbrennt sein altes Leben. Der Rumäne war siebzehn Jahre in der Armee und hat die Körpersprache eines Feldherrn. Jetzt muss er lernen, charmant zu sein und wenigstens ansatzweise zu lächeln. Der stotternde Franzose hat Ewigkeiten in einer Bank gearbeitet und mit der Krise seinen Job verloren. Damals erinnerte er sich an seinen Kindheitstraum: Er wollte immer schon dienen. Seine Ehefrau ermutigte ihn, das viele Geld für die Ausbildung zu investieren. Vielleicht wird er seine Familie am Ende verlassen, denn ein Butler hat kein Privatleben. Welcher Milliardär, welches Luxusresort, welches Kreuzfahrtschiff nimmt einen Diener mit Frau und Kind an Bord? In der Runde sitzt auch ein gelernter Bauzeichner, den man nach zwanzig Arbeitsjahren vor die Tür gesetzt hat. Der Mann ist ein Ästhet. Er liebt alte Gebäude wie dieses. «Wenn ich schon nicht in einem Palast leben kann», flüstert er mir zu, «dann will ich wenigstens in einem arbeiten.»

Zweite Lektion: Benehmen. Kopfkratzen? Bitte nicht.

Rauchen? Ungesund. Fingernägel kauen? O mein Gott. Weitere No-gos: sich in den Schritt fassen, Kaugummis, volle Taschen, Selbstgespräche führen, pfeifen bei der Arbeit. «Pfeifen ist wirklich unheimlich in einem großen Haus», sagt die Benimmlady, und der Stotterer ist irritiert: «Ich dachte, man zeigt damit, dass man gut drauf ist?» – «Toll! Dann machen Sie's bei sich zu Hause!» Für den Umgang mit weiblichen Wesen kennt Knigge besonders viele Regeln. Handkuss? Bitte nur andeuten. Kuss auf die Wange? Nur in moralisch zweifelhaften Ländern wie Frankreich. Eine Schwangere küssen: niemals! (Warum auch immer.) Wie führt man eine Dame aus? Der Mann bietet ihr den Arm an. Wer steigt zuerst die Treppe rauf? Natürlich der Mann, damit er der Frau nicht unter den Rock sehen kann. Wer steigt zuerst herunter? Die Dame, damit der Mann sie auffängt, wenn sie nach hinten überkippt. (Kippt sie nach vorne, hat sie anscheinend verloren.) Wer betritt als Erster den Fahrstuhl? Der Mann, denn so ein Ding ist schließlich gefährlich. Wer geht im Restaurant voran? Wieder der Mann: Er führt die Frau an den Tisch und schiebt ihr den Stuhl unter das Gesäß. Sie sollte sich übrigens nicht dafür bedanken, sondern schweigend genießen. Daran erkennt man die Dame von Welt. «Und wie setze ich eine Frau auf ein Pferd?», fragt der Spaßvogel. «Das hängt davon ab, ob sie im Amazonenstil oder im Gentlemanstil reitet. In jedem Fall sind Sie der Steigbügel.»

Was beim Essen zu beachten ist? Das würde zu weit führen. Hier nur ein paar grundsätzliche Regeln: niemals in die heiße Suppe pusten, sondern dezent rühren. Den Teller immer von unten nach oben essen, denn der Koch hat sich beim Arrangement der Speisen etwas gedacht. Sollten bei einem förmlichen Dinner Salz und Pfeffer auf dem Tisch stehen: beides auf keinen Fall benutzen! Das würde den Koch beleidigen und möglicherweise eine kulinarisch-diplomatische Krise auslösen. Jawohl, das Salz ist nur Dekoration. Früher, als es noch sehr teuer war, hat man es auf den Tisch gestellt, um damit anzugeben. Natürlich versteht es sich von selbst, dass man das Besteck von außen nach innen benutzt. Und was mache ich, wenn rechts und links des Tellers eine Gabel liegt?

a) Nichts. Vermutlich wird ein spezielles Spaghettigericht serviert.
b) Nichts. Vermutlich wird Fisch serviert.
c) Ich gebe dem Personal ein Zeichen. Vermutlich liegt hier ein Fehler vor.

Die korrekte Antwort lautet «b)». Wahrscheinlich verfügt der Hausherr aus Armut, Ignoranz oder Unwissenheit über kein einziges Fischmesser. In diesem Fall sind zwei Gabeln und ein nonchalantes Lächeln akzeptabel. Es soll aber auch Fischsorten geben, die grundsätzlich ohne Messer verspeist werden.

Achtung, jetzt wird es tricky: Bei welchem Gericht legt man sich vor dem Verzehr eine Stoffserviette auf den Kopf? Wenn «Ortolan» auf dem Menü steht, eine seltene und zudem illegale Delikatesse, die in wohlhabenden Kreisen hoch geschätzt wird. Der Ortolan, auch Gartenammer genannt, ist eine daumengroße bedrohte Vogelart, deren Weg auf den Teller einem Martyrium gleicht. Manche Köche erkennen in diesem Gericht die Seele der französischen Haute Cuisine und lassen sich die Zubereitung nicht verbieten. Der Ortolan wird mit einem Netz gefangen, danach sticht man ihm die Augen aus oder sperrt ihn in eine mit

Futter gefüllte Blackbox, um seinen Tag-Nacht-Rhythmus zu stören. Jetzt frisst der arme Kerl wie ein Irrer, bis er sein Gewicht etwa verdreifacht hat. Nach vierzehn Tagen ertränkt man den Ortolan in Armagnac, einem Weinbrand aus der Gascogne. Kurz abtropfen lassen, rupfen, drei Ave-Maria beten und dann den Vogel bei gleichmäßiger Hitze im Ofen garen oder in einem Topf gut durchbraten und sofort servieren. Nun nach Herzenslust genießen. Der Gourmet versteckt dabei den Kopf unter der Serviette, damit sich die Aromen bündeln können und harmonisch um Mund und Nase kreisen. Außerdem, und das ist keine Erfindung, wollen manche vermeiden, dass der liebe Gott ihnen beim Verzehr dieser unchristlichen Speise zusehen kann. Man packt den Vogel mit den Fingern und steckt ihn komplett, mit allen Extremitäten, in den Mund. Manche beißen vorher das Köpfchen ab. Bon appétit. Das Brechen und Splittern und Knacken der kleinen Knochen macht unschöne Geräusche. Die Gaumenfreude ist massig, und manchmal muss man eine Minute oder länger auf ihr herumkauen, bis sie bewältigt ist. Ein «Ortolan en Casserole» wird in ausgewählten französischen Restaurants für etwa dreihundertfünfzig Euro das Stück serviert. François Mitterrand soll im Siechtum gleich zwei verdrückt haben. Sie waren seine allerletzte Mahlzeit.

Die Tür öffnet sich. «Gentlemen!», ruft Mr. Cantlon, der über den Rand der Brille auf die Stoppuhr in seiner Rechten blickt. «Mr. Lee möchte in exakt fünfzehn Minuten zu Mittag essen. Ich wiederhole: Meine Herren, Sie haben fünfzehn Minuten!»

Die Butlerschüler eilen in den Speisesaal und decken eine lange Tafel mit Porzellan, Stich- und Sägewerkzeugen. Sie sind erst seit zwei Wochen in der Akademie, doch sie haben schon die wichtigste Regel verinnerlicht: Tue es schnell, und tue es mit Stil. Es ist ein Spektakel, wie sie das Silberbesteck mit weißen Handschuhen auf den Millimeter genau ausrichten. Wie sie in die Knie gehen, bis ihre Augen auf Höhe der Tischplatte sind, um Messer und Gabel kurz darauf penibel nachzujustieren. Wie sie die Gläser noch einmal polieren, wenn darauf auch nur der Hauch eines Fingerabdrucks zu erkennen ist. Wie sie um die Tafel schwirren, sich im Lichte der Kerzen drehen und wenden, bis sie endlich mit sich und dem Universum zufrieden sind. Butlern ist Tanzen.

Mr. Lee stapft die Treppe herunter, lässt sich wie ein nasser Sack am Kopf der Tafel auf einen Stuhl fallen und schlägt auf den Tisch. «Was gibt's zu essen?», ruft er und blickt wenig begeistert über das Buffet aus Toast, Gouda, Leberwurst, Erdnussbutter und Kalbfleischfrikadellen. «Das ist noch viel zu gut für euch!» Mr. Cantlon und die Benimmlehrerin nehmen rechts und links des Patrons Platz. Die Butlerschüler verharren kerzengerade hinter ihren Stühlen, beide Hände auf die Lehnen gelegt, bis Mr. Lee ihnen gestattet, sich zu setzen.

Drei von ihnen bleiben während des Essens stumm stehen und machen sich unsichtbar. Sie materialisieren sich nur, wenn sie gebraucht werden. «Standing Square to Attention» nennt die Akademie diese Yogi-Übung. Stundenlang stehen, trotzdem ein freundliches Gesicht machen und in jeder Sekunde aufmerksam antizipieren: Wer hat etwas zwischen den Zähnen und benötigt einen Wink? Welchem Gast sollte man ein Taxi rufen, weil er im Begriff ist zu gehen? Welche Dame trägt Stilettos und muss später womöglich aufgefangen oder getragen werden, weil sie zu viel getrunken hat? Während ich versuche, meinen Toast mit Messer und Gabel zu zerteilen, wie alle es tun, steckt sich Mr. Lee eine Marlboro an und bläst seinen Qualm quer über den Tisch. Der Brite, der mit einer Zeitmaschine aus einem früheren Jahrhundert gekommen ist, hat ihm einen Aschenbecher hingestellt, bevor sein Boss die Zigarettenschachtel aus der Bomberjacke gezogen hat.

Nach dem Lunch bestellt mich Mr. Lee in sein Büro. Dort treffe ich auf Robert Wennekes, einen lächelnden Riesen ohne Fluppe und Bomberjacke, der sich diebisch freut, dass er schon wieder einen Journalisten in seine Schule locken konnte. Die Leute lieben Butlergeschichten, sagt er, weil sie gar nicht glauben können, dass es so etwas noch gibt. Vor kurzem hat er einen Absolventen an einen chinesischen Milliardär vermittelt. Die Konditionen: eine fünfstellige Summe im Monat inklusive Wohnung, Dienstwagen und Provision für die Akademie. Der Milliardär hätte ihm noch ein Dutzend weitere Butler abgenommen, aber so schnell geht es nicht. Im aktuellen Jahrgang seien vielleicht drei, vier geeignete Kandidaten, die bereit wären, nach China zu gehen. «Trotz der Krise», sagt Mr. Wennekes, «gibt es immer mehr Millionäre. Diese Leute brauchen jemanden, der sich um ihre Familien, ihre Sicherheit und um ihre Villen kümmert. Ich habe Häuser gesehen, das glauben Sie nicht. Eine meiner Klientinnen hat einundzwanzig Anwesen und eintausendachthundert Angestellte.» Mehr dürfe er nicht verraten.

Mr. Wennekes alias Mr. Lee war selbst Butler, unter anderem diente er einem amerikanischen Milliardär. Als sich eines Tages der Pekinese eines Hausgastes übergeben musste, wurde Wennekes mit Hund und Privatjet zu einem Tierarzt nach London geschickt. Der Spaß kostete zwanzigtausend Euro, und der Pekinese bekam nur eine Tablette. Doch wie seltsam die Aufträge auch waren, Wennekes stellte keine Fragen. Das ist eine weitere goldene Regel im Butler-Business: Don't judge. Bleib immer loyal, diskret und flexibel.

Dritte Lektion: Wie helfe ich mir, wenn mein Herr ein Arschloch ist? Antwort: Ich versuche zu verstehen, was ihn dazu gemacht hat. Am Nachmittag diskutieren die Butlerschüler über das sogenannte «Sudden Wealth Syndrome», kurz SWS, den Fluch plötzlichen Reichtums. SWS scheint eine anerkannte Krankheit zu sein, die bei Erben, Lottogewinnern oder Internetmillionären diagnostiziert wurde. Die Last des Geldes führt zu Depressionen, Schuldgefühlen und Paranoia. Die Betroffenen haben panische Angst, falsche Investitionen zu tätigen und ihren Reichtum wieder zu verlieren. Außerdem fühlen sie sich verfolgt: von Freunden, von Familienmitgliedern, von der ganzen Welt. Niemand, so kommt es ihnen vor, ist mehr ehrlich zu ihnen, niemand scheint sie mehr zu lieben. Schließlich isolieren sie sich. Wohlhabenden Menschen, die sich ihre Dollars über Jahrzehnte erarbeitet haben, gönnt man die Villa oder den Rolls-Royce. SWS-Reiche aber werden selbst von ihrem engsten Umfeld mit Zynismus gestraft: «Hey, du Glückspilz, leichtverdientes Geld, was?» Ihr halbes Leben haben sie sich gewünscht, nicht mehr arbeiten zu müssen und mehr Zeit mit der Familie zu verbringen. Jetzt ist alles weit schlimmer als zuvor. Sie trauen sogar ihren Frauen und Kindern nicht mehr über den Weg und arbeiten rund um die Uhr, um sich nicht zu langweilen. Mr. Lee ist ein SWS-Kandidat. Die Benimmlehrerin meint aber, er sei kein hoffnungsloser Fall. Wenn dein Boss keine Manieren hat, dann bilde ihn aus. So diskret, dass er es selbst nicht einmal merkt.

Mr. Cantlon betritt den Saal. «Gentlemen! Mr. Lee möchte in zehn Minuten zu Abend essen. Er hat sich halbe Hähnchen, Pommes frites und Schokopudding gewünscht. Sie haben zehn Minuten, um den Tisch zu decken!»

«Wie isst man denn ein halbes Hähnchen nach Etikette?», fragt einer.

«Das lernen Sie morgen!», antwortet die Benimmlady. Was für eine Gemeinheit.

Während Mr. Lee seinen Broiler mit allen zehn Fingern verspeist, richten die Butlerschüler auf ihren Tellern ein Unglück an. Auch ich scheitere an meinem Huhn und fühle mich an den armen Ortolan erinnert.

Nach dem Pudding müssen die Schüler ein Gelübde sprechen. Mr. Lee lässt jeden einzelnen aufstehen und einen englischen Text rezitieren, der den Geist der Akademie beschreiben soll. Man könnte ihn so übersetzen:

> Ich gelobe, die Philosophie, die Regeln und die Prinzipien der International Butler Academy sowie die Werte und Normen, die sie repräsentiert, zu respektieren. Ich übernehme jederzeit die volle Verantwortung für mein Handeln, meine Einstellung und meine Leistung. Mit professionellem und vernünftigem Benehmen, mit meiner Energie, meinem Enthusiasmus und meinem Engagement werde ich die höchsten Maßstäbe von Service, Loyalität, Vertrauen, Diskretion und Kompetenz verkörpern. Ich werde meine persönliche Verantwortung und meine Aufrichtigkeit beweisen und bewahren, mit ehrlicher Arbeit und Leidenschaft für

meine Berufung. Meine Gesinnung zeigt sich in meinem Verhalten, und in meinem Verhalten zeigt sich mein Charakter. Mein Charakter ist mein Schicksal.

Der rumänische Exsoldat rattert den Text routiniert und präzise herunter. Mr. Lee wird zu Mr. Wennekes, applaudiert und schenkt ihm Bonuspunkte. Der Stotterer verheddert sich, findet aber zurück in die Spur. Mr. Wennekes bleibt Mr. Wennekes und lässt Gnade walten. Der unsichtbare Brite beeindruckt die Gruppe, weil keiner das Gelübde mit so viel Magie und Hingabe spricht wie er. «Ich gelobe, die Philosophie, die Regeln und die Prinzipien der International Butler Academy sowie die Werte und Normen, die sie repräsentiert, zu respektieren. Ich übernehme jederzeit die volle Verantwortung für mein Handeln, meine Einstellung und mein Benehmen ...»

«Stopp. Falsches Wort», unterbricht Mr. Lee.

«... für mein Handeln, meine Leistung ...»

«Zweites Wort falsch, gottverdammt.»

«... für mein Handeln, meine Einstellung und meine Leidenschaft ...»

«Drittes falsches Wort, danke schön», und diesmal bleibt seine Stimme bedrohlich ruhig. Sollte der Schüler den Text morgen Abend nicht perfekt beherrschen, fliege er übermorgen raus. Der junge Brite bewahrt Haltung. Er nickt, streicht über seine Krawatte und setzt sich wortlos wieder auf seinen Stuhl. So wie ein Butler. Wie der beste Butler, den die Welt je gesehen hat.

«Wissen Sie», sagt er mir später, «ich werde niemals König sein. Aber ich werde der Mann sein, der hinter ihm steht.»

# Der König von Lindau

## DR. MANG UND SEINE TAUSEND GESICHTER

«Und? Loschd di heud operiere?», fragt Opa Max. «Du hoschd nämlich 'e krumme Näs!» Schon am Telefon hat er sich herzlich darüber amüsiert, dass ich «den Ding da» treffe, also diesen «Kirurg», den Werner Mang. Bei der Gelegenheit könne mir der Doktor doch endlich die Tränensäcke wegschnippeln und Pferdehaare in die Geheimratsecken transplantieren, so wie es der Berlusconi oder dieser blonde Fußballtrainer aus Preußen gemacht hätte.

Max lehnt sich ganz schön aus dem Fenster, finde ich. Von «Frisur» kann man bei seinen letzten weißen Flocken längst nicht mehr reden, und seine Nase ist auch nicht schöner als meine. Sie wölbt sich zu einem leichten Höcker, außerdem ist der Nasenrücken im Verhältnis zu den Flügeln viel zu wuchtig. Bei mir ist es das Gegenteil: Die Flügel sind knubbelig und breit, der Rücken ist eher schmal. Ich habe eine Himmelfahrtsnase. Die Spitze biegt sich leicht nach oben und lässt die Atemlöcher dadurch größer erscheinen, was in jungen Jahren dazu geführt hat, dass mir meine Mitmenschen Netzstecker ins Gesicht drückten.

Leider geht Opa Max ziemlich gebückt, seit er mit

einem Rollator unterwegs ist, den er seinen «Cadillac» nennt. Damit wackelt er durch die kleine Bahnhofshalle, verliert an der Schwingtür kurz das Gleichgewicht, fängt sich aber wieder, bevor ihm eine junge Frau zu Hilfe eilen kann. Sie blickt ihn sorgenvoll an. «Jetzd hob I Sie gsehe und bin schwach gworde!», ruft er ihr zu, klappt den Cadillac ein, verstaut ihn im Kofferraum, setzt sich ans Steuer seiner kleinen Rennschüssel und tritt aufs Gas. «Schau, Dennis, die Woiber, die erliege immer no moim Charme!»

Mein Großvater ist ein Weltwunder. Bald wird er fünfundachtzig, und seine Haut ist rosig wie ein Kinderpopo. Ich kann mir das nur mit dem Bodenseeklima erklären. Als Max noch besser zu Fuß war, hat er in seinem Schrebergarten Kiwis und Bananen geerntet, ist jeden Morgen um sechs in der Früh aufgestanden und durch den Raureif in den Seewiesen bis ins flache Wasser gekneippt. «Ausschlofe kannschd, wenn d' tot bisch», war sein Motto. Mich hat das immer genervt, trotzdem bereue ich es, dass ich zehn Jahre nicht bei ihm war. Zehn Jahre habe ich Max versprochen, im nächsten Sommer oder im nächsten Winter zu kommen. Zehn Jahre habe ich ihn jeden Sommer und jeden Winter wieder enttäuscht. «Ach, des isch doch e Schand», sagte er. Allein die Zugfahrt über den Bodenseedamm auf die Insel Lindau sei doch ein Abenteuer. Ein Ereignis. Als ich dann endlich im Zug saß, machte mich der Ausblick traurig.

Max erzählt von Mang. «Jo, des Wernerle», lacht er, «der Bub, der wolld scho immer der Beschde sei. Klassensprecher, Schulsprecher, Stadtmeischder im Tennis. Und sei Vater, also der Ding da, der Karl, des war hier der Forschddirektor, a guder Froind von mir.» Natürlich war er das. Opa Max kennt in Lindau jeden, und jeder kennt Opa Max, sogar die Zeitung, die ihn eine Legende nennt und gerne zitiert, weil meinem Großvater immer etwas Schlaues einfällt. Früher hat er an einem neuralgischen Punkt der Stadt gearbeitet. Ohne ihn fuhr keine Ente und kein Ford Taunus, kein Fiat 500 und auch kein Goggomobil. Max war der König der Kraftfahrzeugzulassungsstelle. Der Nestor der Nummernschilder. Der Pate der Zahlen und Buchstaben auf dem Blech. Kein Kennzeichen ohne Max. So hat das Wernerle bei ihm das erste Mofa angemeldet und Werner den ersten Wagen, einen dunkelbraunen Käfer für vierhundert Mark, den er sich von seinem Bademeistergehalt zusammengespart hatte. Wenn Herr Werner Mang, Herr Dr. Werner Mang oder später Herr Professor Dr. Dr. med. habil. Werner L. Mang in Lindau einen Porsche, einen Rolls-Royce oder einen Lamborghini anmelden wollten, führte kein Weg an Opas Amtstresen vorbei. Das zumindest behauptet Max, aber er übertreibt auch ganz gerne.

In einer so bedeutenden Position ist es schwierig, unbestechlich zu bleiben. Natürlich wollte jeder Lindauer sein Lieblingskennzeichen, und Max hat ein weiches Herz, doch seine Chefs hatten ihm ausdrücklich verboten, Extrawünsche zu erfüllen. So etwas kostet Zeit, und ein Beamter macht keine Überstunden. Schon gar nicht in Bayern. Die reichen Herren in Lindau jedoch scherten sich wenig um die Vorschriften. «Die ham oinfach mit moine Chefs gsproche, und dann sind die Chefs zu mir kommen und hom gsagd: Der Ding da, der Herr Oberstudienrad, der kriegd gfälligschd des Kennzeichen sowieso und sowieso. Na schö, hob I mir dachd, wenn der des kriegd, dann kriegd Schütze Arsch des auch!» Damals hat Max die Vorschriften geändert und stellte eine Spardose auf den Tresen. Wer sein Wunschkennzeichen wollte, der musste mindestens fünf Mark für den guten Zweck spenden, Schütze Arsch wie Schütze Adelig.

Das Wernerle hat sich sein Nummernschild anders ergaunert. In den Siebzigern, als er noch kleiner Assistenzarzt war, ließ sich Max bei ihm die Nasenscheidewand richten, weil er so furchtbar schnarchte. Nachts zersägte er die bayerischen Wälder, wahrscheinlich auch, weil seine Nasenflügel so seltsam winzig sind. Damals schneite der Doktor in sein Patientenzimmer und unterbreitete ihm ein Angebot: Mang sagte, er gebe sich bei der OP ganz besonders viel Mühe, wenn er im Gegenzug das Kennzeichen «LI–WM–1» bekomme. Bis heute soll es den sogenannten «Tageswagen» des Schönheitschirurgen schmücken, einen Mercedes. Mang weist gerne darauf hin, dass ihm noch viele weitere fahrbare Statussymbole gehören. Sein Lieblingsspielzeug ist ein roter Ferrari F40, mit dem er früher angeblich immer durch Lindau fuhr, wenn Michael Schumacher ein Formel-1-Rennen gewonnen hatte. Dreihunderttausend Euro sei das Ding wert, hat der Professor einmal in einem Interview verraten.

Opa Max ist stolz auf seinen fünfzehn Jahre alten Peugeot 306. Der Franzose ist gut gepflegt, und auf dem freien Markt könnte er dafür sicher achthundert bis eintausendzweihundert Euro verlangen. Es wäre etwas mehr, wenn er nicht schon mit jeder Ecke des Wagens einen Gartenzaun oder einen Poller geküsst hätte. Max hat die Kratzer sorgsam mit roter Farbe ausgebessert. Ich möchte ihm aus seinem Pygmäenporsche helfen, doch da ist er schon ausgestiegen.

Wer weiß, vielleicht war die Nase meines Großvaters

der entscheidende Auslöser für eine steile Karriere. Wenige Jahre nach der Schnarchoperation avancierte das Wernerle plötzlich zum Nasenpapst. Die Glamourwelt sprach von der typischen Mang-Nase, so als wäre sie ein Accessoire wie eine Rolex oder eine Louis-Vuitton-Tasche. Wer es sich leisten konnte, der pilgerte an den Bodensee und ließ sich optimieren. Die weibliche Mang-Nase folgt einer gotischen Form: Sie ist kindlich klein, kerzengerade und recht schmal. Manchmal hat sie einen leichten Schwung nach oben wie bei Angelina Jolie. Die männliche Mang-Nase ist griechisch: stark und markant. Sparta lässt grüßen. Weit über fünfzehntausend Gesichtserker soll der Doktor schon korrigiert haben. «Zum Frühstück immer eine Nase», sagt er von sich selbst. Mittlerweile hat er in Lindau das europaweit größte Zentrum für plastische Chirurgie aufgebaut.

Mang ist für vieles bekannt, aber nicht für seine Bescheidenheit. Zum zwanzigjährigen Jubiläum veröffentlichte die Bodenseeklinik eine Festschrift, die Deutschlands berühmtester Schönheitschirurg selbst gestaltet hat. Auf dem Cover ist ein Hollywoodstern, der seinen Namen trägt. Hier ein Ausschnitt:

> Professor Mang hat zwei Gesichter. Er ist Sternzeichen Jungfrau, und das äußert sich in seinem Fleiß, seinem Können und seinem Ehrgeiz. Im Aszendenten Löwe äußert er sich als Gesellschaftsmensch, der schnelle Autos und gutes Essen liebt, sportlich ist und gerne Partys besucht. (...) Mang ist Hobbyrennfahrer, begeisterter Tennisspieler und Skifahrer, Wassersportler, Tierliebhaber und Workaholic. Workaholic ist wohl seine wichtigste Eigenschaft, achtzig Prozent Arbeit,

zehn Prozent Familie, zehn Prozent Sport – so könnte man Professor Mang einordnen. (...) Er ist gern gesehener Gast auf dem internationalen Parkett, wie Formel 1 in Monaco, Wimbledon, Hahnenkammrennen in Kitzbühel und auf weiteren Galas und Events. (...) Über Professor Mang sind über fünftausend Artikel in Print-Medien erschienen, und es wurden über fünfhundert TV-Beiträge präsentiert. Mang ist besonders stolz darauf, dass er mit den meisten Prominenten in Deutschland und auch über die Grenzen hinweg in Europa bekannt und teilweise befreundet ist. (...) Dass er einmal so berühmt werden würde, hätte er sich nicht träumen lassen. Er ist stolz auf seinen Erfolg und zeigt dies auch. Er hat sich alle seine Jugendträume erfüllt mit seinen Oldtimern, Ferraris, Booten, Häusern (sammelt Inselhäuser), Hubschrauber etc. (...) Zu diesem Lebenswerk kann man Professor Mang und seiner Familie herzlich gratulieren und wünschen, dass die nächsten zwanzig Jahre in der Bodenseeklinik genauso erfolgreich laufen.

«Du, die Mutter vom Mang, die hat immer scho gsagt, ihr Wernerle, des isch der Gscheitste im Haus!», erzählt Opa Max. «Jo, und heut, schau's dir an: Dem Bub ghört die halbe Insel!» Mein Großvater wohnt am Stadtrand von Lindau. Er ist Zecher, was nichts mit seinem Weißbierkonsum zu tun hat, die Zeiten sind vorbei. Zech ist ein Viertel auf dem Festland, das direkt an Österreich grenzt und zu Unrecht etwas verpönt ist. Vielleicht, weil dort ein kleiner Sexshop neben der Bushaltestelle steht. Man muss wissen, dass in Lindau zum Abendbrot noch das Vaterunser gebetet wird.

Frau Mang sei auch eine Zecherin, meint Max. Der Legende nach lernte sich das Society-Paar bei einem Blinddarmeingriff kennen. Sie war zarte siebzehn und lag auf dem OP-Tisch, er war sechsundzwanzig, und beim ersten Schnitt hat es Zoom gemacht. Die Gattin des Schönheitschirurgen trägt eine typische Mang-Nase. Sie sei ein Wunder der Natur, beteuert der Doktor. Nicht er, sondern der Herrgott habe ihr diese edlen Züge geschenkt. Mang gibt aber gerne zu, dass er seine Sybille zum Geburtstag mit einem schwarzen Aston Martin beglückt hat.

Wenn Opa Max seiner Herzensdame etwas Gutes tun will, dann hilft er ihr bei der Hausarbeit. «Weischd, i moch's ned gern, aber i moch's aus Liebe. Bei einem Woib kriegschd alles wieder zruck, wenn du di bmühschd. Muschd halt manchmal nur a bisserl warten.» Mein Großvater holt einen zweiten Rollator aus der Garage. Er hat ihn etwas getunt: Dort, wo früher ein Einkaufskorb war, ist jetzt eine Ladefläche aus Holzbrettern. Er hievt meine Reisetasche auf das Gefährt und zieht es rückwärts über drei Stufen in sein Hexenhäuschen mit Garten. Der Weg in die Wohnung führt über eine halsbrecherische Stiege, aber Max meistert sie mühelos: Erst setzt er das Gepäck aufrecht wie ein Kind in den Treppenlifter, dann hält er sich an einer Lehne fest, grinst und drückt den Startknopf. Halb kraxelt er, halb zieht es ihn. Oben wartet Oma Hedwig, die gerade Dampfnudeln kocht und keine Jüngerin des Nasenpapstes ist. Hedwig findet es seltsam, dass der Mang in der Altstadt ein Haus nach dem anderen kauft. «Die tut er dann renovieren und teuer verpachten», meint sie, obwohl der Doktor in seinen Interviews immer betont, er vermiete seine Häuser zu sozialen Konditionen. «Tja, in seine Maßstäb vielleicht scho. Aber andrerseits isch es gud, dass der Bub sie renovierd. Net viele ham des Geld, des zu tun.»

Wenn Mang auf seinen Reichtum angesprochen wird und Neid wittert, dann wiederholt er die immer gleichen Sätze: Er habe sich alles erarbeitet. Er sei mit beiden Füßen auf dem Boden geblieben. Er lasse sich von Geld und Glamour nicht blenden. Er sei immer noch ein ganz normaler alemannischer Bub und überhaupt: Er würde sein gesamtes Hab und Gut hergeben, wenn er noch einmal zur Welt kommen dürfte. Als er selbst. Wie hoch der Kontostand des Doktors ist, weiß wahrscheinlich nicht mal seine First Lady. Man schätzt sein Vermögen auf etwa fünfzig Millionen Euro, und damit sollte er die Mindestvoraussetzung für diesen Reichtumsbericht erfüllt haben.

Max und Hedwig ist es etwas peinlich, dass sie mir für die Nacht nur das schmale Durchgangszimmer zur Toilette anbieten können. Ihr kleines Museum. In den Hängeregalen um das Bett lagern Preziosen aus weit über fünfzig Jahren Eheleben im Allgäu. Bierkrüge, der katholische Katechismus und eine Audiokassette des Original Naabtal Duos, Sieger des Grand Prix der Volksmusik '88. Über der Klotür hängt Opas erstaunliche Baseballkappensammlung. Elf Caps an vier Kleiderhaken, nach Farben sortiert. Mang verfügt über etwas mehr Platz. Er residiert in der dottergelben Villa Rhino auf einem Hügel über der Stadt. «Rhino» ist griechisch für «Nase». Vor kurzem ist das Wernerle sogar Schlossherr geworden. Aus einem mittelalterlichen Anwesen, das von einem sechsundzwanzigtausend Quadratmeter großen Park umschlossen ist, möchte er ein Zentrum für Psychotherapie machen. Der Professor hatte auch Pläne für eine Privatklinik in Liechtenstein, aber die Behörden verwehrten ihm die Lizenz, erzählt Hedwig. Womöglich, weil er einen Arzt in seiner Bodenseeklinik operieren ließ, der keine Zulassung hatte. «Der Mang hat doch gmeint, es geht ihm alles durch!»

Als die Sache mit dem falschen Arzt bekannt wurde, brachte der «Spiegel» eine mehrseitige Abrechnung mit dem Professor. Titel: «Der Aufschneider». Es schien, als hätten die Autoren nur auf einen Fehler des Doktors gewartet. Sie nannten ihn «größenwahnsinnig», verglichen ihn mit Julius Cäsar und machten sich darüber lustig, dass er sich «Plastischer Chirurg» nenne, aber eigentlich nur HNO-Arzt sei, und nicht mal ein besonders guter. Sie ließen ein halbes Dutzend Patienten zu Wort kommen, die sich a) falsch behandelt fühlten oder b) ihrer Meinung nach zu viel bezahlt hatten oder c) nach der OP keinen Unterschied an ihrer Nase oder ihren Schlupflidern oder ihrer Oberweite feststellen konnten. Wenn ein solcher Fall juristischen Ärger nach sich zog, schrieb das Politmagazin, habe der Professor auch schon mal kosmetische Korrekturen an den Krankenakten vorgenommen. Seitdem das Wernerle wegen vorsätzlicher Körperverletzung zu einer Geldstrafe von angeblich dreihunderttausend Euro verurteilt worden ist, teilt sich die Presse in zwei Lager: die Hofberichterstatter und die Scharfrichter. Zu welcher Gruppe gehöre ich?

In der Lobby der Bodenseeklinik singt Freddie Mercury «I want to break free», ich sitze auf einem orangenhautfarbenen Designsessel und wippe mit dem Fuß. Max hat mich ins Allerheiligste der Naseneminenz gebracht und meinte, ich solle seinen alten Freund herzlich von ihm grüßen. Leider lässt dieser auf sich warten. Der Herr Professor sei in einer Behandlung, heißt es. Auf dem weißen

Marmorboden stehen Ledermöbel und Buchsbäumchen. Eigentlich erinnert der Glaskasten an der Westspitze der Insel eher an ein Wellnesshotel als an ein Krankenhaus. Einige der Patientenzimmer sind wie Suiten geschnitten, ihre weiten Sonnenterrassen blicken über das Wasser bis auf die Alpen. In dieser Atmosphäre fällt es leicht, eine Schönheitsoperation mit einem Luxusurlaub zu verwechseln.

Mir gegenüber hängt ein Œuvre aus roten Kussmündern und Augen, über das ich schon seit zwanzig Minuten nachdenke. Es gehört zur Sammlung «Mang Contemporary Art». Diese ewig gleichen gotischen und griechischen Nasen, die amerikanischen Lippen und die französischen Wangen führen doch dazu, dass sich die Optimierten immer ähnlicher werden. TK ist ein Double von Wolfgang Joop, und Gräfin Gunilla von Bismarck gleicht Prinzessin Bea von Auersperg.

Noch immer kein Mang. Ich muss daran denken, wie ich die Zusage für dieses Interview bekam. Abends hatte ich meine Anfrage an das Sekretariat der Bodenseeklinik geschickt, morgens um neun rief der Professor persönlich zurück. Es war das einfachste Telefongespräch meines Lebens, denn ich musste nur «Hallo» sagen, den Rest erledigte er. Ja gut, also, er könne verstehen, dass ich ihn interviewen wolle. Schließlich genieße er deutschlandweit und international einen fabelhaften Ruf und sei ja auch mit vielen reichen und berühmten Menschen bekannt. Eins könne er mir sofort verraten: Wer auf Teufel komm raus reich werden wolle, der werde es nicht. Reich werde nur, wer das «Leistungs-Gen» besitze, aber das würde am Telefon zu weit führen. Apropos Leistungs-Gen: Er selbst sei ja nur reich an Sorgen und Stress, so wie alle Mittelständler. Seine Mitarbeiter seien viel glücklicher als er, weil sie nicht diesen Ballast auf dem Rücken hätten. Diese Verantwortung. Den ganzen Ärger. Die Reichen seien doch im Grunde die Armen. Wenn mein Buch dieses Fazit ziehen würde, ein Plädoyer für die reichen Leistungsträger, dann könne es ein Bestseller werden. So ein Interview dauere doch sicher nicht länger als eine halbe Stunde? Er müsse kurz in den Kalender gucken ... Kleinen Moment ... Aha ... Ja gut, also da würde er mir gleich kommendes Wochenende anbieten, da sei er beim Benefiz-Golf auf Sylt, am Samstag, ja genau, am Samstag. Oder sonst halt in Lindau am 21. Juni, am 2. Juli oder am 9. Juli um fünfzehn Uhr. Oder wann auch immer. Also, er habe jetzt genug Termine vorgeschlagen, da dürfe ich mir einen aussuchen, Details solle ich dann bitte mit seiner Sekretärin besprechen. Danke. Servus.

Das Warten aufs Christkind hat ein Ende. Wie das vierundzwanzigste Türchen eines Adventskalenders öffnet sich ein Behandlungszimmer, und heraus schwebt eine Lichtgestalt im weißen Kittel. Hosanna! Da nähert er sich, der Wunderdoktor, der Ärmste unter den Reichen, der König von Lindau. Sein blondes Haar wallt royal in seinen Nacken, seine Haut ist makellos und gut durch, wie immer. Nur an den Tränensäcken und der leicht nach links abbiegenden Nase könnte man möglicherweise etwas feilen. Alles ist wie im Fernsehen, nur eines fehlt: sein Lächeln. Ohne mich eines Blickes zu würdigen, zieht der Doktor an mir vorbei und reicht mir gnadenvoll die Linke. Seine Aura ist kalt, meine Vorfreude gefriert zu Kristall, fällt zu Boden und zerspringt auf dem Marmor. «Hat man Ihnen keinen Kaffee angeboten?», murmelt er, während ich ihm in sein Büro folge. «Ich hatte heute schon drei», antworte ich, aber er hört nicht zu. Er scheint sich nicht an unser Gespräch zu erinnern. Wahrscheinlich, weil er nicht mit mir, sondern mit sich selbst telefoniert hat.

Mang öffnet die Schatzkammer, in der er sein Ego aufbewahrt. Zwei Wände sind über und über mit Fotos der Prominenten tapeziert, mit denen er bekannt und teilweise befreundet ist: Mang mit Otti Fischer, Mang mit Siegfried und Roy, Mang mit Fritz Wepper, Mang mit Karl-Heinz Rummenigge, Mang mit Costa Cordalis, Mang mit Naomi Campbell, Mang mit Herbert Grönemeyer, Mang mit Axel Schulz, Mang mit Johnny Logan, Mang mit Boris Becker, Mang mit Guido Westerwelle, Mang mit Abi Ofarim, Mang mit Frauke Ludowig, Mang mit Vitali Klitschko, Mang mit Wladimir Klitschko, Mang mit Dieter Bohlen, Mang mit Uwe Ochsenknecht, Mang mit Haddaway, Mang mit Ralf Möller, Mang mit Anna Netrebko, Mang mit Rod Stewart, Mang mit dem Papst, Mang mit allen Reichen und Schönen dieser Welt. Eintausend Mang-Münder unter eintausend Mang-Nasen zeigen etwa zehntausend Mang-Zähne. Zweitausend Mang-Augen starren mich an, nur der echte Mang nicht, der mittenmang im Zentrum seiner Mang-Galerie die Mang-Arme verschränkt und stumm die tausend Gesichter des Mang studiert. Am liebsten, denke ich mir, würde Mang sich mit Mang fotografieren lassen, und könnte Mang alle Artikel über Mang verfassen, er würde es mit Freude tun. Ich wisse hoffentlich, dass ich ihm alles vorlegen müsse, was ich über ihn schreibe, knurrt er.

Da sitzt er also, der Herr Professor Dr. Dr. med. habil. Werner L. Mang. Der berühmteste Schönheitschirurg Deutschlands. Der vielleicht wichtigste Bürger dieser

Stadt. Der Alleskönner mit dem Leistungs-Gen, der immer der Beste sein wollte, vielleicht sogar der Beste geworden ist und trotzdem nicht zufrieden sein kann. Reichtum macht ihn nicht glücklich, hat er mir am Telefon verraten. Jetzt ahne ich, warum: Mang wäre wohl nur glücklich in einer Welt, die ihn so sehr liebt wie Mang sich selbst. Ich denke lange darüber nach, ob ich mich auf einen Werbetext einlassen möchte. Die Antwort ist: nein.

«Und? Hod er di operierd?», fragt Max.

«So ähnlich.»

«Weischd, der Bub isch ned verkehrd, aber der isch hald schdreng. Der kann ganz schö auf 'n Putz haue, des hod scho sei Mutter immer gsagd.»

An diesem Abend ist uns so, als müssten wir in wenigen Stunden die vergangenen Jahre nachholen. Opa Max und Oma Hedwig wollen mir all das zeigen, was ich in zehn Sommern und zehn Wintern verpasst habe. Wir laden den Cadillac in den Pygmäenporsche, fahren über die Grenze zu den Bregenzer Festspielen, schleichen uns in die Proben der «Zauberflöte» und sehen zu, bis man uns freundlich rauswirft. Die beiden möchten mich zu ihrem Lieblingsgriechen einladen, weil ich doch so gerne im Ausland sei, aber das Lokal ist geschlossen.

Unsere Odyssee endet dort, wo sie begonnen hat: in Zech, in einem Gasthaus, das auch noch «Zecher» heißt und seinem Namen alle Ehre macht. Max hat seinen Rollator im Kofferraum gelassen und gegen einen Gehstock getauscht, weil ihm der Cadillac in seiner Stammkneipe peinlich ist.

Wenn ich noch einmal zehn Jahre vergehen lasse, werde ich vielleicht alleine im Zecher sitzen. Wo Familie ist, da ist auch Reichtum. Ich verspreche Max und Hedwig, dass ich im Winter zurückkehre. Spätestens im nächsten Sommer.

# Jenseits von Eden

## DER ALLERLETZTE PLAYBOY

Berlin. Starstraße. Zehn Uhr morgens. Die Pforte steht offen, die Haustür auch, und durch die Lobby taumelt ein barfüßiger Greis mit offenem Hemd und langen blondierten Haaren, der wirr auf den Boden starrt und sich einen Weg durch die tausend Gläser und Flaschen bahnt, die wie Strandgut auf seinem Teppich verstreut liegen. Im Vorbeigehen reicht er mir schlaff die Linke und begrüßt mich mit den Worten: «Ich war gestern im Puff.» Das also ist Rolf Eden, Großmeister des Niveau-Limbo: Immer wenn du denkst, peinlicher kann es nicht werden, unterbietet er sich selbst. Zu Gast in der Villa des letzten, nein, des allerletzten Playboys.

Rolf Eden ist Mitte achtzig, doch sein Geschlechtsorgan dürfte hundertfünfzig sein. Wie es ihm geht? Natürlich blendend. Wunderbar. Nie einen Tag krank gewesen. Macht das solide Leben. Kein Sport, viel Sex. «Es ist gut, wenn ein Mann oft abspritzt», hustet das Party-Schlachtross und deutet auf ein Sofa im Salon, das in den Farben einer Klitoris schimmert. «Wollen Sie was trinken?» Dass er vor zwei Jahren kopfüber die Kellertreppe runtergefallen ist, gegen eine Wand schlug und wochenlang mit einem

Blutgerinnsel im Hirn außer Gefecht war, verschweigt er lieber.

Werden wir alt, bleibt die Zeit in unseren Wohnungen irgendwann stehen. Normale Senioren leben zwischen Setzkästen, Nierentischen und braunen Wandschränken. Rolf Eden umgibt sich mit Weiß und Gold. Sein Haus ist überfüllt von Spiegeln, Säulen und poppigen Malereien, von denen die meisten ihn selbst zeigen. Es wirkt wie eine Disco aus den späten Achtzigern. Rolf Eden hat seine Berliner Nachtclubs, das Old Eden, das New Eden, das Big Eden, lange verkauft und vegetiert in seinen Erinnerungen. Überall stapeln sich Zeitungen, Ordner und Kartons mit Fotos und Schnipseln.

Während ich auf seiner Couch sitze, lehnt Eden an der Bar und zaubert einen Instantkaffee. Neben dem Wasserkocher liegt eine Salatschleuder. Ich weiß nicht, welche Orgien er in seinem Alter noch feiert, aber Toaster, Stabmixer, Kochplatten und Alufolie müssen dabei eine elementare Rolle spielen. Überall auf dem Boden und in den Regalen stehen Haushaltsgeräte. Die Fensterbänke bedecken Teller, Schüsseln und Schnellkochtöpfe. Blick nach draußen: Im Garten Eden steht ein Planschbecken, das Wasser darin ist grün.

Old Eden ist ein Exhibitionist. Er hat nie in einer geschlossenen Gesellschaft gelebt. Warum auch? Aus seiner Sicht ist jeder Tag, an dem er nicht in der Presse erwähnt wird, verschenkt. Die Leute sollen ihn ruhig verachten, Hauptsache, sie beachten ihn. Deshalb hat er mich zum Frühstück eingeladen, und später will er mir die «Paris Bar» zeigen, seine Lieblingsbar. «Bin immer noch jeden Abend weg, jeden Abend.» Eden reicht mir eine goldene Tasse mit seiner Visage darauf und setzt sich auf eine zweite Couch gegenüber. Er streckt mir seine blanken Füße auf dem Marmortisch entgegen und klemmt den linken Arm hinter die Rückenlehne. Mit dem rechten krault er eine goldene Hundestatue. Wie es so im Puff war? Großartig, ganz großartig. Toller Puff. Eigentlich eher ein Nachtclub. Fünfzehn bis zwanzig geile Weiber sitzen da an der Bar, und wenn man will, macht man was. Man muss aber nichts machen.

«Und? Haben Sie was gemacht?»

«Nein. Ich habe die Bardame besucht. Die war mal meine Freundin, und dann hat sie meinen Sohn geheiratet.»

«Ihr Sohn hat Ihre Exfreundin geheiratet?»

«Ja. Warum nicht?»

Man muss dazusagen, dass es in der Hauptstadt relativ schwierig ist, ein weibliches Wesen kennenzulernen, das nicht mit Rolf Eden im Bett war. Zumindest, wenn man Eden glaubt. Dreitausend Weiber, fünftausend, zehntausend, ach, was weiß ich, wie viele. Mit seiner Kopulationsquote dürfte er Frank Sinatra und Julio Iglesias locker in die Tasche stecken. Eden hat sieben Kinder von sieben Frauen. Seine älteste Tochter ist Mitte sechzig, sein jüngster Sohn noch ein Teenie. Sobald eine seiner Geliebten schwanger wurde, schmiss Eden eine Party und zog weiter. Willst du das Kind haben? Gut, aber dann ist es dein Vergnügen. Manche Verflossenen haben nie wieder etwas von ihm gehört, ein Gentleman schwängert eine Frau nie zweimal, meint er. «Die Weiber waren klug, die haben Kinder von mir gekriegt, und jetzt müssen sie sich keine Sorgen mehr machen.» Heute zahlt er seinen Exfreundinnen und den Früchten seiner Lenden dreißigtausend Euro Unterhalt im Monat. Vielleicht sind es auch nur zwanzig- oder fünfundzwanzigtausend, die Angaben variieren. Wie es seiner aktuellen Flamme geht? Wunderbar, ganz phantastisch. «Brischitt» macht gerade Sport. Hat 'ne Bombenfigur. Obwohl sie die älteste Freundin ist, die er je hatte.

«Wie alt ist sie denn?»

«Dreißig.»

Rolf Eden zu interviewen ist wie eine Partie Bullshit-Bingo. Man weiß schon, was kommt, weil er alles hundertmal erzählt hat und meint, dass jeder Journalist es noch einmal hören will. Prostitution? «Eine tolle Sache. Den Frauen gefällt es doch auch, wenn die Kerle es ihnen richtig besorgen!» Ist er wirklich der letzte Playboy? «Na ja, es gab den Gunter Dingsda. Aber der hat die Bardot geheiratet, und dann war es vorbei. Ein Playboy darf nie heiraten.» Was ihn antreibt? «Nur die Kohle und der Sex, ist doch klar. Ich habe in meinem Testament eine Prämie ausgelobt: Die Frau, die mich im Bett totreitet, bekommt zweihundertfünfzigtausend Euro. Deshalb geben sich die Weiber immer solche Mühe.»

So weit, so schlecht. Diese Phase muss man über sich ergehen lassen, sie dauert etwa eine halbe Stunde. Hat Eden seinen geistigen Darm entleert, kommt er zur Ruhe oder wird einfach nur müde. Dann öffnet sich ein Portal in Regionen seines Gehirns, deren Existenz man gar nicht vermutet hätte, denn dort spielt Geschlechtsverkehr keine Rolle. Jetzt ist gerade so ein Moment. Eden erzählt ganz nüchtern von seinem Leben als Geschäftsmann. Er sei Kapitalist, habe aber nie viel Geld auf dem Konto. Immer wenn er genug gescheffelt hat, sagt er, kauft er ein Haus. Achthundert Wohnungen sollen es mittlerweile sein. Acht. Hundert. Ich rechne.

«Also, nehmen wir mal an, fünfhundert Euro pro Mieter ...»

«Fünfhundert bis sechshundert Euro, ja.»

«... dann ist das 'ne knappe halbe Million im Monat.»

Eden lächelt. Er verändert sich. Der Playboy nimmt die Füße vom Tisch und bittet höflich um Verzeihung für seinen Auftritt. Normalerweise sei er um diese Uhrzeit noch gar nicht wach, aber gleich kämen zwei Handwerker, um seine Küche zu streichen, deshalb das Chaos. Ein gewöhnlicher Rolf-Eden-Tag sehe anders aus: Auferstehung zwischen elf und zwölf, Frühstück im Café am Roseneck, schön mit Wurst und Schinken, und anschließend noch eine Stunde Schlaf. Dann wird es bürokratisch. Jeden Nachmittag fährt Old Eden mit dem Rolls-Royce in sein Büro in Charlottenburg und geht für mindestens eine Stunde die Namen seiner neuen Mieter durch. Er will ganz genau wissen, wer wann wie und wo eingezogen ist. «Man muss immer alles kontrollieren, sonst denken meine Leute: Der Olle weiß doch eh nicht mehr, was passiert. Nein, nein.»

Das finde ich erstaunlich. Damit zeigt Rolf Eden, der Selfmade-Playboy, exakt das gleiche Verhalten wie Würth, der Schraubenmilliardär. Er will alles kontrollieren. Womöglich leidet auch Eden unter einem Trauma, das ihn zum Erfolg verdammt. Früher Tod des Vaters, Herzversagen, kurz darauf stirbt seine Mutter, Autounfall.

Noch erstaunlicher wird es, wenn man ein bisschen recherchiert. Anruf bei Conforma Immobilien-Management, seiner Hausverwaltung: Eden übertreibt nicht. Ihm gehören etliche Grundstücke und weit über zwanzig Häuser. Die meisten hat er ersteigert. Seit den späten Siebzigern investiert er in Immobilien und besitzt – tatsächlich –

etwa achthundert Wohnungen. Anruf in seinem Büro: Ja, richtig, sagt die Frauenstimme, Eden kommt jeden Tag, liest seine Post, prüft die Listen und studiert die Zeitungsartikel, die über ihn erschienen sind. Er bezahlt sogar eine Firma, die alle Ausschnitte für ihn sammelt. «Ick will keine Schleimspur ziehen», meint die Bürodame, doch ihr sei wichtig, zu erwähnen, dass er ein «herzensguter Chef» mit «vielen tollen Eigenschaften» sei. Streng, aber gerecht.

Das Portal schließt sich wieder. Was der Herzensgute über Armut denkt? «Nicht mein Problem.» Gibt er den Obdachlosen in der U-Bahn ab und zu Geld? «Ich fahr nicht U-Bahn. Da sehe ich die Typen nicht.» Wie fände er es, eine Stiftung für arme Kinder in Afrika zu gründen? «Bitte? Afrika? Die machen Kinder, und ich soll zahlen? Das ist nicht meine Sache.»

Jetzt ist er wieder Eden, der Arsch, wie wir ihn kennen. Die Kunstfigur eines Playboys im Endstadium. Wenn man so will, ist das seine Art, sich zu vermarkten. Die Medien möchten diesen Schwachsinn von ihm hören, also liefert er. Was hilft es ihm, sich in der Öffentlichkeit galant zu zeigen? Als Arsch im weißen Pimp-Anzug kann er sich für gutes Geld in eine Maischberger-Runde mit Frauenrechtlerinnen setzen und in Erinnerungen an seinen letzten Besuch im Flatrate-Puff schwelgen: «Das ist das Schönste überhaupt! Da liegen zwanzig Frauen, dreißig Frauen, alle mit den Beinen breit, und jeder kann kommen und machen, so viel er will. Also besser geht's doch nicht mehr für'n Mann.»

Das ist die Marke Eden, und sie hat wenig mit dem Menschen zu tun. Eine Zeitung hat ihn einmal zum peinlichsten Berliner gewählt. Was für eine Auszeichnung, meint er, einfach herrlich, und ich sage, dass ich ihn gar nicht so schlimm finde. Merkel, Mehdorn und Wowereit seien viel peinlicher. Jetzt muss Eden lachen, was ihm trotz seiner drei Liftings bemerkenswert gut gelingt. Danach sieht er mich seltsam ertappt an.

Es gibt einen wunderbaren Dokumentarfilm über sein Leben, der viel verrät, was Eden lange verheimlicht hat. Er kommt aus einer jüdischen Familie. Eden wird 1930 als Rolf Sigmund «Shimon» Sostheim in Tempelhof geboren. Sein Vater hat eine Kistenfabrik, seine Mutter ist Hausfrau. Nach der Machtübernahme flieht die Familie nach Haifa, wo seine Großeltern ein Hotel führen, das noch heute existiert. Mit achtzehn kämpft er in einer Eliteeinheit von Jitzchak Rabin, als Israel im Palästinakrieg von allen Seiten angegriffen wird. Manche halten ihn heute für einen Kriegshelden. Angeblich war er immer einer der Ersten, die mit der Waffe losstürmten. Eden selbst sagt, er sei einfach nur dumm gewesen.

Damals kommt seine älteste Tochter Irit zur Welt. Der junge Eden will unbedingt ein Kind, weil er befürchtet, den Krieg nicht zu überleben. Anfang der Fünfziger möchte er in die Staaten auswandern, um Hollywoodstar zu werden, doch sein Einreiseantrag wird abgelehnt. Also packt er Saxophon und Akkordeon und reist über Tel Aviv und Genua nach Paris, wo er sich als Musiker, Kellner, Chauffeur, Autohändler und Filmstatist durchschlägt. Warum er 1956 nach Berlin zurückkehrt? Nicht aus Heimatliebe, sondern aus Berechnung. Er hat in der Zeitung gelesen, dass die Bundesregierung jedem gebürtigen Berliner, der aus dem Ausland wieder in die Stadt wechselt, sechstausend D-Mark zahlt. Zunächst jobbt er als Staubsaugervertreter und Barkeeper bei den Amis, dann macht er mit dem Begrüßungsgeld seinen ersten eigenen Club auf, den Eden Saloon.

Er hat wenig Kohle, aber großes PR-Talent. Zur Eröffnung organisiert er einen römischen Triumphmarsch im Eden-Stil. Er lässt ein halbnacktes Mädchen, das in einem Autowrack sitzt, von zwei Kerlen in Badehosen über den Kudamm ziehen. Da er keine Bands bezahlen kann, stellt er im Club Musikboxen auf, später engagiert er die ersten DJs. Für Presse zu sorgen fällt ihm nicht schwer: Journalisten sind chronisch versoffen, das weiß er und richtet ihnen einen eigenen Stammtisch ein, all drinks for free. Frauen dürfen sowieso gratis in den Saloon. Wo Mädchen sind, da sind auch Männer, die wichtigste Regel in der Gastronomie.

Nach drei Jahren kann er sich einen weißen James-Dean-Porsche kaufen und stampft einen Club nach dem anderen aus dem Boden. Eden ist ein schillernder Pionier, der weiße Tiger im Nachkriegsgrau. Er bezahlt eine Blondine dafür, oben ohne aufzulegen. Er stellt Sitzbadewannen und Pools in seinen Discos auf und gestaltet einen Partyraum wie ein Klassenzimmer, mit Bänken und Tafel. Er gründet die erste Travestieshow in Berlin und veranstaltet die allerersten Miss-Wahlen. Er engagiert Akrobaten, Zauberkünstler, die California Dream Boys und Rita Cadillac, eine Stripperin aus Las Vegas, die sich auf dem Rücken eines Pferdes aus ihren Dessous schält. Klaus Kinski feiert mit Eden. Harald Juhnke feiert mit Eden. Telly Savallas, Roman Polanski und Paul McCartney geben sich die Ehre und auch die Kante, und die Stones pinkeln in seinen Rolls-Royce. Jemand hat einmal gesagt, Rolf Eden habe der Stadt das Licht zurückgegeben. Ausgerechnet Shimon, ein Israeli, rockte das Berliner Nachtleben.

Manchmal glimmt dieses Licht noch in seinen Augen. Dann erinnert er an Maria Schell in ihren letzten Jahren, als sie sich auf den Bildschirmen vor ihrem Sterbebett wieder und wieder ihre größten Filme ansah und weinte. Die Musik ist aus.

«Kennen Sie die noch?», fragt er und zeigt auf das Schwarzweißfoto einer bildhübschen Brünetten, die mir leider unbekannt ist. «Diese vielleicht?» Ich sehe mir eine bildhübsche Blondine an und schüttle den Kopf. Auch die dritte bildhübsche Exfreundin erkenne ich nicht. Sie alle waren Schauspielerinnen oder Mannequins und zu ihrer Zeit angeblich eine Sensation. Mittlerweile sind sie verstorben, oder ihre Namen sind lange verhallt. Nur Eden ist noch da. Als er sich über ein Fotoalbum beugt, in dem sein Playboyleben klebt, kann ich für eine Sekunde in seine Hemdtasche blicken. Ein Bündel Geldscheine, ein Wegwerf-Handy, eine Reihe Granufink-Tabletten.

Ob ihn diese Aufnahmen melancholisch machen? «Nostalgisch, nicht melancholisch.» Er sei noch nie unglücklich gewesen. Immer nur happy. «Happy, happy, happy.» Es gibt dazu eine gute Geschichte aus Israel. Ein alter Bekannter von Eden erkrankte an Krebs und klagte ihm sein Leid. Die Behandlung war teuer, und der Playboy überwies seinem Freund einen Haufen Geld. Er stellte nur eine Bedingung: Erzähl mir nie wieder etwas von deinem Krebs, von Krankheiten will ich nichts hören. «Das war kein Freund. Ich habe noch nie einen Freund gehabt!» Warum? Weil man dann irgendwann auf Beerdigungen gehen müsse, und so was mache ihn traurig.

Eden knallt das Fotoalbum zu, richtet sich auf, watet durch das Meer aus Zeitungen, Tellern und Tassen an sein weißes Piano und gröhlt. Singen kann man es nicht nennen. «Geld ist nicht wichtig, aber geil muss se sein!!!» Ich folge ihm und setze mich an einen Tisch, auf dem Lesebrillen, Werthers Echte, Penatencreme, ein Tablettenkalender und eine Packung Dextro Energen liegen. Eden grinst. Zauberei. Das Klavier spielt, obwohl der Alte seine Finger nicht bewegt. «So mach ich das immer. Das Mädel liegt auf dem Sofa und denkt, ich klimpere ihr was vor. Dabei bin ich schon lange auf dem Weg zu ihr und mache mich von hinten an sie ran.»

Eden will gerade zu einem seiner größten Hits ansetzen, «Nimm deine Füße aus dem Himbeersaft», da schiebt sich plötzlich ein Schatten auf sein Vogelgesicht, und seine Augen starren an mir vorbei ins Freie. «Hä? Was is'n das?» Ich drehe mich um. Eine gewaltige Nebelwolke zieht durch den Garten direkt auf uns zu. Irgendwo in der Nähe wird ein Haus abgerissen, oder der Tod kommt, um Old Eden zu holen und ihn mit sich in die ewigen Weiberjagdgründe zu nehmen. Weil der Staub durch die Fenster in die Villa dringt, machen wir uns vom Acker. Flucht aus Sodom.

Die Haustür bleibt offen, die Pforte bleibt offen, und Big Eden öffnet sein Garagentor. Dahinter versteckt sich ein schwarzer Rolls-Royce Convertible, Kennzeichen «B-RE-6000». Mit sechstausend Mark Begrüßungsgeld hat alles angefangen, und jetzt soll es noch nicht vorbei sein. Rückwärts auf die Starstraße. Der Nebel des Todes kommt näher. Trotzdem hält Big Eden für eine Sekunde inne, lässt das Verdeck herunter und nimmt zwei Panamahüte von der Rückbank. Wenn wir schon sterben müssen, dann wenigstens mit Stil. Er legt leichte Jazzmusik auf, tritt sanft aufs Gas, und wir folgen der geflügelten Kühlerfigur durch die Prachtstraßen von Berlin-Dahlem.

Edens blonde Haare wehen im Sommerwind, und er küsst die Luft. «Sie sind ein sehr sympathischer Mann», sagt der Playboy, und schließe ich jetzt die Augen, bin ich dem Abspann meines Lebens ganz nah. Ich fahre die Côte d'Azur entlang bis ins Licht. Öffne ich sie wieder, wird aus der Blondine neben mir ein verwelkter Dandy. Einer, der tausend Frauen hatte, aber vielleicht noch nie geliebt wurde. Einer, der behauptet, er wäre nie unglücklich gewesen, aber vielleicht noch nie glücklich war. Einer, der reich ist, weil er vielleicht nichts mehr zu verlieren hat.

Wir beenden unsere Runde und halten vor der Villa. Die Wolke ist weg, die Handwerker sind da. Zum Abschied reicht mir Eden noch einmal seine Linke, und im selben Augenblick hat er mich vergessen. Abends rufe ich ihn an und frage, wann wir uns denn in der «Paris Bar» treffen. Beim nächsten Mal, sagt er.

# Aggressive Eleganz

## COCKTAILS IN CANNES

«I tell you something: Walter is a bastard. He's a dirty fucking bastard born of rape!»

Ich weiß nicht, wer Walter ist, und es geht mich auch nichts an, aber mit diesen Sätzen empfängt mich das «Festival de la Plaisance» in Cannes, eine der bedeutendsten Messen für Luxusschiffe. Die Sätze spricht ein Yachtbroker, von dem man solche Worte nicht erwarten würde. Mit seinen schlanken Fingern hält er sich ein Blackberry an die bronzene Wange, auf der ein Drei- bis Viertagebart steht, den er am Morgen noch gestutzt hat. Das Deckhaar lang und mit Wachs gescheitelt, die Seiten kurz und sorgsam zurückgekämmt. Er trägt die Ray-Ban Aviator und den Chronographen Grand Carrera von Tag Heuer, klassisch, hochpreisig, aber nicht vulgär. Das weiße Hemd ist einen Hauch offen, die Manschetten ragen exakt anderthalb Zentimeter unter dem Sportsakko hervor, dessen oberster Knopf geschlossen ist. Ehering, nussbrauner Ledergürtel, leicht abgesetzte, silbergraue Hose. Seine italienischen Schuhe sind handgefertigt. Mit der Aura eines Aristokraten und der Attitüde eines Mannequins steht er also auf einem Sonnendeck und flucht. Was macht ihn so nervös?

Der Broker würde perfekt in die Szenerie passen, wenn er endlich die Fresse halten könnte, denn eigentlich ist das Festival ein Ort der Kontemplation. Zwischen «bastard» und «rape» hört man nur die Takelagen der Katamarane im Sommerwind, das Glucksen der Tender zwischen den Yachten und das Meer, wie es die schwimmenden Pontons im Vieux Port sachte auf und wieder ab bewegt. What a view. Eine Armada aus schneeweißen Schiffen vor der Kulisse der Grandhotels, der Altstadt und der Ruinen des mittelalterlichen Kastells, das auf dem Suquet-Hügel hoch über dem Boulevard de la Croisette thront. Der ganze Hafen ist mit roten Teppichen ausgelegt, über die nur schöne Menschen flanieren: Trader, Konstrukteure, Innendesigner, Bankiers und Hostessen auf hochhackigen Schuhen. Natürlich gibt es auch andere Bootsmessen, wie den «Salone Nautico Internazionale» in Genua oder die «Monaco Yacht Show», aber ein deutscher Luxusbootversicherer hat mir geraten hierherzukommen. «Vergessen Sie Monte Carlo», meinte er, «da haben Sie nur Menschenmassen und Lifestyle-Faschisten. Monaco ist eine Farce. Eine runtergetretene Pseudoveranstaltung, auf der geschäftlich kaum noch was läuft. Cannes ist um Welten interessanter.»

Am Empfang des Medienzentrums wartet eine alte Bekannte. Sophie, der Good Cop unter den vier Engeln von Rolf Sachs, reicht mir einen VIP-Pass und ein Bändchen. Es war nicht ganz leicht, sich für das Festival zu akkreditieren. Die Yachtpresse ist ein verschworener Haufen, und kritische Geister sind nicht gern gesehen. Ich musste mich schriftlich bewerben, mit Foto und Journalistenausweis, und vielleicht hat Sophie ein gutes Wort für mich eingelegt, denn nach ein paar Tagen kam das Okay. «Where are you staying?», lächelt sie. «Hilton», antworte ich knapp und hoffe, dass es irgendwo in Cannes ein Hilton gibt. In Wahrheit bin ich gestern im Ibis Budget abgestiegen. Ein Etablissement, das eher die Bezeichnung «Jugendherberge» verdient. Die Fenster sind winzig, die Wände kahl, im Foyer riecht es nach Zitrusreiniger und Erbrochenem.

Jetzt erkundigt sich Sophie nach meiner Anreise, und natürlich hatte ich meinen Traum vor Augen: offener weißer Mercedes, leichter Jazz, Sonnenuntergang, rechts die Schönheit, links das Meer. Stattdessen quälte ich mich allein über die überfüllte Küstenautobahn. Rechts Blech, links Blech, und von vorne blies mir die Air Condition feuchte Luft um die Nase. Traue nie einem Autovermieter. Eigentlich hatte ich einen Kleinwagen reserviert, aber der Mann am Flughafen in Nizza bot mir ein Upgrade an. Kostenlos. Benzin, Navi, Versicherung, alles inklusive. Plötzlich saß ich in einem schwarzen Astra-Kombi, Diesel, und ahnte nicht, dass dieses Schlachtschiff in den schmalen französischen Gassen ein Problem werden könnte. Ich kannte die Côte d'Azur nur aus James-Bond-Filmen, und Bond hat nie Probleme mit Haarnadelkurven, Anfahren am Berg oder Rückwärts-am-Hang-Einparken. Wenn James eincheckt, rollt er vor das Entree und lässt seine Autoschlüssel in die Hand des Portiers fallen. Das Ibis Budget beschäftigt keine Portiers. Mein Wagen parkt in einer klaustrophobisch engen Tropfsteinhöhle unter dem Hotel, und ich weiß immer noch nicht, wie ich ihn da reinbekommen habe. Es hatte etwas von Tetris und Doom.

«Fantastique», sage ich, «meine Anreise war superrelaxt!», und Sophie nickt zufrieden. Sie hat für mich ein Interview mit der Show-Managerin höchstpersönlich organisiert und bittet mich, schon mal in einem Sessel am weitgeöffneten Fenster Platz zu nehmen. Um mich herum sitzen Big Ponys, die üblichen Champagner-Journalisten mit Polohemden, Umhängepullis und Adlergesichtern. Sie sind mir schon am Terminal in Hamburg aufgefallen. Eine alte Clique. Man kennt sich, man umarmt sich, man jettet gemeinsam um den Globus und amüsiert sich: «Hey, weißt du noch damals in Florida? Die Frauen waren verrückt nach uns!» Die Ponys schreiben für Hochglanzmagazine wie «Yachting & Style», «Boote Exclusiv» oder «Skipper» und lassen sich hofieren. Ihre Aufgabe besteht darin, wo auch immer gerade Sommer ist, Segelschiffe zu testen oder auf einer Superyacht Probe zu sitzen. Was für ein Job.

Sophies Kollegin bringt mir einen Kaffee, und ich studiere das Presseprogramm. Es liest sich wie eine Getränkekarte: Willkommenscocktail im VIP-Club, Pressekonferenz mit Cocktails bei Mercury Marine, Cocktail-Empfang bei Sunreef Yachts, Pressekonferenz bei Dominator Yachts. Gefolgt von Cocktails. Was der Grund für die Trunksucht ist? Es ist kaum zu glauben, wenn man aus dem Fenster über die Milliarden sieht, die unter uns im Hafenbecken schwimmen, aber die Yachtindustrie steckt in einer Krise. Der Finanzcrash ist wie eine Flutwelle über die Branche gerollt. Einige Hersteller sind verschwunden oder stehen kurz vor der Insolvenz, andere wurden verkauft. In China, Russland, Brasilien, Indien oder den Emiraten läuft das Business noch, aber der Markt in Europa erholt sich nur in Slow Motion.

Eine Yacht ist kein «Return on Investment». Sie verbrennt einfach nur Dollars. Crew, Treibstoff, Reparaturen, Versicherungen, Steuern, Liege- und Marinakosten. Viele

Besitzer sind deshalb auf Charter umgestiegen, haben ihre teuren Schätzchen verkauft und den Markt mit Gebrauchtschiffen überschwemmt. So gibt es auf dem «Festival de la Plaisance» tatsächlich einen Secondhandhafen für den preisbewussten Superreichen.

Natürlich können sich manche CEOs nach wie vor mühelos eine Yacht und eine zwölfköpfige Crew leisten, doch das schickt sich nicht. Entlässt man fünfhundert Angestellte und schippert kurz danach durch die Karibik, gerät man schnell in einen moralischen Zwiespalt. Deutschlands Nummer sieben, der Schraubenkönig Reinhold Würth, hat damit offenbar kein Problem. Im Frühjahr 2009 verordnete er seinen Mitarbeitern Kurzarbeit und Gehaltskürzungen von fünfzehn Prozent. Gleichzeitig weihte er sein Fünfundachtzig-Meter-Spielzeug ein. Gerechtigkeit gibt es nur im Himmel.

«Die Talsohle ist erreicht, und bald geht es aufwärts!», jubelt die Managerin des Festivals, die mir jetzt gegenübersitzt. Sylvie Ernoult ist auf dem Wasser groß geworden. Sie kommt aus Le Havre in der Normandie, hat als Kind die Containerschiffe vorbeiziehen sehen und später im Management von Reedereien, Luxuslinern und Yachtwerften gearbeitet. Sie macht schöne Worte. Eine Superyacht sei ein wichtiges Investment. Ein Lifestyle. Eine Leidenschaft. «Die See ist die See, das Wasser ist das Wasser, und die Freiheit auf dem Ozean ist einzigartig.» Als ich sie nach den Highlights der Messe frage, fischt sie einen Zettel aus ihrem Blazer und empfiehlt mir mehr oder weniger alle vierhundertfünfzig Aussteller und alle fünfhundertfünfzig Yachten. Mir bleiben die Modelle «Predator», «Pershing» und «Dominator» im Kopf. «Warum immer so aggressive Namen?», will ich wissen, und sie antwortet, dass der Ozean nun mal rau und gefährlich sei. Man müsse auf dem Wasser Stärke zeigen. «Aber sicher hat es auch mit Männlichkeit zu tun. Männer müssen immer alles dominieren.»

«Robusto» klingt zwar maskulin, aber nicht sexy. Eher nach Eintopf. Wenn der Ölscheich seinem Filius zum Achtzehnten etwas Solides, Anständiges und Sicheres schenken möchte, entscheidet er sich für dieses Schiff. Dreiundvierzig Meter Länge, Platz für zehn Gäste und acht Crewmitglieder. Dazu ein unschlagbarer Preis: zehn Millionen Euro plus Mehrwertsteuer. Trotzdem scheint die Luxusyacht nur wenige Messebesucher im Secondhandhafen zu interessieren. Ihre Silhouette wirkt vielleicht etwas kantig und aus der Mode. Die «Robusto» ist eine zwanzig Jahre alte Luxusyacht, die gerade in Barcelona ein Refit bekommen hat. «Down to the metal!», ruft der Skipper, der im Heck sitzt und die Füße hochlegt. «Wir haben das Baby komplett auseinandergenommen, und jetzt ist es wie neu.» Er winkt mich heran, ich tausche meine Schuhe gegen Filzpantoffeln und komme an Bord.

Wer weiß, vielleicht wird die «Robusto» mein neues Hobby. Die See ist die See, das Wasser ist das Wasser, mein Bankkonto ist zwar mein Bankkonto, aber ich kann sicher noch handeln. Zurzeit wird das Schiff verchartert. Hunderttausend Euro pro Woche, Crew und Treibstoff inklusive, Haustiere auf Anfrage. Auch Spielzeuge sind im Preis inbegriffen: ein Beiboot, Wasserski, zwei Jetski, drei Donut-Schwimmreifen, ein Wakeboard, eine Angelausrüstung, ein paar Schnorchel und ein Seabob. Das ist eine Art Torpedo, an dem man sich mit beiden Händen festhalten und durch die Unterwasserwelt gleiten kann.

Der Skipper führt mich in den Salon, in dem drei Sofas mit Seidenbezug und ein langer, vollständig gedeckter Esstisch stehen. Das Interieur ist in Beige und Dunkelbraun gehalten: Weißeiche und Wenge, ein seltenes Tropenholz aus den Regenwäldern Zentralafrikas. Der Saal wird gerne für Businesstermine genutzt, weil man ihn mit Jalousien und Trennwänden von allen Seiten blickdicht verschließen kann. What happens in Vegas, stays in Vegas. Welche Kunden die «Robusto» zuletzt gebucht haben, darf der Skipper mir nicht sagen, nur, dass sie aus Saudi-Arabien, Südamerika und Russland stammen. Einzelne Geschäftsleute und Konzerne. «Aber Sie werden auf dieser Messe keinen Superreichen finden. Dafür haben die wirklich schweren Jungs keine Zeit. Die schicken einen Agenten, der sich mehrere Boote anschaut und mit uns die Konditionen verhandelt.»

Die «Robusto» ist ein Labyrinth. Wir marschieren durch Mahagonitüren treppauf und treppab von Badezimmer zu Badezimmer, von der Hauptkabine in die VIP-Kabine, von den Doppelkabinen in die Einzelkabinen in die Nanny-Kabinen in die Security-Kabinen in die Crew-Kabinen und in die Großküche, wo der Maître de Cuisine gerade eine Ente tranchiert. Nach einem Stopp auf der Brücke stehen wir im Schatten eines cremefarbenen Sonnenschirms auf dem Aussichtsdeck. Loungesofas, Chrom, Teakholz, Blick über die Marina, alles so makellos, unwirklich und traumhaft wie in der Raffaello-Werbung.

Trotzdem würde ich nach zwei Tagen auf dem Wasser Beklemmungen kriegen. Ich finde die Vorstellung, meinen Urlaub in einem schwimmenden Bienenstock zu verbringen, unheimlich. Auch der Skipper gibt zu, dass es anstrengend sein kann, wochenlang aufeinanderzuhängen. Er sieht die Crew und seine Klienten öfter als seine Ehefrau und lebt im modernen Sklaventum. «Man versucht, alles möglich zu machen. Wir arbeiten bis Mitternacht und stehen um acht wieder auf. Just for entertainment. Wenn der Klient nachts Wasserski fahren möchte, stellen wir keine Fragen.» Zum Goodbye verrät er mir noch ein kleines, schmutziges Geheimnis. Das Schiff war gerade zwei Monate unterwegs, rund um Sardinien, Korsika und Kroatien. Bald aber wird es für vierundzwanzig Stunden in tunesische Gewässer reisen. Warum? Die «Robusto» gehört zwar einer britischen Werft, und ihr Heimathafen ist Cannes, sie fährt jedoch unter der Flagge der Cayman Islands. Deshalb muss sie regelmäßig raus aus der EU, sonst sind irgendwann französische Umsatzsteuern fällig. Der Skipper deutet auf das größte Schiff der Ausstellung.

«Wenn Sie eine solche Superyacht von sechzig Millionen haben, sind das noch mal zwölf Millionen Steuern obendrauf. Das will keiner bezahlen.»

«Grenzt das nicht an Betrug?»

«Formulieren wir es so: Die Reichen wissen eben, wie man Geld macht und wie man es behält.»

Die Superyacht, auf die der Skipper gezeigt hat, ist eine Sechzig-Meter-Schönheit mit fließenden Linien und nennt sich «Diamonds Are Forever». Ich muss lange mit der Security und einem Manager diskutieren, bis ich die Königin des Festivals im Schnelldurchlauf besichtigen darf. Der Manager bittet eine langbeinige osteuropäische Hostess, mich durch die Yacht zu geleiten. Sie mustert mich, ist pissed, blickt den Manager vorwurfsvoll an, stöckelt los, und meine Filzpantoffeln haben Mühe, ihren High Heels zu folgen.

Im Hauptsalon vermischen sich Silber- und Goldtöne mit Perlmutt, Mahagoni und Elfenbein. Russen-Schick. Die «Diamonds Are Forever» scheint das ideale Schiff für Neureiche zu sein. In Indien sagt man: Wenn ein niedrig Geborener Reichtum erlangt, trägt er einen Sonnenschirm um Mitternacht. «TV screen behind paintings», leiert die Frau und deutet im Vorüberstaksen auf zwei in Gold gerahmte Malereien, auf denen gelangweilte Models gelangweilt gucken und gelangweilt rauchen. Neben dem gläsernen Aufzug im Treppenhaus hängt eine weitere schlechtgelaunte Lady im kurzen Schwarzen. Sie nippt an einem Martini, in dem eine Cocktailkirsche schwimmt, und blickt verächtlich auf mich herab.

Ich fürchte, meine Begleiterin ist aus einem ähnlichen Meisterwerk gehüpft. «TV screen behind mirror», gähnt sie in einem von hundert Badezimmern mit blankpoliertem Marmor und swarovskibesetzten Muscheln, dann geht es weiter in eines der Schlafzimmer. Wieder versteckt sich ein Fernseher hinter dem Bild einer Phlegmatikerin, aber ausnahmsweise ist die Kabine wirklich hübsch. In ihrer Mitte steht ein King-Size-Bett mit sieben Kissen. «Ist das der Master's Bedroom?», frage ich, doch Madame schüttelt den Kopf und rennt weiter. Das zweite Schlafzimmer ist noch schöner und noch größer und enthält noch mehr Kissen. Das muss der Master's Bedroom sein. «No, this is a VIP guest room.» Der Weg ins dritte Schlafzimmer führt über beleuchtete Treppen in einen kreisrunden Märchenraum mit Fenstern zu allen Seiten. Über der Spielwiese im Zentrum funkelt ein Sternenhimmel aus hundert LED-Lichtern. «THIS is the Master's Bedroom», sagt die Hostess, deutet ein halbes Lächeln an, lässt aber die Mundwinkel gleich wieder fallen und führt mich zurück ins Freie. Was sie mir vorenthält? Die Sky-Lounge, die Sauna und den Fitnessraum, den Spa-Bereich mit Masseur, den Helikopterlandeplatz, den Sternekoch und seine Freunde, die begehbaren Kühlschränke.

«All you need is money!», meint der Manager. «Sie schaffen das Geld ran, und wir erledigen den Rest.»

«Und woher nehme ich das Geld?»

«Danach fragen wir nicht.»

Die «Diamonds Are Forever» ist erst ein Jahr alt und soll neunundfünfzig Millionen Euro kosten. Ich versuche, den Manager auf fünfundvierzig Millionen herunterzuhandeln, doch er legt mir stattdessen die Charterpreise vor: 356 000 Euro pro Woche plus Crew und Treibstoff. Die Steuern halten sich in Grenzen, denn auch dieses Schiff ist auf den Cayman Islands gemeldet. Wer der Eigentümer ist, will mir der Mann nicht verraten. Es handle sich um einen Amerikaner, der lieber anonym bleiben wolle. Sein Name ist jedoch leicht herauszufinden. Die «Diamonds Are Forever» gehört John Staluppi, einem Selfmade-Millionär aus Brooklyn, der seine Karriere als Tankwart begann, zum größten Autohändler der USA avancierte und eine Schwäche für James-Bond-Filme haben soll. Manche halten ihn für einen Mafioso.

Frage: Was passiert, wenn man die «Robusto» klont und zweimal hintereinander ins Hafenbecken legt? Antwort: Dann wird einem klar, wie gigantisch das Luxusspielzeug von Reinhold Würth sein muss. Frage zwei: Was bekommt man, wenn man die «Diamonds Are Forever» dreimal klont und ein einziges Schiff daraus macht? Dann hat man die «Azzam», mit sagenhaften hundertachtzig Metern die größte Yacht der Erde. Eine schwimmende Festung mit U-Boot und Raketenabwehrsystem, die fünfhundert Millionen Euro verschlungen haben soll und während des Baus zweimal verlängert werden musste, damit sie nicht als Nummer zwei der Welt vom Stapel läuft. Momentan überragt sie die «Eclipse» von Roman Abramowitsch um genau siebzehneinhalb Meter.

Die «Azzam» gehört einem speziellen Freund von mir, dem saudi-arabischen Investor Prinz Alwaleed Bin Talal, der mit seiner Kingdom Holding an Apple, McDonald's, Amazon, eBay, Walt Disney, der Four-Seasons-Kette und bestimmt hundert anderen Global Playern beteiligt ist. Er wurde berühmt, als er den Herausgeber des Forbes-Magazins wegen Verleumdung verklagte. Forbes hatte das Vermögen des Prinzen auf lächerliche zwanzig Milliarden Dollar geschätzt und ihn unter den Superreichen der Welt nur auf Platz sechsundzwanzig taxiert. Eine Beleidigung, fand Alwaleed und ließ aufgebracht verlauten, er gehöre in die Top Ten.

Damals schrieb ich ihm einen Brief und schickte den Umschlag auf die lange Reise von Hamburg nach Riad. Ich bot Seiner Königlichen Hoheit demütig meine Hilfe an und versprach, ich könne ihm Gerechtigkeit verschaffen. Er möge mich nach Saudi-Arabien einladen und mir seinen unermesslichen Reichtum vor Augen führen, damit ich der Welt berichten könne, wie vermögend er wirklich ist. Meine Zeilen trieften vor Pathos, ich warf mich verbal in den Staub, und vielleicht bekam ich deshalb tatsächlich eine Antwort. Nach zwei Monaten, ich konnte es nicht glauben, meldete sich Carolyn, eine Dame aus Boston, die Alwaleed gegenüber der westlichen Presse vertritt. Wohl auch weil Carolyn deutsche Wurzeln hat, ihre Verwandtschaft wohnt in Kaiserslautern, kann sie mich gut leiden.

Wir haben oft und ausgiebig telefoniert, bis sie mein Anliegen der rechten Hand des Prinzen vortrug.

Folgende Antwort erreichte mich drei Wochen später: Der Prinz sei interessiert und durchaus bereit, mir eine Audienz zu gewähren. Allerdings unter einer Bedingung. Er habe das Gefühl, dass meine bisherigen Interviewpartner nicht bedeutend genug seien. Der Rahmen werde ihm noch nicht gerecht. Wenn es mir gelänge, ein Kaliber wie Bill Gates, Warren Buffett oder Donald Trump an Land zu ziehen, würde er mich mit Freuden empfangen. Inschallah.

Es gibt Superreiche, die sich nicht von Marktgesetzen oder ethischen Bedenken leiten lassen. Für sie ist eine Megayacht ein unverzichtbares Statussymbol. Deshalb geht der globale Männlichkeitsvergleich in diesem Segment munter weiter, und die Branche rüstet sich. «Wir sind bereit», erzählt mir eine Italienerin am Stand von Fifth Ocean Yachts und behauptet, ihre Werft könne Luxusschiffe von bis zu dreihundert Metern bauen, falls einer ihrer russischen oder katarischen Kunden mal so richtig die Sau rauslassen wolle. Dreihundert Meter. Damit wäre das Boot länger als die Titanic und fast so groß wie die Queen Mary 2. Ich bin so perplex, dass ich mich diesmal auf ein ernsthaftes Verkaufsgespräch einlasse. Wir setzen uns, die Dame präsentiert mir einen Hochglanzkatalog, und ich zeige Interesse an einem Einsteigermodell von vierundzwanzig Metern, das sie mir in der Standardausstattung schon für 3,6 Millionen Euro anbietet. Ein Schnäppchen.

«Wie machen Sie das?», will ich wissen, und sie gibt mir eine überraschend ehrliche Antwort: Fifth Ocean Yachts produziere in der Ukraine, wo Strom, Stahl und Aluminium erschwinglich sind. Die Werft befinde sich in Mykolajiw am Schwarzen Meer, früher der wichtigste Schiffbauhafen der Sowjetmarine. Jetzt habe man von Kriegsschiffen auf Luxusyachten umgesattelt. «Ich lade Sie gerne mal nach Mykolajiw ein! Sie müssen keine Angst haben, alles ist zu hundert Prozent sicher. Keiner kommt rein, ohne seinen Ausweis zu zeigen.» Man wisse ja, flüstert sie, dass die Ukrainer auf den ersten Blick etwas spröde und ungehobelt sind. Eigentlich seien es aber sehr herzliche und gastfreundliche Menschen, die sich mit wenig zufrieden gäben. Mit sehr wenig. «Schauen Sie, die Lohnkosten da unten sind ein Witz», lacht sie. «Was bekommt ein ukrainischer Arbeiter die Stunde? Fünf Dollar? Wahrscheinlich noch weniger. Das ist nichts. Gar nichts!»

Welcome-Cocktail für die Presse. Im VIP-Club auf dem Dach des Medienzentrums sitzen schon die Big Ponys und stoßen an. Madame Ernoult, die Show-Managerin, hält eine kurze Begrüßungsrede, und dann schwirren Sophie und die anderen PR-Ladys wie Animierdamen um uns herum. Sie fragen, ob es uns gut gehe und ob wir noch Wünsche hätten. Eines der Mädchen gesellt sich zu mir. Sie kommt aus London, spricht aber perfekt französisch, weil ihre Eltern ein Ferienhaus in Cannes besitzen. Früher hat sie viel Zeit hier verbracht. Wir bestellen Martini und blicken über die Bucht, die sich in der untergehenden Sonne langsam rot färbt. «Gott, ich liebe diese leichte Brise», haucht sie, «der Wind gibt Cannes so viel Atmosphäre.» Ich solle mir doch nur die wundervollen Silhouetten der Boote ansehen. Dieser Look. So klassisch. «Where are you staying?», fragt sie. «Carlton», antworte ich und stürze den Drink.

Tag zwei. Bagger, Presslufthämmer und Asphaltiermaschinen, die vor dem Ibis Budget die Straße pflügen, holen mich aus dem Schlaf. Die Baustelle scheint sich durch halb Frankreich bis ins Zentrum von Cannes zu ziehen. Unten auf dem Boulevard vor den Grandhotels sitzen Rentner im Schatten der Palmen und husten, die Hutverkäufer kiffen, die Taxifahrer spielen Schach, und die Touristen in den Cafés sind in die Frühstückskarte vertieft. Es gibt sie seit einiger Zeit auch auf Russisch. Busse und Motocyclettes rasen durch mein müdes Hirn. Auf der Terrasse des Salon de Thé verziehen zwei Zombies die gemachten Gesichter, echauffieren sich über einen Laubsauger auf dem Trottoir und verzehren ernst und angestrengt ihren Toast. Direkt neben ihnen verstümmelt ein Gärtner eine unschuldige Hecke mit seiner elektrischen Schere, und irgendwo in der Nähe, business as usual, tobt sich jemand an einer Kreissäge aus.

Auf dem «Festival de la Plaisance» ist es absolut friedlich. Niemand flucht, niemand ruft: «Fuck», niemand beschimpft irgendeinen Walter als Bastard. Es ist die perfekte Simulation einer makellosen Phantasiewelt. Ich lasse mich treiben und folge dem roten Teppich eine Runde durch die ganze Ausstellung. Mag sein, dass die Reichen diese Messe nicht persönlich beehren, und doch könnte man ein Psychogramm von ihnen erstellen, wenn man das Angebot betrachtet. Aus meiner Sicht lassen sich die Yachtkäufer in drei Gruppen einteilen. Die CEOs, Oligarchen und Mafiapaten suchen nach Privatsphäre und Sicherheit. Auf dem Meer können sie ungestört Geschäfte machen und müssen wenig Angst vor Spionage, Attacken oder Entführungen haben. Für den sportlichen Reichen ist die See tatsächlich die See und das Wasser das Wasser.

Er interessiert sich für die majestätischen Segler und die Katamarane. Dann gibt es noch die Prolls. Ihre Agenten landen garantiert bei Sunseeker, dem größten Stand auf dem Festival, wo die Tender zwischen den Booten so knallrot sind wie der Lippenstift der Damen.

In vorderster Reihe steht die «Black Legend», eine pechschwarze Yacht, die wie ein Piratenschiff gestylt ist und an Captain Jack Sparrow erinnert. Lieber noch würde ich die «Predator 80» besichtigen: Die sogenannte «Performance-Motoryacht» ist wie der Kopf einer Kobra geschnitten, macht rasante sechsundvierzig Knoten und bietet trotzdem Platz für acht Gäste und zwei Crewmitglieder. «Lassen Sie sich einen Termin geben», heißt es. Als ich ein paar Stunden später zum Termin erscheine, werde ich gebeten, einen neuen zu vereinbaren, und dann sind plötzlich alle Termine belegt. Stattdessen drückt man mir einen Katalog in die Hand.

Schade, ich hätte gerne mit jemandem über eine unschöne Story gesprochen. Vor zwei Jahren hatte Sunseeker zur «Baltic Cruise» eingeladen, einer Testfahrt für ausgewählte, gutbetuchte Kunden. Nach dem gemeinsamen Barbecue bretterten acht Yachten durch die Ostsee. Eine «Predator», das größte Boot im Konvoi, fuhr vorweg. Am Steuer saß ein deutscher Unternehmer, der mit seinen dreitausendsechshundert Pferdestärken wahrscheinlich überfordert war, denn in der Lübecker Bucht raste das Raubtier mit siebzig Stundenkilometern über einen Windsurfer hinweg.

Die «Zeit» hat damals beschrieben, was von dem Mann übrig blieb. Sein linkes Bein wurde von der Schiffschraube zerhäckselt, der rechte Fuß hing nur noch an einer Sehne. Die Nase war gebrochen, ein Lungenflügel angerissen, ein

Augenlid gespalten. «Er sah aus, als sei er durch einen Mähdrescher gezogen worden», wird der Leiter der Unfallchirurgie am Uni-Klinikum Lübeck zitiert. Ein Bein musste amputiert werden, der Surfer überlebte als Krüppel, aber statt um Vergebung zu bitten, ließ die Gegenseite ein haarsträubendes Gutachten erstellen: Der Surfer hätte ausweichen müssen, er sei der «Predator» von hinten in die Schraube gefahren. Die Bundesstelle für Seeunfalluntersuchung kam zu einem ganz anderen Ergebnis: Der Surfer habe bei der Geschwindigkeit des Boots überhaupt keine Chance gehabt. Am Ende wurde der Raser zu acht Monaten auf Bewährung und einer Geldstrafe verurteilt, entschuldigt hat er sich nie.

Die Gutachter fragten sich, warum der Mann das Unfallopfer nicht bemerkt hatte. Immerhin fuhr der Windsurfer mit einem knallroten Segel. Sie kamen zu dem Schluss, dass das martialische «Predator»-Design die Sicht für den Fahrer erheblich eingeschränkt haben musste. Der böse Blick der Yacht entsprach ihrer Meinung nach ganz und gar nicht der Norm. Sunseeker reagierte darauf mit Anwälten und wütenden Klagedrohungen, denn ihren Kunden geht es um Style. Ihr Schiff soll eine Waffe sein. Sie wollen Goldfinger oder Blofeld spielen. Gäbe es einen schwimmenden Todesstern, Sunseeker-Kunden wären begeistert.

«Aggressive Eleganz» – mit dieser Begriffsschöpfung beschreibt die Firma Dominator das Styling ihrer Schiffe. Vor dem Messestand hält ein schwarzer McLaren mit Flügeltüren, daneben ein schweres, handgefertigtes Motorrad des dänischen Designers Lauge Jensen. Es ähnelt einer Harley und ist in einer vergoldeten Version für sechshundertfünfzigtausend Euro zu haben. Jensen und

Dominator sind ein Joint Venture eingegangen. Sie bieten die weltweit erste Motorrad-Tenderbox an, in der man seinen Feuerstuhl wasserdicht auf dem Sonnendeck verstauen kann. Im Yachthafen hebt man die Box mit einem Mini-Kran an Land und donnert los. So könne der stolze Dominator-Besitzer nicht nur das Meer, sondern auch die Straße dominieren, heißt es in einem PR-Text.

Big Ponys nähern sich der Bar, Hostessen mixen Cocktails, und es sieht so aus, als würde die Pressekonferenz gleich beginnen. In den weißen Ledersesseln neben mir sitzen drei pummelige französische Yachtjournalisten und zeigen sich gegenseitig ihre Werbegeschenke, die sie aus Plastiktüten hervorholen. Englisch, Deutsch, Russisch, jede Sprache liegt in der Luft.

Ein Chinese mit einer roten Krokodillederjacke springt wie Jackie Chan auf der Yacht herum, die uns gleich vorgestellt werden soll. Es handelt sich um die neunundzwanzig Meter lange «Dominator Avantgarde», einen schwimmenden Kampfjet mit viertausendachthundert Pferdestärken, dessen Überrollbügel auf dem Fly-Deck an die hinten aufragenden Flossen einer MiG-29 erinnern. Nun tritt ein Schöngeist vor die Presse. Alberto Mancini hat den Kampfjet designt und versucht, seine Vision von aggressiver Eleganz zu erläutern. Weißer Marmor, Onyx, Flüssigkristall, Edelstahl, Leder. Mancini redet leise. Viel zu leise und am Publikum vorbei. Ich glaube, er spricht über Dynamik, stromlinienförmige Konturen und Vorbilder aus dem Tierreich. Die Kiemen eines weißen Hais könnten ihn zu den Schlitzen an beiden Flanken der Yacht inspiriert haben. Wenn ich das Schiff betrachte, würde ich aggressive Eleganz so interpretieren: Mancini hat den fluchenden Yachtbroker, dieses «Fuck» brüllende und «Bastard» schimpfende Model in italienischen Schuhen, aufs Wasser übersetzt. Sein Schiff ist ein hübsches Arschloch.

Weil Mancini so wirkt, als bereite ihm sein Vortrag Schmerzen, sind alle erleichtert, als er einen Werbeclip startet. Ich weiß nicht, ob es Absicht ist, aber das Video folgt der Dramaturgie eines Erotikfilms: Schwenk über die See auf eine unschuldige Yacht, die vor einer Insel ankert und sich in den Wellen wiegt. An Deck steht eine brünette Grazie mit etwas zu viel Lippenstift und hellblauem Lidstrich. Sie hält die Augen geschlossen, badet in der Sonne und schützt den Kopf mit einem Chanel-Tuch. Schwenk auf ihr Bikinioberteil, das sie noch schüchtern unter der Bluse verbirgt. In einer der nächsten Szenen ist die Schönheit balzbereit. Sie liegt halb entblößt auf einem Handtuch im Bug des Schiffs. Nun nähert sich der Dominator. Ein Beau im lässigen blauen Hemd, der aus einer Gauloises-Werbung stammen könnte. Schnitt. Der Dominator legt sich zu ihr. Schnitt. Er hat seinen Arm um sie gelegt. Schnitt. Vorspiel beendet. Nun sitzt der Dominator am Steuer, bereit, seinen Motor zu starten, dabei massiert das Model seine Schultern und öffnet lüstern die Lippen. Die Kamera entfernt sich. Vollgas. Der Dominator zerteilt das Meer und hinterlässt eine beachtliche Spur aus weißem Schaum im Wasser. Er ist ein echter Kerl. Schnitt. Das Pärchen sitzt in der Skylounge und trinkt Cocktails. Schnitt. Die Nanny schaut vorbei. Sie hat das Söhnchen der beiden mitgebracht, und der Dominator begrüßt es mit einem Stupser auf das Näschen. Wie süß. Alle kichern, dann darf der Junior den Kampfjet auch mal steuern. Schnitt. Das Modelpärchen ist wieder kinderfrei und blickt über das glitzernde Meer. Ein herrlich sorgloser Tag im Paradies. Ende.

Die Presse applaudiert. Endlich Cocktails. Cheers! Der Chinese mit der Krokodillederjacke brüllt irgendwas, nötigt die Hostessen zu einem Gruppenfoto und macht mit beiden Händen das Peace-Zeichen. Eine der Damen reicht mir ein Schmuckkästchen mit Dominator-Logo. Ich finde darin einen USB-Stick aus Metall, der wie eine Superyacht geformt ist. «Das ist unsere Pressemappe», lächelt das Mädchen und lädt mich für den Abend zu einem großen Yacht-Turn mit den Big Ponys ein. «Wo übernachten Sie?» – «Grand Hyatt», seufze ich.

Ich bin schon bereit zu gehen, als ich mit einem Österreicher ins Gespräch komme. Ob er auch zu diesem seltsamen Stand gehöre, will ich wissen, und der Mann drückt mir seine Visitenkarte in die Hand. Es ist der Präsident persönlich, der Oberdominator. August Wolfgang Pernsteiner hat die insolvente italienische Firma vor drei Jahren übernommen und angeblich aus den roten Zahlen geführt. Er dreht sich für eine Sekunde weg und klopft einem Big Pony auf die Schulter. «Guter Artikel!», ruft er. «Bald kommt einer, der ist noch viel besser!», gibt der Reporter zurück. Ich frage den Präsidenten, wer eigentlich dieser Krokodilleder-Chinese ist. «Ein möglicher Investor», erklärt er mir, «sehr sympathischer Mann, nicht wahr?» Der Markt in der EU sei nun mal komplett zusammengebrochen, und viele Kunden kämen heutzutage aus Fernost, da müsse man mit der Zeit gehen. Als ich mit ihm über Dominanz und Aggressivität auf dem Wasser diskutieren möchte, meint er, ich müsse das alles nicht so ernst nehmen: «Ich sag Ihnen was: Yachtbesitzer sind keine Banditen. Wer eine Yacht kauft, dem sollte man einen Orden verleihen!»

Statt im Hilton, im Carlton oder im Grand Hyatt verbringe ich den Rest des Tages im Ibis Budget. Ich halte meinen Kopf nicht stolz in den Wind, sondern senke ihn demütig. Die Ponys bereisen das weite Meer auf einem großen weißen Schiff, mein Mageninhalt schifft durch meine Speiseröhre in ein kleines weißes Becken. Zu viele Cocktails. Zu viel Sonne. Von allem zu viel.

# Monaco

## STADT DER DIEBE

Sie sät nicht, sie erntet nicht, sie sammelt nicht in die Scheunen, und unser himmlischer Vater ernährt sie doch. Seit Jahren residiert Marianne Baronin von Brandstetter im Fairmont, einem der exklusivsten Hotels von Monaco, angeblich für eine fünfstellige Summe im Monat. Wenn der Morgen sie wachküsst, schlüpft sie in einen frisch gestärkten Bademantel und blickt von der Terrasse über den Pool direkt auf das Mittelmeer. Vielleicht frühstückt sie in ihrer Suite. Vielleicht lässt sie sich auch ins Café de Paris chauffieren und sieht von der Terrasse aus zu, wie gegenüber die Touristen vor dem Casino Monte Carlo posieren. Im Juli die Briten, im August die Russen, im September die Italiener und die Deutschen das ganze Jahr. Sie macht Ferien. Wovon, das weiß nur sie allein.

Die Baronin gehört zu Monaco wie Gracia Patricia, Fürst Albert und seine Charlène. Manche sagen, sie sei eine Sekretärin, die reich geschieden ist. Steht ein gesellschaftlicher Anlass bevor, macht sie sich aufwendig zurecht. Madame hat ein Faible für englische Hüte. Als ich sie zum ersten Mal sah, balancierte sie eine dreistöckige schwarzweiße Sahnetorte auf dem Kopf, trug eine meterlange Perlenkette zweimal um den Hals, und an ihren Fingern funkelten Edelsteine, so groß wie Wachteleier. Damals gab sie sich die Ehre in einer deutschen Talkshow, deren Thema so verblödet war wie das Fernsehen selbst: «Schluss mit der Heuchelei! Gier macht glücklich!» Die Baronin war die Krönung der Runde. Sie erzählte von Miami, New York, Paris und ereiferte sich über eine junge Kapitalismuskritikerin, die zwar aus bürgerlichem Hause kam, sich aber nur von Resten aus dem Müll der Supermärkte ernährte. «Seit einer halben Stunde sitze ich nun neben Ihnen. Wissen Sie, was ich rieche? Container, Abfall!», stichelte sie und empfahl dem Mädchen, doch etwas Parfüm aufzutragen. Was für ein Auftritt.

Madame von Brandstetter ist eine Dame, die erobert werden möchte. Als ich das erste Mal im Fairmont anrief und nach ihr fragte, ließ sie mich nicht durchstellen. Sie sei «trop occupée», richtete der Empfangschef aus, viel zu beschäftigt. Beim zweiten Mal bestellte man mir, sie habe gerade die «Lawyers» im Haus, ihre Anwälte. Im dritten Anlauf probierte ich es mit einer Notlüge. Ich sei ein sehr guter Freund von Gunilla von Bismarck und Thomas Kramer, gab ich dem Rezeptionisten zu verstehen. Et voilà: Das Jetset-Netzwerk funktionierte hervorragend. Plötzlich hatte ich die Baronin am Apparat, und unser Plausch endete, wie ich es in diesen Kreisen schon mehrmals erlebt hatte: «Bon, wenn Sie in Monte Carlo sind, dann hinterlassen Sie Ihren Namen, und wir können einen Kaffee haben.» Klick und fertig.

Jetzt stehe ich in der Lobby des Fairmont Monte Carlo und schreibe einen Brief. Die Concierge hat mir eine Karte, einen Kugelschreiber und ein schwarzes Kuvert auf den

Tresen gelegt, und ich versuche, meine Worte mit Bedacht zu wählen:

> Sehr verehrte Baronin Marianne von Brandstetter,
>
> bitte verzeihen Sie meine Aufdringlichkeit, aber vielleicht erinnern Sie sich an unser charmantes Telefonat. Mein Name ist Dennis Gastmann, ich bin ein Schriftsteller aus Hamburg, und es wäre mir eine Ehre, über Ihr aufregendes Leben schreiben zu dürfen. Ich weiß, Sie haben viel zu tun, aber vielleicht ergibt sich die Chance.
>
> Herzliche Grüße et à bientôt.

Die Concierge versiegelt den Umschlag mit spitzen Fingern, und ich biete Ihr an, den Namen der Baronin noch einmal zu buchstabieren, doch sie lächelt nur und schüttelt den Kopf: «Monsieur, mit Verlaub, Madame von Brandstetter ist seit einem Vierteljahrhundert unser Gast.»

Leider kann ich nicht im Fairmont absteigen. Es würde mein Budget pulverisieren, wie wohl jedes Hotel in Monte Carlo. Meine Unterkunft, ein Haus mit zwei Sternen, steht in Frankreich, exakt drei Schritte hinter der Landesgrenze zu Monaco. Die Villa Boéri ist zwar geschmückt wie ein Bordell, voller Kitsch und gesprungener Spiegel, und ihre Wände sind dünn wie Geldscheinpapier, aber es soll von manchen Zimmern aus möglich sein, durch zwei Hochhäuser hindurch das Meer zu erahnen. Mein Zimmer hat keine Fenster, dafür ist es bezahlbar. «Wie hoch sind denn die Parkgebühren?», frage ich die Madame, die unten am Tresen hockt, fernsieht und quarzt. Ich habe mein Schlachtschiff in einer Tiefgarage irgendwo im Grimaldi-Felsen gelassen. «Monsieur, das hängt davon ab, ob Sie Ihren Wagen im Parkhaus auf der französischen oder der monegassischen Seite abgestellt haben. Hier in Frankreich sind es zehn Euro pro Nacht. Da drüben zwanzig.»

Kein Land der Erde ist so dicht besiedelt wie dieser Zwergstaat. Die Monegassen tummeln sich in ihrer Bucht wie die Robben auf der Sandbank. Jeder Zentimeter ist zubetoniert, und die Silhouette von Monaco, das meine ich ernst, ähnelt Berlin-Marzahn bis ins Detail. Sogar das Hotel der Baronin ist ein Plattenbau. Der Unterschied ist wohl das Licht, das diesen Ort Tag und Nacht in den Farben von Edelsteinen funkeln lässt. Morgens ist Monte Carlo weiß wie Kristall, später glimmt es wie Bernstein, und wenn die Sonne verschwindet, wechselt es von Rubin über Smaragd zu Saphir, bis die Straßenlaternen, die Kronleuchter in den Lofts und die Kerzen auf den Yachten leuchten. Dann ist Monaco Lapislazuli, tiefblau mit Einschlüssen aus Gold.

Angela Kleiber strahlt wie ein Diamant. Ich möchte die Luft um sie herum in Flaschen abfüllen und als Glückselixier verkaufen. Selten habe ich eine Person getroffen, die so sehr mit sich zufrieden schien. Ihre Welt ist weichgezeichnet und dreht sich wie in Zeitlupe um sie selbst. Ganz langsam lässt sie ihr langes blondes Haar über die linke Schulter in ihr Dekolleté fallen, dabei lugt ein Träger ihres Büstenhalters kokett unter ihrem Cocktailkleid hervor. Die Luxusmaklerin thront an ihrem Schreibtisch, als sei sie die Gottesmutter der drei nackten Englein auf dem Gemälde über ihrem Haupt. Wenn sie spricht, hält sie manchmal ihre Lider für eine kleine Ewigkeit geschlossen, bis ihre Wimpern auf einmal zu zittern beginnen und ihre

Augen aufflackern, um sich neu zu entflammen. Sie ist eine Diva. Ich sitze auf einem Leopardensofa und bewundere ihre Grazie. Klassik füllt den Raum, und es duftet nach Orchideen.

Ihr Mobiltelefon klingelt. Eine Klientin.

«Bonjour? Bonjour Véronique, comment ça va? Ça va bien, merci. À onze heures, Véronique? Bien sur. Aha. Mhm. Exact. Je comprends. Merci, au revoir. Wo waren wir stehengeblieben, Monsieur Gastmann?»

«In Nizza.»

«Ah ja, genau. Kennen Sie ‹Match Point› von Woody Allen? Das ist der Film, der mein Leben ganz gut beschreibt.»

«Match Point» ... Ich krame in meinem Gehirn. Soweit ich mich erinnere, geht es um einen mittelmäßigen Tennisprofi, der mehr Glück hat als Talent. Er lernt eine Frau aus reichem Hause kennen, heiratet sie und zieht mit ihr in ein gläsernes Penthouse an der Themse. Irgendwann rennt er Scarlett Johansson in die Arme und lässt sich von ihr verführen. Sie wird schwanger und setzt ihren Liebhaber unter Druck: Er soll sich zwischen ihr und seiner Ehefrau entscheiden. Das macht er auch. Weil dem Tennisprofi das süße Leben wichtiger ist als die süße Scarlett, erschießt er sie mit einem Jagdgewehr, vertuscht die Tat und kommt durch einen Zufall ungestraft davon.

Angela Kleiber wurde in der hässlichsten Stadt der Welt geboren, Plattling in Niederbayern. Da sieht es aus, wie man sich früher Ostdeutschland vorgestellt hat, erzählt sie, aber «so richtig hässliches» Ostdeutschland. Die Madame ist eines von vier Kindern und sehnt sich nach einer hübscheren Umgebung. Sie ist «fasziniert von Schönheit» und unendlich erleichtert, als sie ihr Vater, ein wohlhabender Ingenieur, mit zehn Jahren auf ein Internat in Marburg schickt. Im Landschulheim Steinmühle ist es recht schön, doch sie will mehr. Nach dem Abitur studiert sie ein bisschen Politik in München und denkt sich: «Mein Gott, München gefällt mir nicht so gut, ich gehe nach London.» Also studiert sie ein bisschen Anglistik in London und denkt sich: «Mein Gott, London gefällt mir nicht so gut, ich gehe nach Nizza.»

«Und dann?»

«Hach, mein ganzes Leben war ein einziger Zufall.»

In Nizza studiert sie ein bisschen Literatur, und eines Abends geht sie ein bisschen aus. Im «Jimmy's» trifft sie eine alte Internatsfreundin, die damalige Geliebte von Roberto Rossellini. Man parliert, man scherzt, man trinkt, und weil man sich so gut versteht, öffnet sich die Tür zur Hautevolee. Über ihre Freundin und den italienischen Regisseur lernt Madame Kleiber die hohe Gesellschaft der Côte d'Azur kennen. Bald hat sie beste Kontakte und denkt sich: «Mein Gott, ich würde gerne als Maklerin arbeiten. Mein Vater hatte doch so viele Immobilien.»

Wieder geht Angela Kleiber aus. Diesmal begegnet sie einer Studienkollegin, die ihr von einer Zeitungsannonce erzählt. Ein Immobilienbüro, ausgerechnet das größte von ganz Monaco, sucht eine neue Agentin. Obwohl sie zu jener Zeit kaum Französisch spricht und viele hochkarätige Konkurrenten hat, bewirbt sie sich und bekommt den Job. Nach zwei Jahren ist sie die beste Verkäuferin im Stall, schließt einen Vertrag nach dem anderen ab und denkt sich: «Mein Gott, warum übernehme ich nicht gleich die ganze Firma?» Glücklicherweise ist die damalige Besitzerin mittlerweile eine gute Freundin, die sich ohnehin zurückziehen will.

«So kam das alles», haucht die Madame und rührt in ihrem Café Court. Heute gehört ihr das nach eigenen Angaben immer noch führende Maklerunternehmen Monacos, Lorenza von Stein Luxury Real Estate Worldwide. Wie viel man für eine Wohnung im Fürstentum investieren muss, möchte sie mir lieber nicht verraten. Madame kokettiert. Die Preise seien unanständig, viel zu hoch, aber sie gibt zu, dass sie gut von den Provisionen leben kann. «Nein, also Sorgen muss ich mir nicht mehr machen.» Der Quadratmeter in Monte Carlo liegt im Durchschnitt irgendwo zwischen vierzig- und fünfzigtausend Euro. Momentan bietet Madame Kleiber eine Dreizimmerwohnung mit Meerblick für dreizehn Millionen Euro an. Außerdem eine Luxusresidenz, zweihundertzwanzig Quadratmeter mit großer Südterrasse, für neunzehn Millionen und eine Parzelle aus drei komplett renovierten Appartements mit fünfhundertsechzig Quadratmetern Wohnfläche und hundertachtzig Quadratmetern Terrasse, Preis auf Anfrage. Natürlich hat sie auch kleinere Appartements im Programm. «Alles! Alles, was Geld bringt!» Letztens habe sie sich so ein richtiges «Wohnklo» angesehen, «gar nicht schön», siebenundzwanzig Quadratmeter mit Blick nach Norden, winzige Terrasse nach hinten raus, «hässliches Gebäude», kein Parkplatz, kein Keller: eine Million Euro. So was in einer Stadt wie Monaco, in der doch alles laut, stressig und überfüllt sei. Der Lärm! Die Touristen! «Aber man kauft eben nicht die Immobilie, man kauft den Steuervorteil, nicht wahr?»

So ist es wohl. Keine Einkommenssteuer, keine Vermögenssteuer, keine Steuern auf Kapitaleinkünfte und eine humane Erbschaftssteuer. Das Leben kann so unbeschwert sein. Man braucht dafür nur einen festen Wohnsitz im Stadtstaat, muss ein paar hunderttausend Euro hinterlegen und sich die Hälfte des Jahres hier aufhalten. Zumindest offiziell. In einer geschlossenen Gesellschaft, wo jeder schuldig ist, ist es das einzige Verbrechen, sich erwischen zu lassen. Der Satz stammt leider nicht von mir, sondern von Hunter S. Thompson. Madame Kleiber nennt ihr Büro «superinternational». Ihre Makler sprechen Deutsch, Französisch, Englisch, Italienisch, Bulgarisch, Russisch und alles Mögliche. Wer ihre Kunden sind, verrät sie nicht. Woher sie ihr Geld nehmen, auch nicht. Man sei in Monaco sehr diskret, sagt sie.

Die Maklerin hat ihren Kaffee ausgetrunken und wirkt etwas angespannt. Ich vermute, sie möchte Véronique, ihre Kundin, zurückrufen. Hole ich zu einer neuen Frage aus, untermalt sie meine Worte mit «Mhm», «Aha», «Jaja». Subtext: Es war reizend mit Ihnen, aber jetzt sollten wir auch zum Schluss kommen, bitte schön.

Ich will nur noch eine Sache wissen: Gibt es eigentlich Armut in Monaco? «Oh, ganz viel! Man ist schockiert, man ist schockiert!» Letztens habe sie folgende ungeheuerliche Szene an der Supermarktkasse erlebt: Da war dieser Mann, der sah eigentlich ganz normal aus, und dann holt der plötzlich, es ist ja nicht zu fassen, diese Tickets, diese Essensmarken aus der Tasche, gleich zehn davon. Nein, man könne ja nicht glauben, wie ärmlich diese Leute leben und wie einfach ihre Wohnungen seien. Manchmal frage man sich doch, wie normale Menschen ihre Miete zahlen. Nicht nur hier in Monte Carlo, sondern auch in London, New York oder Paris.

Wenn sich Madame Kleiber nach Normalität sehnt, fährt sie mit ihrem zweiten Mann, einem Fotografen, an die Riviera nach Ventimiglia, ein kleiner italienischer Ort kurz hinter der französischen Grenze. Dort sei es so hässlich wie in Plattling, und man könne ganz gewöhnliche Dinge tun, die gewöhnliche Menschen täten: in einem Strandrestaurant eine Pizza essen oder auf den Markt gehen wie in einem Fellini-Film. «Wissen Sie, früher hat meine Tochter immer so eine Serie gesehen, die heißt: ‹Die Camper›. Kennen Sie das?»

«RTL, richtig?»

«Genau. Also, das konnte sie sich nicht vorstellen. Da wohnen Leute auf einem Campingplatz, grillen sich Würstchen und haben so banale Gespräche. Das war für sie ganz interessant.»

Auf einem Vordach neben dem Boulevard sitzt eine Möwe. Neben ihr im Kies liegt eine leere Flasche Champagner, ein Necessaire, ein Damenhöschen und ein Wodkaglas. Im Yachthafen steht eine Kita mit einem kleinen eingezäunten Spielplatz, vor dem ein Porsche, ein Aston Martin und ein Maserati parken. In dem Käfig toben Kinder in blütenweißen Kleidern, die Sophie, Joséphine oder Geneviève heißen und vielleicht niemals erfahren werden, was ein Campingplatz oder eine Thüringer ist.

Immerhin gibt es hundert Meter von meinem Hotel etwas Einfaches. Etwas Durchschnittliches. Ein kleines bisschen Realität. Das «Le Regina», eine Snackbar mit Plastikstühlen, wird im Internet mit zwei von fünf Sternen bewertet. Man könne hierherkommen, wenn es schnell gehen müsse, heißt es in einem Kommentar, oder wenn man einfach mal Lust auf Tiefkühlprodukte habe. Sergej Chernitsyn wollte mich hier treffen, weil das Bistro direkt neben seinem Appartement liegt. Er trinkt einen Cappuccino, später einen zweiten und entscheidet sich, nichts zu essen, was weise ist, denn der Mozzarella in meinem Salat schmeckt sauer.

Chernitsyn ist neu in Monaco, doch er hat schon seine Hassobjekte gefunden: die Makler. Sie ziehen ihn aus bis auf die Socken. Er musste drei Mieten als Courtage bezahlen, drei weitere im Voraus überweisen und noch mal drei als Kaution hinterlegen. Außerdem schlägt die Agentur zwei Jahre lang zehn Prozent Provision auf die Miete. Deshalb würde sich Chernitsyn gerne ein Haus oder eine Eigentumswohnung kaufen. Er hat sich drüben in Frankreich, drei Minuten zu Fuß von hier, eine Immobilie angesehen. Fünf Zimmer, drei Etagen, hundertfünfzig Quadratmeter, vierhunderttausend Euro, perfekt, aber eben nicht in Monaco. «Hier bekommst du nichts Ordentliches unter fünf Millionen, und du musst dir das so vorstellen: Wenn der Makler nur eine einzige Wohnung verkauft, kann er seine Mitarbeiter für ein ganzes Jahr bezahlen. Unfassbar. Diese Schweinehunde.»

Eine Mücke kreist um unseren Tisch. Chernitsyn schreibt eine SMS nach der anderen. Mein Gesprächspartner ist blass, zeigt wenig Humor und wirkt etwas unheimlich. Gerade kommt er von einem Meeting in Athen, morgen früh fliegt er für einen Tag nach Mailand. Wer der Mann ist? Das ist unwichtig. Ich spreche eigentlich nicht mit ihm, sondern mit jemand anderem, den ich kennenlernen möchte. Sergej Chernitsyn ist die rechte Hand eines Oligarchen, der das Fürstentum aufmischt, weltweit für Schlagzeilen sorgt, aber keine Interviews gibt. Russische Medien nennen ihn den großen Schweiger. Der Mann ist einer der geheimnisumwittertsten und reichsten Menschen der Erde. Er soll noch wesentlich vermögender sein als Roman Abramowitsch. Vor kurzem hat er für über dreihundert Millionen Dollar ein Penthouse in Monte Carlo gekauft, einen tausendsechshundert Quadratmeter großen Palast der Belle Époque mit Bars, Shops und einem Park auf dem Dach. In Monaco kursieren viele Gerüchte über ihn. Er soll seinem Chauffeur zwanzigtausend Euro am Tag bezahlen und jedem Kellner im Restaurant tausend Euro Trinkgeld zustecken. Manche sagen, er verderbe die Preise und hätte lieber in Russland bleiben sollen.

Sein Name ist Dmitri Jewgenjewitsch Rybolowlew, auch «Kali-König» genannt. In den Wirren des einstürzenden Sowjetreiches riss er sich den Düngemittelhersteller Uralkali in Perm unter den Nagel. Wie genau die Nummer abgelaufen ist, erfährt man nicht. Es heißt, dass Rybolowlew sein Haus nur mit schusssicherer Weste verlassen konnte und mehrere Mordanschläge überlebte. Mittlerweile hat der Oligarch sein Imperium verkauft, ist ins Bankgeschäft eingestiegen und vermehrt seine Milliarden über Holdings.

«Es wundert mich, dass Sie ihn unbedingt interviewen wollen. Bei Wikipedia steht doch alles über ihn», murmelt Chernitsyn und tippt auf seinem Handy herum. Er hat schon wieder eine SMS bekommen.

«Da steht was von Knast», sage ich.

«Moment, warten Sie eine Minute, ich muss eben eine Flasche Rotwein kaufen.»

Chernitsyn geht los und biegt um die Ecke, während ich mein Handy aus der Tasche hole, um noch einmal Wikipedia zu konsultieren. Mitte der Neunziger, heißt es da, saß der Kali-König zehn Monate in Untersuchungshaft, weil er angeblich einen Konkurrenten umbringen ließ. Als ein Belastungszeuge seine Aussage plötzlich widerrief, kam er auf freien Fuß.

Chernitsyn kehrt mit einer Flasche Pinot noir zurück. Er hat gleich noch eine Verabredung. «Wenn es bei Wikipedia steht, wird es wohl stimmen», sagt er, «das ist kein Geheimnis. Weißt du, manche werden von so was gebrochen, ihn hat der Knast stärker gemacht. Diese Erfahrung ist seine Kraft.»

Ich möchte wissen, warum Rybolowlew schweigt. Ist er schüchtern? Hat er etwas zu verbergen? Fürchtet er sich vor Wladimir Putin, der ihn angeblich gezwungen hat, sein Konsortium zu verkaufen?

Chernitsyn antwortet mit einem langgezogenen, gleichgültigen «Pfffffffft». Dann liefert er mir einen trivialen Grund, den ich wirklich nicht erwartet habe: Der Oligarch hat Angst um sein Geld. Er steckt in einem barbarischen Scheidungsprozess, und jedes Wort, das er an die Presse gibt, muss von seinen Anwälten dreimal geprüft werden. Es genügt eine unglückliche Formulierung, und seine Exfrau lässt ihn vor Gericht ausbluten wie ein Lamm, dem man die Kehle aufgeschnitten hat. Man munkelt, dass er gewaltige Summen auf die Konten seiner Tochter transferiert, um sein Geld in Sicherheit zu bringen. Jekaterina studiert in New York und hat sich gerade die teuerste Wohnung der Stadt gegönnt, ein über sechshundert Quadratmeter großes Appartement am Central Park für achtundachtzig Millionen Dollar. Braucht sie mal eine Auszeit von ihrem stressigen Uni-Alltag, reist sie nach Skorpios, auf die sagenumwobene Privatinsel von Aristoteles Onassis. Jekaterina hat sie für hundert Jahre geleast. Onassis, der auf der Insel begraben liegt, verfügte in seinem Testament, dass Skorpios niemals verkauft werden darf.

Man könnte Rybolowlew, den schweigenden Kali-König, auch den Sammler nennen. Wer weiß, was er zu kompensieren hat. Er besitzt die «Maison de l'amitié», ein gewaltiges Anwesen am Strand von Palm Beach, das früher dem Multimilliardär Donald Trump gehörte. Weil der Oligarch so gerne surft, hat ihm Will Smith seine Zwanzig-Millionen-Dollar-Villa auf Hawaii überlassen. Die Kunstsammlung des Russen wird auf siebenhundert Millionen Euro geschätzt, natürlich leistet er sich eine Hundert-Millionen-Dollar-Yacht, und ich habe keine Ahnung, was sein Airbus A319 gekostet hat. Am meisten Aufsehen erregte er, als er den AS Monaco übernahm. Seitdem investiert er wie ein Besessener in den Club.

«Pfffffffft ... Nicht Rybolowlew investiert, sondern sein Trust. Das ist wichtig.»

Wie auch immer. Seit der Oligarch Vereinspräsident ist, wechselt so ziemlich alles, was Beine hat und kicken kann, in das Fürstentum. Unter ihm ist Monaco von der zweiten französischen Liga in die Beletage und direkt in die Champions League marschiert. Geld schießt Tore, wer Tore schießt, verdient Geld, und wer Geld verdient, zahlt nicht gerne Steuern. So einfach ist die Rechnung. Doch während der FC Barcelona und der FC Bayern ihre Stadien vergrößern, möchte Rybolowlew die monegassische Arena angeblich verkleinern und auf VIP-Logen setzen. Monte Carlo ist ein Dorf, und der Oligarch kann jeden seiner Zuschauer per Handschlag begrüßen.

«Was hat er mit dem AS Monaco vor?»

«Pfffffffft ... Keine Ahnung. Da müssen Sie den Trust fragen. Fußball ist kein gutes Geschäft. Es geht nicht um Geld, es geht um das Spektakel. Wie im alten Rom.»

«Was bedeutet ihm Geld?»

«Pfffffffft ... Wir reden nicht darüber.»

«Wie ist er so privat?»

«Pfffffffft ...»

Chernitsyn ist in sein Handy versunken. Wenn ich mir Fotos von Rybolowlew ansehe, bekomme ich keine Lust, mit ihm surfen zu gehen. Manchmal zeigt er sich auf der Ehrentribüne des Clubs. Dann sind seine Augen kalt, und seine Haut ist Wachs. Er ist der Mann ohne Eigenschaften. Der Oligarch strahlt nichts aus, aber er scheint die Emotionen der Menschen um ihn herum aufzusaugen wie ein schwarzes Loch.

«Hat er viele Schatten? Bodyguards?»

Chernitsyn atmet aus und bestellt die Rechnung. «Du würdest sie nicht erkennen. Sie tragen keine Anzüge und keinen Knopf im Ohr.» Der Russe deutet auf einen Hünen, der wortlos an unserem Tisch vorbeizieht. «Dieser Mann arbeitet zum Beispiel für uns. Er ist Advancer.» Ich müsse mir das so vorstellen: Will der Milliardär in diesem Bistro einen Salat mit verdorbenem Mozzarella essen, tauchen seine Späher schon eine Stunde vorher auf und checken die Lage. Ist alles safe, rollt sechzig Minuten später eine dunkle Limousine an. «Das ist doch das Tolle an Monte Carlo. Nirgendwo auf der Welt kann sich mein Boss so frei bewegen wie hier. Wenn du Lust hast, gehst du mit Diamanten um den Hals spazieren, und du parkst dein Auto, wo du willst. Wenn es nicht im Halteverbot steht, ist es nach drei Wochen immer noch da. Garantiert.»

In keinem Land der Erde wimmelt es so vor Polizisten. Die Mordrate geht gegen null. Vor dreißig Jahren erschlug ein Italiener einen Antiquitätenhändler mit einer Champagnerflasche, danach blieb es ruhig, bis ein schwerkranker Bankier Ende der Neunziger in seinem Penthouse verbrannte. Sein Krankenpfleger hatte das Feuer gelegt. Eigentlich wollte er die Flammen löschen und den Multimillionär heldenhaft retten, um sich die Gunst der Familie zu erschleichen. Doch dummerweise geriet der Brand außer Kontrolle. Sonst ist in Monte Carlo nicht viel passiert. Wie auch? Die Polizei kann das Fürstentum in Sekunden hermetisch abriegeln. Monaco ist ein Überwachungsstaat wie Weißrussland oder Nordkorea, mit dem Unterschied, dass die Monegassen unbedingt überwacht werden wollen. Fünfhundert Kameras kontrollieren jeden Winkel dieser Enklave und zeigen Tag für Tag denselben Film. Seine Hauptdarsteller sind Diebe. Sie rotten sich in ihrer Piratenbucht zusammen und harren gemeinsam aus, um der Gesellschaft nichts von ihrem Reichtum abgeben zu müssen. Ihre Welt ist ein Gefängnis, und sie haben sich selbst darin eingeschlossen.

Im Musée océanographique von Monte Carlo lebt eine Muräne. Ein Monsieur Blanchet hat sie vor fünfundvierzig Jahren gefangen und dem Museum geschenkt. Sie ist braun, hat azurblaue Augen, und wie alt sie ist, weiß nur sie selbst. Kein Meeresbewohner ist schon so lange hier wie sie. Was sie tut? Sie atmet ein, und sie atmet aus, sonst nichts. Ihr Aquarium ist so winzig, dass sie sich kaum wenden kann. Ich sehe ihr zu, wie sie aufrecht hinter einem Stein kauert, stoisch verharrt und die Jahrzehnte vergehen lässt.

Mein Handy klingelt. Es ist die Baronin Marianne von Brandstetter. «Monsieur, ich gehe jetzt auf die Bank und dann in die Therme. Wir können uns im Hotel de Paris treffen. Halb vier in der Lobby. Ich habe dreißig Minuten für Sie. Danke.» Klick und fertig.

Wenn sich Menschen in Hotelhallen verabreden, tun sie das nie ohne Absicht. Lobbys sind kein guter Ort für

Geheimnisse. Sie sind hellhörig, überfüllt, und meistens stehen die Tische viel zu eng zusammen. Ich habe mich mit Informanten im Atlantic und im Vier Jahreszeiten in Hamburg getroffen, im Kempinski in München, im Adlon in Berlin und im Mandarin Oriental in London. Es ist immer das Gleiche: Die Gesprächspartner inszenieren sich. Sie geben ihrem Ego Raum und halten Hof wie Könige in einem fremden Schloss.

Das Hôtel de Paris ist hundertfünfzig Jahre alt und befindet sich im Herzen von Monte Carlo, direkt neben dem Casino und der Opéra. Betritt man die Halle, schießt Ehrfurcht durch die Wirbelsäule und strafft den Rücken. Ich kann es mir noch verkneifen, vor dem Portier zu salutieren. Doch als er mich fragt, ob er mir helfen dürfe, verrate ich ihm sofort meinen Namen, den meiner Gesprächspartnerin und den Anlass unseres Treffens. Ich kann nicht anders, ich muss alles gestehen, ich wäre ein schlechter Geheimagent.

Die Halle ist hoch wie das Innere einer Kirche. Säulen, Stuck, weiße Salonstühle mit rotem Samt. Aus einer hellblauen gläsernen Kuppel hängt ein Kristallleuchter herab, und vorne im Eingang steht eine Reiterstatue. Die rechte Fessel des Pferdes ist blank poliert, weil die Casinogäste ihre Hände daran reiben, um das Glück zu beschwören und am Ende doch alles zu verspielen. So hat sich das Fürstentum, das einmal der ärmste Staat Europas war, seinen Reichtum ergaunert. Irgendwo in diesem Haus, hinter einem Spiegel, soll es eine versteckte Bronzetür geben, die über einen Lift und einen geheimen Gang direkt in das Casino führt. Es ist ein Trauerpfad. Ein Fluchtweg für Verlierer, denen das Hotel die Schmach ersparen möchte, mit gesenktem Haupt und heruntergelassenen Hosen durch die Lobby laufen zu müssen. Heute lebt Monaco vom Tourismus und von seinen Banken, die etwa achtzig Milliarden Euro verwalten. La banque gagne toujours, die Bank gewinnt immer.

Selbstverständlich lässt die Baronin auf sich warten. Zwanzig Minuten lang stehe ich wie ein Schuljunge hinter einer Vitrine und schiele zur Drehtür. Als ein Rolls-Royce vorfährt und Madame von Brandstetter die Lobby betritt, erkenne ich sie erst auf den zweiten Blick. Keine Perlenketten, keine Sahnetorte auf dem Kopf und kein Zuckerguss auf den Wangen. Sie hat sich dezent geschminkt, die goldenen Haare nach hinten gekämmt und wirkt in ihrem Sommerkleid erstaunlich natürlich. Nur der obszön große Edelstein an ihrer Rechten erinnert an ihre mondänen Auftritte.

Wo die Lady mit Hut geblieben ist? Das sei nur eine Rolle, lächelt die Baronin, eine Kunstfigur, von den Medien erschaffen. Die Fernsehsender wollen die aufgetakelte Giftspritze sehen, na gut, tut sie ihnen eben den Gefallen. In Wirklichkeit sei sie nicht mondän. Sie gebe sich nur so. «Parlez-vous français?», fragt sie, und ich nicke. «Gut. Dann bestellen Sie mal.»

Die Baronin ist ein kesses Früchtchen. Obwohl sie die Siebzig lange überschritten hat, hockt sie wie ein junges Mädchen auf ihrer Bank und lässt ihre Puppenfüße munter über den Marmor baumeln. Ihre Gesten füllen den Raum, und ihre Gesichtszüge verschmelzen mit den Spiegeln, den Fresken und den Galionsfiguren, so als sei sie in dieser Lobby geboren worden. Sie bekommt einen Kaffee mit einem Schuss warmer Milch, ich trinke einen Earl Grey und erzähle von dem Oligarchen und seinen Advancern. «Jaja, die Russen», seufzt die Baronin und bricht einen

Keks, «sie sind laut und furchtbar. Keiner will sie haben, weil sie nicht ‹bitte› oder ‹danke› sagen können, und eins ist sicher, ihr Geld ist gestohlen. Alles gestohlen. Hundertprozentig. Sie haben es außer Landes gebracht, und jetzt kaufen sie ganz Europa auf. Ich war gerade zur Kur auf Sardinien, alles voller Russen. Wollen Sie die andere Hälfte?»

Ich bedanke mich für die Keksecke und höre der Dame einfach nur zu. Sie kann umwerfend gut erzählen. Hach, sie habe ja noch die alten Russen kennengelernt, die ganz alten Russen, die Prinzen, also die seien ja so was von kultiviert gewesen und gar nicht laut. Sehr zurückhaltend, gut gebildet, mit denen habe man sich sofort angefreundet. Ganz ein anderer Menschenschlag, längst ausgestorben, wie schade. Dann seien die Araber gekommen, danach die neureichen Russen und jetzt die «Tschainesen». Ihr Exmann habe ja schon vor vierzig Jahren in Acapulco zu ihr gesagt: «Marianne, glaube es mir, die Tschainesen kommen.» Unmöglich, habe sie damals gedacht, aber voilà, wie man sich doch irren kann. Ob sie manchmal von Monaco gelangweilt sei? Ach, nein, nein, sie sei ganz glücklich, aber manchmal sage sie sich: Heute passt es mir nicht mehr hier, ich möchte jetzt nach Deutschland, Spanien, Amerika. Da werde dann gleich ein Flug gebucht und ein Auto bestellt.

«Ich bin nur den Sommer über in Monaco. Ich wohne ja auch in Miami, in der Schweiz und in New York, aber meine Lawyers sagen, ich soll sechs Monate hier sein. C'est la vie.»

«Wegen der Steuer?»

«Ja, eigentlich schon. Wissen Sie, das ist Reichtum für mich: Independency. Machen, was man will, und nicht jeden Tag aufstehen, sich anziehen, zur Arbeit gehen.»

«Ich weiß, was Sie meinen.»

«Also das wissen nicht nur Sie, mein Lieber. Das habe ich auch lange gekannt, ja?»

Nun breitet die Baronin ihr ganzes Leben vor mir aus. Sie verrennt sich, sie widerspricht sich, und kaum ein Wort ist nachprüfbar. Doch mit jedem Kapitel, das sie eröffnet, reise ich mit ihr in eine märchenhafte Welt.

Nürnberg. Zweiter Weltkrieg. Die Baronin, damals noch Marianne Porzel, ist fünf Jahre alt, und ihre Eltern, ein deutscher Arzt und eine Schweizerin, haben sie in einen Kinderwagen gesetzt. Natürlich kann sie schon laufen, aber so kommt die Familie schneller durch die Menschenmassen, die sich versammelt haben, um einer Rede beizuwohnen. Auf dem Podest steht ein böser Wicht mit Schnurrbart, der Marianne Angst macht. «Warum schreit der denn so?», fragt sie und ahnt nicht, wer der Mann ist und welch schlimme Zeiten dem Land bevorstehen.

Als Nürnberg von den Amerikanern bombardiert wird, flieht sie mit ihren Großeltern auf ein Schloss bei Regensburg. Manchmal fragt sie sich, warum in der Küche immer so unglaublich viel gekocht wird. Bis sie eines Tages das oberste Stockwerk betritt und einen Riesenschreck bekommt: Unter dem Dach wohnen Menschen. Männer, Frauen und Kinder, die sie noch nie zuvor gesehen hat. Wahrscheinlich versteht Marianne noch nicht, was Juden sind, warum der Großvater sie versteckt hält und die Großmutter fast stirbt vor Sorge. Es kommt, wie es kommen muss: Die Gestapo klopft an die Schlosstür und holt Josef, den Großvater, ab.

«Er wurde déporté, und dann ist er mit einem Panzer zurückgekehrt.»

«Mit einem Panzer?»

«Oui, oui. Josef war schon auf dem Weg nach Auschwitz, aber die Amerikaner haben den Konvoi aufgehalten und ihn nach Hause kutschiert.»

Bald zieht es sie nach Genf, in die damalige Stadt ihrer Träume. Wenn sie auch kein Wort Französisch spricht, so liebt sie doch diese Sprache, findet sie schick und poetisch. Sie ist jetzt eine junge Geschäftsfrau und führt drei eigene Kosmetikstudios. Jeden Tag pendelt sie über die Mont-Blanc-Brücke von Salon zu Salon und hat selten Muße, den Jet d'Eau zu bewundern, der aus dem Genfer See über hundert Meter hoch in den Alpenhimmel schießt. Mittags nimmt sie ein schnelles Sandwich und einen Kaffee zu sich, das ist alles, abends bleibt sie zu Hause und wäscht die Wäsche, damit morgens wieder alles schön weiß ist. Sie schuftet, wie sie sagt, fünfzehn Stunden am Tag.

«Schauen Sie, ich musste unglaublich viel arbeiten. Heute sind die Leute doch so lange in den Ferien. Aber ich habe zwanzig Jahre keinen Urlaub gemacht.»

«Da hatten Sie ja einiges nachzuholen.»

«Voilà, das hole ich jetzt alles schön nach», kichert sie, und der Garçon bringt ihr einen zweiten Kaffee. «Un peu de lait chaud s'il vous plaît, noch ein bisschen warme Milch, ja?»

Mit achtzehn heiratet Marianne zum ersten Mal. Keinen reichen Mann, aber einen schönen. Zu schön. Er ist groß, stark, hat breite Schultern, schwarzes Haar und strahlend blaue Augen, doch ihm fehlt der Kopf. Die Ehe hält nur fünf Jahre. Oder zwei. Da ist sich Madame heute nicht mehr ganz sicher. Besser kurz als gar nicht, sagt sie sich nach der Scheidung und bleibt lange solo, bis sie eines Tages zu einem Fest an die Côte d'Azur eingeladen wird.

Der Gastgeber ist Russe, ein sehr bekannter Mann, der ihr «netterweise» eine kleine Studiowohnung in Monte Carlo überlässt.

«Und wann haben Sie den geheiratet?»

«Um Gottes willen. Ich hatte nichts mit dem Russen, keine Affäre, gar nichts, es war kein Exchange, es war wirklich Freundschaft. Nein, mein zweiter Mann, das war der Baron von Brandstetter Hubicki. Er war Ungar, sein Vater Österreicher und seine Mutter eine polnische Prinzessin.»

«Ach so.»

Diesen ungarischen Baron lernt sie bei einem Backgammon-Turnier in Mexiko kennen. Er führt das legendäre Hotel «Las Brisas» und besitzt die schönste Villa von Acapulco. In seiner «Casa de la Tranquilidad» ist alles aus Marmor und Onyx, und die Spieltische stehen direkt im Pool. «Ach, Sie sprechen Deutsch?», fragt der Baron. «Ja, ich spreche Deutsch!», antwortet Marianne, und so geht alles seinen Gang, «babapi, babapam». Mensch, was wäre das toll, wenn du den heiraten würdest, flüstert ihr eine Freundin zu, der hat so ein schönes Haus.

«Ja, und dann habe ich den geheiratet.»

«Verstehe.»

«Noch einen Keks?»

Nun ist Marianne also eine Baronin und macht aus dem Haus der Ruhe einen Partypalast. Die Society geht ein und aus: Henry Kissinger und seine Frau Nancy, Buzz Aldrin und Neil Armstrong, Barbara Walters, Richard Nixon, Lyndon B. Johnson, die Davidoffs und ach, ich glaube, das würde jetzt zu weit führen. Nebenbei lernt sie, wie man Verträge schließt. Damals wird noch alles per Handschlag besiegelt. «Handshake, Handshake, Handshake.» Das gefällt ihr nicht. Man weiß ja nie, was kommt.

«Ich habe immer alles schöööön auf Papier gebracht. Wissen Sie, ein Ehemann kann hundertprozentig sein, aber wenn er stirbt, was dann?»

Der Baron stirbt nicht, doch leider, leider endet die Party nach wenigen Jahren in einem hässlichen Scheidungskrieg. Jetzt zahlt sich aus, dass Marianne gute Verträge gemacht hat. Sie behält ihren Namen und muss von nun an nie wieder das Aschenputtel geben.

Marianne packt die Abenteuerlust, und sie beschließt, nach Monrovia zu gehen, auch wenn sie gar nicht genau weiß, wo das liegt. Sie hat gute Freunde im Rohdiamanten-Business und soll ein bisschen Public Relations machen. Pourquoi pas? Bei einer Partie Golf auf der Firestone Plantation, zwischen Skorpionen und Schlangen, lernt sie den Sohn des liberianischen Staatspräsidenten kennen, eine Begegnung, die ihr alle Türen öffnet. Die weiße Massai steigt selbst in das Diamantengeschäft ein und reist von Mine zu Mine.

Eines Tages rennt eine Eingeborene ganz aufgeregt auf sie zu. Die Frau hat einen riesengroßen Diamanten entdeckt, fünfhundert Karat.

«Fünfhundert?»

«Habe ich ‹fünfhundert› gesagt? Nein, nein, ich glaube, es waren um die fünfzig, fünfundfünfzig. Auf jeden Fall sehr viel.»

Ein Jahrhundertfund. Jeder bekommt seinen Anteil: die Geschäftspartner, die Behörden, der Sohn des Staatspräsidenten. Trotzdem bleibt eine ordentliche Summe für sie selbst übrig. Die Baronin hat auf Jahre ausgesorgt.

«Und dann?»

«Tja, dann habe ich meinen Miracle Man kennengelernt.»

Jetzt knackt Baronin Marianne von Brandstetter endgültig den Jackpot. Ihr neuer Boyfriend ist der amerikanische Casino-Milliardär James M. Crosby, zu seiner Zeit einer der reichsten Männer der Vereinigten Staaten. Die beiden begegnen sich auf einer Soiree in Monte Carlo. Es ist eine Amour fou, eine verrückte, leidenschaftliche Liebe. Der Miracle Man macht die größten Wunder wahr. James und Marianne führen ein Leben «vom Helikopter in die Concorde». Sie residieren in einer märchenhaften Villa auf Paradise Island und in exorbitanten Penthäusern in New York und Atlantic City. In den Casinos fließt der Champagner bis zum Exzess. Jeden Abend betritt ein Weltstar die Bühne: Plácido Domingo, der die Baronin aus dem Scheinwerferlicht mit seinem weißen Taschentuch grüßt und liebevoll «Mary, meine Mary!» ruft, Diana Ross, Stevie Wonder, Ray Charles, Frank Sinatra und Dean Martin, der den ganzen Tag in seiner Suite hängt und säuft.

«Ja, und dann hat einmal dieser junge Spanier bei einer Freundin von mir im Garten gesungen, und ich sage: ‹Mensch, der singt aber gut, das wird mal ein ganz Großer.› Tja, den habe ich wohl entdeckt.»

«Wer war das denn?»

«Julio Iglesias.»

Leider endet auch die dritte Liebe tragisch. James, der Mann, der ihr alles bedeutet, erkrankt an einem Lungenemphysem, bekommt keine Luft, muss operiert werden und verstirbt mit Mitte vierzig. Die Baronin versinkt ein Jahr lang in tiefer Depression, doch zum Abschied hat der Miracle Man einen letzten Zauber für sie gesprochen: Obwohl die beiden nie verheiratet waren, vermacht er ihr zweihundert Millionen Dollar, etliche Häuser und ein Viertel seiner Hotel- und Casinogruppe, die sie später an

Donald Trump verkaufen wird. «Ach, ich sag Ihnen, das war eine Welt!»

Die Baronin fragt nach meiner Visitenkarte. Sie war großzügig: Eine halbe Stunde hatte sie mir versprochen, es sind zweieinhalb Stunden geworden, und ich würde für jede Minute bezahlen. Immerhin erlaubt sie mir gnädig, die Rechnung zu begleichen. Wen habe ich da eigentlich getroffen: ein Selfmade-Woman oder nur eine weitere Diebin?

Wir stehen vor dem Hôtel de Paris, warten auf den Rolls-Royce der Baronin, und ich erzähle ihr von meinem saudiarabischen Freund Prinz Alwaleed, dem ich Bill Gates, Warren Buffett oder Donald Trump liefern soll. «Was für ein Arsch!», lacht Madame, gibt mir links und rechts ein Küsschen und kostenlose Recherchetipps: Wenn ich ernsthaft in die geschlossene Gesellschaft einsteigen wolle, müsse ich Golf spielen, Wasserski fahren, ausgehen, genau wie sie. «Und rufen Sie Donald Trump einfach an, diesen Kasper. Sagen Sie seiner Sekretärin, dass Sie mich kennen, und lassen Sie sich durchstellen. Sonst lügen Sie ihr einfach was vor.»

Madame wird ungeduldig. Sie verzieht das Gesicht, so weit es noch geht, und entscheidet sich, den beschwerlichen Weg ins Fairmont zu Fuß auf sich zu nehmen. Ich kann die Baronin guten Gewissens alleine laufen lassen. Es sind dreihundert Meter.

# Paxino

## DER MENSCHENFRESSER VON DUBAI

Ich habe Donald Trump angerufen. Als ich seiner Sekretärin eröffnete, ich sei ein Freund der Baronin von Brandstetter, drückte sie mich erst in die Warteschleife und wimmelte mich dann ab. Also rief ich ein zweites Mal an. «Sie wissen wohl nicht, wer ich bin!», meinte ich und versuchte, wie ein Dominator zu klingen. «Glauben Sie mir, es wäre besser für uns beide, wenn Sie mich unverzüglich zu Mr. Trump durchstellen würden.» Das beeindruckte die Sekretärin wenig. Beim dritten Mal legte sie einfach auf.

Gott sei Dank gibt es genug andere Milliardäre auf dieser Welt. Niemals werde ich das Gesicht der Postangestellten in der Filiale Hamburg-Schlüterstraße vergessen, nachdem ich sie gebeten hatte, meine Briefe an Bill Gates, Warren Buffett, Richard Branson und die Google-Guys zu frankieren. Sie muss mich für einen Stalker oder Terroristen gehalten haben. Bill Gates hat nie geantwortet. Die Google-Guys winkten sofort ab. Warren Buffett ließ ausrichten, er habe zu viel zu tun. Richard Branson wählte Tiger-Technik Nummer drei: vertrösten, vertrösten, vertrösten. Seine Presseassistentin Charmaine ließ mich wissen, er habe einen «very hectic travel schedule» und meine Anfrage sei «in consideration». Seitdem spielen wir Pingpong: Alle vier Wochen melde ich mich bei Chars, wie ich sie mittlerweile nennen darf, und Chars antwortet, ich solle mich gedulden. Es habe sich noch immer keine Zeit gefunden, über meine Anfrage zu entscheiden. Bald feiern wir unser einjähriges Jubiläum. Eines Samstags, ich saß gerade beim Frühstück, flatterte etwas durch den Briefschlitz auf den Boden meines Appartements: Luftpost aus New York. Es war ein Schreiben von 21st Century Fox, das der CEO höchstpersönlich signiert hatte. «Lieber Mr. Gastmann, vielen Dank, dass Sie mich porträtieren wollen. Ich fühle mich geehrt, aber ich möchte nicht porträtiert werden. Beste Grüße, Rupert Murdoch.»

Wer auf dem Gipfel sitzt, ist schwerlich zu erreichen. Manchmal muss man abwarten, bis er zurück ins Tal purzelt. Ich erinnere mich an eine schillernde Gestalt, die ich vor Jahren in einer Dokumentation gesehen habe: Roland Paxino, Luxusimmobilienmanager in Dubai. Ein Star. Ein Multitalent. Er hatte Milliardenumsätze gemacht und lebte in einer unglaublichen Suite direkt am Jumeirah Beach. Paxino ließ sich in einem schwarzen Rolls-Royce mit goldenem Dach durch die Wüste kutschieren und plante, eine ganze Stadt am Persischen Golf mit Marina und Airport zu bauen. Damals hieß es, er sei einer der erfolgreichsten Deutschen im Ausland.

Seltsamerweise kann ich kaum Spuren von ihm finden. Keine Internetseite, kein Pressebüro, kein einziger Hinweis auf seinen Konzern. Ich entdecke ihn schließlich bei Facebook. Sein Profilbild zeigt ihn in einem weißen Pelzmantel vor einem orangefarbenen Lamborghini, den jemand in einer Tiefgarage abgestellt hat. Ich schreibe ihm eine Nachricht, und es dauert exakt zwei Minuten, bis Paxino antwortet. Es sei Schicksal, dass ich mich melde. Er könne mir super Material liefern. Eine geile Story. Obergeil. Er habe zwanzig Millionen Dollar verloren, mit einem Menschenfresser im Knast gesessen, und Interpol sei ihm auf den Fersen. Er werde sofort zu mir nach Hamburg kommen.

Bye, bye, Dubai. Paxino lebt seit vier Monaten im Hilton Frankfurt, weil er keine Zeit hat, sich eine Wohnung zu suchen. Zu viel Arbeit, zu viele Anwaltstermine. Er bittet mich, einen guten «Spot» für unser Meeting auszusuchen. Etwas Cooles. Etwas mit Style. Ich schlage ihm ein französisches Jugendstilcafé in einer ehemaligen Schlachterei am Rathausmarkt vor, doch er ist wenig begeistert. «Süß», schreibt Paxino und lässt seinen Concierge nach Locations forschen, die eher seinem Way of Life entsprechen. Er reserviert ausgerechnet im Lieblingsrestaurant meines Busenfreunds Wedigo von Wedel-Malchow aus Marbella.

«Die Bank» liegt in einem Stadtpalais zwischen Prada, Chanel, Freshfields, dem Marriott und dem Renaissance Hotel. Ich kenne die Gegend ganz gut. Als Student habe ich direkt gegenüber in einer Werbeagentur gejobbt. Damals konnte ich erleben, was passiert, wenn eine Branche über ihre Verhältnisse lebt. In den besseren Zeiten war das Büro eine Partyfamilie. Tagsüber schrieben wir euphorische PR-Texte für Internet-Start-ups, abends standen wir auf der VIP-Liste des Valentino's, und jeden Freitag stießen wir im Office mit Champagner auf das Wochenende an, ohne zu merken, dass unser Wochenende gerade zu Ende ging. Auf den Weihnachtsfeiern herrschte spätrömische Dekadenz. Wir speisten Neuseelandhirsch, Tuna Sashimi und Rindertatar, zogen durch die Clubs, und einmal tanzte der Chef nackt auf den Tischen, um uns zu beweisen, wie viel Zeit er in der Muckibude verbrachte. Es gab damals ein Fit-for-Fun-Café in Schnöseldorf, an jeder Ecke eröffnete ein Coffee-to-go-Laden, und sogar meine Tante kaufte Infineon-Aktien. Mit dem Millennium begann der Abstieg. Die New-Economy-Blase platzte, der Neue Markt kollabierte, die Werbefamilie ließ ihre Kinder fallen. Auf der nächsten Weihnachtsfeier mussten wir das Sushi eigenhändig rollen und den Champagner mitbringen. Unser Chef machte daraus eine Motivationsübung: «Leute, ist es nicht toll, zu sehen, was wir erreichen können, wenn wir alle zusammenhalten?» Kurz darauf wurde ich gefeuert.

Ein Telefonat mit Paxino ist wie ein Hardcore-Techno-Song. Hundertsechzig words per minute presst er in die Leitung, bis seine Gesprächspartner im Buchstabengewitter kapitulieren und jeden Vertrag blind unterschreiben. Er ist ein Verkäufer. Bei ihm ist alles geil und cool und perfekt und maßgeschneidert und spannend. Superspannend. Supersuperspannend. Er hat früher selbst eine Werbeagentur geleitet, danach gründete er ein Business nach dem anderen und wurde sie wieder los, sobald sie genug Gewinn abgeworfen hatten. Paxino langweilt sich schnell. Er ist unsentimental. Getrieben von Erfolg, Geld und seinem Ego.

Ich glaube, er hätte kein passenderes Etablissement auswählen können. Der Weg zur Küche führt durch eine Tresortür, die Bar ist mit überdimensionalen goldenen Kreditkarten verkleidet, und auf einem Flatscreen im Eingang lächelt eine Dollarnote. Das Restaurant befindet sich in der ehemaligen Kassenhalle der Hypothekenbank, die ein Jahrhundert in diesem Gebäude zu Hause war. Fünf

Meter hohe Stuckdecken, gusseiserne Säulen, rotbraune Lederstühle, lauwarmer Hummer auf der Vorspeisenkarte, weißer Stoff. Vor einiger Zeit hat der Geschäftsführer mal einen Fragenkatalog für das Hamburger Abendblatt beantwortet. «Wie lautet Ihr Arbeitsmotto?» – «Live hard, die old, love eternally.» – «Haben Sie ein Vorbild?» – «P. Diddy.» – «Sie haben eine Million zu verschenken. Wer bekommt sie?» – «Ich würde sie notleidenden Bankern zur Verfügung stellen.»

Es gibt keinen Dresscode und keinen Türsteher. Allein die Preise und der Habitus, der hier gepflegt wird, sorgen dafür, dass sich nur eine bestimmte Klientel einfindet: Manager, Juristen, Senatsabgeordnete, Chefredakteure und Lokalpromis. Ein männliches Model bringt mich an den Tisch, und ich bin ganz froh, dass ich Paxino dort treffe, wo mich keiner kennt. Er scheint ein Faible für extravagante Auftritte zu haben. Auf den Fotos seiner Facebook-Galerie trägt er nicht nur Pelz, sondern auch einen Tuxedo, der von oben bis unten mit roten Rosen bedruckt ist. Außerdem ist er ein Brillenfetischist. Seine müssen breit und bunt sein. Flavio-Briatore-Style.

Für seine Verhältnisse ist der Mann, der mir wenig später gegenübertritt, beinahe unscheinbar gekleidet: weißer Sommeranzug und weiße Brille. Nur seine roten Slipper tanzen etwas Samba. Ich muss Paxino ein Kompliment machen. Er hat sein Äußeres exakt auf diese Location abgestimmt und wirkt wie ein Teil der Dekoration. Paxino ist ein brauner Lockenkopf um die sechzig, der auffallend gut riecht: nach Hugo Boss, Welterfahrung und Leben. Man sieht ihm an, dass er gefeiert hat. Allerdings auch, dass er gesessen hat. Die weiten Pupillen kreisen rastlos in den Augen. Paxino ist nervös und laut. Er beugt sich über den Tisch, streckt mir Zeige- und Mittelfinger der rechten Hand wie einen Revolver entgegen und schimpft. «Maktum! Maktum!», ruft er und meint damit den Emir von Dubai und dessen Clan. «Glauben Sie im Ernst, Herr Gastmann, ich hätte gegen diese Jungs eine Chance? Glauben Sie an den Weihnachtsmann? Dann glauben Sie weiter daran!»

Der Kellner unterbricht uns. Paxino wirft einen flüchtigen Blick auf die Karte, bestellt eine Flasche Riesling Smaragd Loibner, die wir uns teilen, und die Gänsestopfleber mit Süßkirschen und Mais als Vorspeise. Ich habe noch keinen Hunger, und es geht sofort weiter, keine Zeit für Smalltalk. Paxino will seine Story loswerden und lässt sie mit einem Stapel Schecks beginnen. Als er noch der König von Dubai war, erzählt er, sei alles über Schecks gelaufen. Schecks, Schecks, Schecks. Er habe im Monat fünf-, sechs-, achttausend Stück davon unterschrieben. Die Stapel wurden immer höher, er verlor den Überblick und musste jemanden einstellen, der die Geldzettel für ihn ausfüllte. Paxino signierte sie blanko und vertraute seinem Scheckadjutanten. «Sie müssen sich vorstellen, wie gefährlich das war! Aber es ging nicht anders. Ich konnte das allein gar nicht mehr bewältigen.»

Damals investierte Paxino rasend schnell und verkaufte in fünf Jahren mehr als tausendfünfhundert Eigentumswohnungen. Am Ende zog er ganze Tower in der Wüste hoch und richtete die Luxusappartements selbst ein, weil das angeblich niemand so beherrschte wie er. Paxino besaß einen Showroom in Weiß und Gold, den seine reichen Klienten nur barfuß betreten durften. Er hatte einen magischen Teppich ausgelegt. Mit dem ersten Schritt fühlten sich seine Kunden, als kehrten sie zurück in den Leib ihrer Mutter. Gegen die Aura des Raums konnte sich niemand wehren. «Die waren erledigt! Die haben die Gesichtsfarbe gewechselt und wussten gar nicht, warum!» Paxino lebte selbst in der Suite, und damit seine Putzfrau nichts verstellte, klebte er unter jedes Möbelstück und jedes Dekoelement einen weißen Sticker: unter die Beine des Lamborghini-Tisches für vierzigtausend Dollar, unter die thailändische Obstschale aus einem vergoldeten Bananenblatt, unter die Füße des Versace-Throns, den Philippe Starck designt hatte. «Ich habe alle Sinne angesprochen. Die Zimmer waren ganz leicht mit Musik untermalt und haben supergeil gerochen, das greift ans Herz und weckt Gefühle, wissen Sie. Herr Gastmann, wollen Sie mal probieren?»

Ich verzichte und wähle für den Hauptgang die Lasagne vom Label Rouge Lachs mit Zucchiniblüten und Zitronenverbene. Paxino entscheidet sich für das gebratene Codfish-Filet an Gnocchetti, dicken Bohnenkernen, sautierten Buchenpilzen und Parmesan. Er kommt etwas zur Ruhe und beschreibt, wie es ist, wenn man nicht mehr weiß, wohin mit dem Geld. Es sei nicht schön. Eher brutal. Er habe sich gefühlt, als würde jemand Tag für Tag mit einem Baseballschläger auf ihn eindreschen. Sein Kopf konnte den Reichtum einfach nicht mehr begreifen. «In Dubai waren doch alle verrückt. Blind. Gierig ohne Ende. Es konnte nicht ewig so gehen, das war mir klar, aber dann kam die Wirtschaftskrise wie ein Tsunami. Sie müssen sich das so vorstellen: Sie verkaufen einen Tower in zehn verschiedene Länder. Da ist dann ein Klient aus der Ukraine, einer aus dem Iran und einer aus Simbabwe. Was machen Sie, wenn die nicht zahlen? Wollen Sie Ihr Geld dann nach Simbabwe-Recht einklagen? Viel Spaß!

Sie haben keine Chance. Wenn der Kunde nicht bezahlt, bezahlt er nicht, und wenn Ihnen zwanzig Prozent der Kunden wegbrechen, können Sie den Tower nicht mehr finanzieren. So einfach ist das.»

Als Paxino erkennt, dass alles zusammenbricht, will er so schnell wie möglich verkaufen. Geschäftsleute aus Pakistan bieten ihm einhundertzehn Millionen Dollar, doch der Deal platzt, und seine Firma verliert täglich an Wert. Schließlich lädt ihn Scheich Rachid, Kronprinz von Adschman, in seinen Palast ein. Ein junger gutaussehender Wüstendandy, den manche in der arabischen Welt «Prinz Rolex» nennen. «Maktum! Das war ein Neffe vom Maktum!» Paxino rollt im schwarzgoldenen Rolls-Royce vor, und der Scheich spielt den rettenden Engel. Er führt ihn persönlich durch seine Gemächer, und jetzt passiert dem Deutschen genau dasselbe wie den Klienten in seinem Showroom: Er ist überwältigt. Der Prinz verführt ihn. Auch er ist ein Ästhet, der seine Welt perfekt durchgestylt hat. Sein ganzer Palast ist schwarz und orange, sogar die Limousinen und die Sportwagen, neureicher Schick. Ganz genau so, wie es Paxino gefällt. Als Haustier hält sich der Prinz einen Löwen, und bei einem berauschenden Abendessen blickt eine ausgestopfte Giraffe auf die goldenen Teller herunter. Die Verhandlungen beginnen mit fünfunddreißig Millionen Dollar und enden bei zweiundzwanzig Millionen. Paxino schlägt ein, verlässt Dubai und glaubt, dass er mit einem blauen Auge davongekommen ist.

Jetzt beginnt die Kriminalstory: Der Wüstenprinz leistet eine Anzahlung von zwei Millionen und will den Rest der Schuld vierteljährlich in Raten begleichen, aber alle Schecks, die er treuhänderisch an Paxinos Anwalt schickt, platzen.

«Maktum!» Wieder hält mir Paxino seine beiden Finger vors Gesicht. Dabei sieht er leicht an mir vorbei, als würde er etwas hinter mir anstarren. Er hat nur die Hälfte seines Fisches gegessen und dann das Besteck beiseitegelegt. Auf der Stirn steht ihm kalter Schweiß. «Ich sage Ihnen: Das ist ein Schurkenstaat! Die ziehen den Westen systematisch über den Tisch!»

Paxino wird klar, dass er um zwanzig Millionen Dollar geprellt wurde, und er droht damit, den Scheich zu verklagen. Irgendwann reist er mit Freunden nach Kroatien. Paxino will Urlaub machen und Frust ablassen. Doch die Passkontrolle bei der Einreise dauert ungewöhnlich lang. Er wird aufgefordert, sich erst mal hinzusetzen, und versteht überhaupt nicht, was los ist. Nach einer Weile halten ihm die Beamten ein Papier unter die Nase. Darauf sieht er sein Foto und eine riesige Zahl, die er dreimal lesen muss, bis er sie begreift: eine Eins mit acht Nullen. Er soll jemanden um einhundert Millionen Dollar betrogen haben. Es liegt eine Red Notice von Interpol gegen ihn vor, ein internationaler Haftbefehl. Weitere Details erfährt er nicht. Der große Paxino, der Lifestyle- und Luxusfetischist, muss Geld und Handy abgeben und wandert in eine zwanzig Quadratmeter große Zelle, in der schon acht Leute sitzen, deren Sprache er nicht spricht. «Wissen Sie, wie die Kaffee gemacht haben? Die haben zwei Elektroden genommen, kurzgeschlossen und ins Wasser gehalten. Ich bin dann in eine Zwei-Mann-Zelle mit einem winzigen Fenster umgezogen und habe über einen Wärter rausgekriegt, dass mein Mithäftling ein Menschenfresser ist! Können Sie sich das vorstellen?»

Ehrlich gesagt, nein. Den Menschenfresser kaufe ich ihm nicht ab, und auch an anderen Details habe ich meine

Zweifel. Später erfahre ich immerhin, dass seine Story nicht komplett erfunden sein kann. Paxino saß tatsächlich in kroatischer Auslieferungshaft. Das bestätigt nicht nur sein Anwalt, sondern auch die Deutsche Botschaft in Zagreb und das Auswärtige Amt.

Im Gefängnis darf Paxino nur kurze Anrufe führen. Über seinen Anwalt findet er scheibchenweise heraus, was passiert sein soll. Die Story endet so, wie sie angefangen hat: mit einem Stapel Schecks. Als Paxino die Emirate über Nacht verlassen und sein Unternehmen an den Scheich übergeben hat, wechselten auch einige seiner Blankozettel den Besitzer. Jetzt wird ihm vorgeworfen, er habe einem Geschäftspartner in Dubai einen Hundert-Millionen-Dollar-Scheck ausgestellt, der nicht gedeckt war. In Abwesenheit wurde er zu drei Jahren Haft verurteilt.

«Maktum! Da steckt der Maktum dahinter! Alles hinter meinem Rücken! Die Frankfurter Staatsanwaltschaft hat versucht, den Scheck zu kriegen. Nichts! Die Botschaft hat versucht, den Scheck zu kriegen. Nichts! Der kroatische Staat hat versucht, den Scheck zu kriegen. Nichts! Den Scheck hat nie jemand gesehen!»

Dubai drängt über Interpol auf eine Auslieferung, weigert sich aber, die Prozessunterlagen vorzulegen. Die Behörden sehen nicht mal eine Kopie des ominösen Millionenschecks. Nach zwei Monaten entscheidet der kroatische Staatsanwalt, Paxino nicht auszuliefern, und entlässt ihn aus der Haft. Nun ist er in Kroatien ein freier Mann, aber die Red Notice von Interpol behält weiterhin Gültigkeit. Paxino taucht einige Monate unter, dann flüchtet er mit einem Boot nach Slowenien, wo ein Freund wartet, der ihn in der Dunkelheit über Österreich zurück nach Deutschland schleust.

«Wünschen Sie ein Dessert?»

Der Geschichtenerzähler wählt die geflämmte Exotencreme mit Limettenfinancier, Vanille-Chantilly und Passionsfrucht. Ich falle über den halbflüssigen Schokoladenkuchen mit eingelegten Trauben und Grappa-Eis her. Plötzlich wechselt Paxino die Haltung. Wie ein Patient, der sich den Kummer von der Seele geredet hat und nun all seine Hoffnungen auf seinen Zuhörer projiziert. Er lehnt sich zurück in den Lederstuhl und zeigt mir die Werbekampagne für sein neues Baby. Paxino hat schon wieder eine Firma gegründet. In Deutschland sei er damit bereits Marktführer. «Ich arbeite brutal, Herr Gastmann. Ich habe keine Familie, nichts, gar nichts. Ich weiß, wie man geile Produkte entwirft. Bei mir gibt's nur das Feinste und Beste!»

Ich sehe mir seine Promofotos an, die er in Edelclubs geschossen hat. Dunkle Disco-Schönheiten ziehen an elektronischen Mini-Shishas, die sie zwischen ihren Modelfingern balancieren. Sie blicken verrucht in die Kamera, und aus ihren erdbeerroten, halboffenen Lippen quillt weißer Rauch, der sich langsam um den Mund legt und verfliegt. Paxino bietet seine «Shishavapes» mit den Duftnoten «Frozen Apple», «Tropical Mango» und «Ice Orange» an. Er hat die Motorhaube eines schwarzen Flügeltürers mit der Silhouette einer rauchenden Frau bedrucken lassen. Das Teil sei der Hammer, sagt er. Über Geschmack könne man streiten, aber nicht über einen Lamborghini. «Marktführer, Herr Gastmann, Marktführer! Das wird man nicht so leicht. Ich weiß, wie man verkauft! Geben Sie mir irgendein Produkt, und ich mache es garantiert zum Marktführer!»

Hundertsechzig words per minute. Ich hätte es hier

mit einem Weltprodukt zu tun. Wahnsinn. Er habe Ableger in ganz Europa aufgebaut. Über Mittelsmänner. Er wolle so schnell wie möglich nach Asien expandieren. Weltmarktführer werden. Doch er dürfe Deutschland ja nicht verlassen. Wegen der Red Notice. Wegen Interpol. Wegen des Scheichs. «Wegen Maktum!» Er habe ja versucht, den Wüstenclan zu verklagen. «Aber denken Sie, dass jemand in Dubai die Eier hat, gegen die Herrscherfamilie vor Gericht zu ziehen? Im Leben nicht! Wenn die Bundesregierung nicht einschreitet, haben Sie gar keine Chance. Null!»

Jetzt komme ich ins Spiel. Ich soll meine Kontakte nutzen. Paxino in Talkshows unterbringen. Publicity machen. Die Politik unter Druck setzen. Eine fette Pressekampagne starten. Mit allem Drum und Dran. Maßgeschneidert. Man könne ihn nicht ewig aufhalten. Er wäre bereit, einen Film über seine Geschichte zu produzieren und sich großzügig an der Finanzierung zu beteiligen. «Sie sind ein toller Mann», sagt er mir, und ich kratze das letzte Stückchen Schokokuchen von meinem Teller. Das Essen ging ans Herz und der Wein in den Kopf. Der Hugo-Boss-Duft ist noch immer nicht verflogen. Paxinos weißer Anzug fügt sich so perfekt in die Atmosphäre, als sei dieses Restaurant, das ganz leicht von Loungemusik untermalt ist, sein magischer Showroom am Persischen Golf. Die Story war tatsächlich obergeil. Fast hätte er mich überzeugt.

# Wer weiß, wozu es gut ist

## JOCHEN SCHWEIZERS ERLEUCHTUNG

Schon mal eine Hauswand heruntergelaufen? Der erste Schritt ist der schwerste. Du stirbst, sagt der Instinkt. Du bist gesichert, sagt der Verstand. Du hast einen Knall, sagt das Herz. Wenn die Augen in den Abgrund sehen, steigen Urängste auf, und der Körper erstarrt. Dann hilft nur Zen. Alles vergessen und gehen. Einfach gehen.

Mein rechter Fuß schiebt sich über die Dachkante, ich kippe aus der Senkrechten in die Waagerechte und hänge über der Welt. Fünfzig Meter Wand, zwei Halteseile und ein Gedanke: Scheiße. Manche bewältigen diese Prüfung wie Mondspaziergänger. Sie stoßen sich von der Mauer des Hochhauses ab und schwingen in eleganten Bögen der Erde entgegen. Ich baumle wie ein Sack Zement an einem Ladekran, trudle im Höhenwind und rutsche schlaff zu Boden. Trotzdem wartet unten jemand und klopft mir auf die Schulter. Mein neues Ich.

Nicht unser Besitz, sondern unsere Erlebnisse machen uns reich, meinen Romantiker. Es gibt einen Mann, der mit dieser Kalenderweisheit Millionär geworden ist. Jochen Schweizer verkauft Gutscheine für Abenteuer, den kontrollierten Nervenkitzel, den Adrenalinkick auf Bestellung. Houserunning, Haitauchen, Großkaliberschießen, Panzerfahren, Kampfjetfliegen. «Ach, Sie meinen den Gummispringer!», lacht mein Taxifahrer und erzählt, wie sich dieser Verrückte einmal an einem Bungee von einer monströsen Brücke in Südafrika stürzte und unten die Baumkronen berührte. «Ich brauch so was ja nicht. Als Taxler in München, da bist du von Haus aus Adrenalinjunkie.»

Paxino würde sagen: Jochen Schweizer ist obergeil. Seine Autobiographie liest sich wie ein Roman. Er beschreibt darin, wie er zehn verschiedene Schulen besucht, bis er endlich das Abitur besteht. Wie er danach mit einer umgebauten Yamaha monatelang durch die Wüste Afrikas brettert, gejagt von Macheten und korrupten Grenzsoldaten. Wie er die Freiheit sucht und einen Job als Versicherungsvertreter in Heidelberg findet. Wie er irgendwann hinschmeißt und ein Stuntman für alle Fälle wird, der deutsche Colt Seavers. Ende der Achtziger springt er für den Willy-Bogner-Film «Feuer, Eis & Dynamit» von einer zweihundertzwanzig Meter hohen Staumauer. Guinness-Weltrekord.

In Bogners «White Magic» soll er sich dreitausendfünfhundert Meter über St. Moritz aus einem Heißluftballon werfen. So stellt sich der Regisseur die Szene vor: Bei minus fünfundzwanzig Grad hüpft der Stuntman an einem Bungee aus dem Korb und wartet, bis der Rückstoß seinen Körper wieder nach oben katapultiert. Auf dem Scheitelpunkt löst er das Seil, rast im freien Fall in die Tiefe, bewahrt Ruhe, zieht kurz, ganz kurz vor dem Aufprall den Fallschirm und landet sanft auf dem zugefrorenen St. Moritzersee.

Lights, Camera, Action! Sekunden nach dem Absprung

merkt Schweizer, dass das Seil an seiner Hüfte nicht geschmeidig läuft. Es ruckelt. Am Umkehrpunkt schlägt ihm das hundertfünfzig Kilo schwere Bungee ins Gesicht und zertrümmert seine Nase. Schmerzen. Die Sprungbrille füllt sich mit Blut. Schweizer kann nichts mehr sehen, wird ohnmächtig und schnellt wieder in die Höhe. Gerade rechtzeitig kommt er zur Besinnung, trennt die Nabelschnur und fällt mit zweihundert Kilometern pro Stunde ohne Sicherung der Erde entgegen. Der Wind bläst das Blut aus seinen Augen. Wenn er den Höhenmesser ganz dicht vor die Brille hält, kann er verschwommen seine restliche Lebenszeit erkennen.

Noch achthundert Meter. Noch sechzehn Sekunden. Jochen Schweizer hat die rote Zone erreicht. Ein normaler Springer muss spätestens jetzt den Fallschirm auslösen, aber Willy Bogner liebt es extrem. Der Stuntman soll warten, bis er hinter einer Bergkante verschwindet und das Blickfeld der Kamera verlassen hat, sonst ist die Aktion gescheitert. Noch zehn Sekunden bis zum Aufprall. Auf dreihundert Metern zieht Schweizer endlich den Schirm und fällt wie ein Stein in den tiefen Schnee. Er überschlägt sich, verfängt sich in den Leinen, Blut spritzt ins Weiß, doch die Szene ist im Kasten. Schweizer richtet sich auf und nimmt die Brille ab. Vor ihm stehen entsetzte Damen in Pelzmänteln, und ein Schoßhündchen kläfft ihn an.

Heldengeschichten, ich weiß. Wahrscheinlich muss man die Hälfte des Stuntmanlateins streichen, und trotzdem bleibt es eine gute Story. Mit seinem Namen hat Jochen Schweizer das Bungeespringen in Deutschland groß gemacht. Als ich nach Hamburg kam, konnte ich vom Balkon meines Plattenbaus beobachten, wie sich die

Bekloppten schreiend den Fernsehturm hinunterwarfen. Schweizer passte einfach in die unbeschwerte Zeit der Spaßparteien und Alkopops. Alle hielten sich plötzlich für unsterblich, und klopft der Sensenmann nicht an die Tür, schaut man ab und zu selbst bei ihm vorbei und spielt Klingelstreiche.

Der Spaß ging sechshunderttausend Sprünge gut, bis das Seil des Glücks eines Tages riss. «Tod in Dortmund» nennt Schweizer dieses Kapitel seines Lebens. Bis heute ist nicht geklärt, wie das Unglück passieren konnte. War es ein Materialfehler? War es Abnutzung? Lag es an den hohen Temperaturen an diesem 20. Juli 2003? Ein junger Mann stürzt sich vom Dortmunder Florianturm, sein Bungee reißt sechsunddreißig Meter über dem Boden, und der arme Kerl schlägt direkt vor den Augen seiner Verlobten neben der Gummimatte ein. Sie hatte ihm den Sprung geschenkt. Jochen Schweizer kostet dieser Unfall den Schlaf, den Ruf, das Büro, das Haus, fast sein gesamtes Hab und Gut und vielleicht auch die Haare. Game over. Das Verfahren wegen fahrlässiger Tötung wird zwar eingestellt, doch bleiben von einem auf den anderen Tag die Aufträge weg. Colt Seavers saust ohne Seil, Fallschirm und Höhenmesser Richtung Insolvenz.

Seine Berater empfehlen ihm, in Konkurs zu gehen, doch Schweizer rettet das Unternehmen mit einem finanziellen Stunt. Er steckt sein gesamtes Privatvermögen in die Firma und fängt mit sechs Mitarbeitern in einer alten Fabrik am Münchner Ostbahnhof neu an. Der Gefahrensucher bleibt im Bungee-Business, stellt sich aber diesmal breiter auf. Heute bietet seine Agentur neben Männerabenteuern wie Bodyguardtraining, Speedboatfahren oder Expeditionen zum Nordpol auch harmlose Events an: Weinseminare, Kamelreiten, Fotoshootings für Paare, Tangokurse oder Dinner im Dunkeln. Wer will, kann sogar unter Wasser heiraten. Jochen Schweizer ist ein Krisengewinner. Nicht nur, weil er seine eigene Krise überwunden hat. Seit dem Euro-Finanzcrash wächst das Gutscheingeschäft angeblich wie verrückt. Hedonismus und Eskapismus seien die Gründe, sagt er, die Sucht nach dem Genuss und die Flucht vor der Realität. So ist der Mensch: Er will das, was er nicht haben kann, und wenn er alles hat, will er den Tod besiegen.

Der alte Lastenaufzug ist meine erste Extremerfahrung auf dem Weg in den Adrenalinpalast. Seit dem Film «Abwärts» habe ich meine Probleme mit Fahrstühlen. Drei Männer und eine Frau bleiben an einem Freitagabend in einem Frankfurter Bürohaus oberhalb des fünfzehnten Stocks stecken. Ein Werber (Götz George), ein Rebell (Hannes Jaenicke), ein Buchhalter und eine Blondine. Natürlich streiten sich George und Jaenicke um die Frau, dabei stürzt Jaenicke in den Aufzugschacht und bleibt schwer verletzt hängen. Irgendwann springt der Aktenkoffer des Buchhalters auf, und die Kabine liegt voller Geldscheine, die der unscheinbare Typ frisch aus der Firmenkasse gestohlen hat. Dann reißt das erste Stahlseil. Am Ende werden der Dieb, die Blondine und der Rebell gerettet. Der Werber aber will das Geld nicht im Lift zurücklassen und stürzt in den Tod.

Ich bin erleichtert, als mich der Lastenaufzug wohlbehalten auf der obersten Etage ausspuckt. Jochen Schweizers neues Büro scheint eine Spielwiese für Berufsjugendliche zu sein. Über dem neonbeleuchteten Empfangstresen baumelt ein silberner Hai. Barbie, die unter dem Raubfisch auf und ab stöckelt, bittet mich, ein paar Minuten zu warten. Ich setze mich in einen Kinosessel und blicke auf Schweizers «Eisenschwein», seine 900er Ducati SD Dharma, die in der Lobby aufgebockt ist. Die Maschine ist ein Symbol. Als sie in den Siebzigern auf den Markt kam, war sie für Schweizer unerreichbar, denn er verdiente nur ein paar hundert Mark im Monat. Viele Jahre später entdeckte er in einem Lager, das er von einem Bauern angemietet hatte, ausgerechnet diesen Jugendtraum. Eine Dharma. Der Stuntman sah darin einen Wink des Schicksals, denn er hatte sich damals intensiv mit der buddhistischen Lehre des Dharma beschäftigt. Er gab dem Bauern ein anderes Motorrad und noch zweitausend Mark obendrauf, dann sprang er auf den Feuerstuhl und raste wahrscheinlich mit einem Kickstart in den Sonnenuntergang.

An den Wänden hängen Körperstudien des Firmengründers. Der Millionär ist nur mit einer Sporthose bekleidet und posiert mit seinem gestählten Oberkörper als Tai-Chi-Meister oder Karateka. Jochen Schweizer ist der Guru seines Unternehmens, die Seele und das Blut. Mit jedem Erlebnisgutschein verkauft er auch ein Stück seines aufregenden Lebens, und es scheint, als sei jeder einzelne seiner dreihundert Mitarbeiter bereit, dem Sensei blind zu folgen.

Ein Hipster mit Vollbart und Skatershirt spricht mich an. «Bewerber?», fragt er, ich schüttle den Kopf, und da nähert sich Schweizers Assistentin. Topfigur, blondierte Haare, grellvioletter Lippenstift. Sie führt mich durch eine Welt, in der es freie Energydrinks, ein Klimmzug-Reck und eine Feuerwehrstange gibt, die eine Etage nach unten führt. Ich schätze, dass die Coolness und der Spaß an der Arbeit die mittelmäßige Bezahlung kompensieren sollen. Ähnlich stelle ich mir die Atmosphäre bei Google oder Facebook vor. Brainstorming, Briefing, ein paar Stunden totales Commitment, Red Bull trinken, noch mal so richtig burnen, Tischkickern und später mit den Kollegen in der unendlichen kalifornischen Abendsonne Basketball spielen. Die Räumlichkeiten unter dem Dach der alten Fabrik erinnern an ein Callcenter. Ein Callcenter voller Models. Barbies und Kens sitzen mit Headsets vor ihren Computerbildschirmen, tippen, telefonieren und sehen gut aus. Die lilablonde Assistentin deutet auf einen Jochen-Schweizer-Werbeclip, der gerade auf einem der Monitore läuft. «Gott, das ist ja meine Exfreundin!», rufe ich, und sie blickt etwas verstört.

Das ist die Schnöseldorferin, von der ich sprach: Charlotte, die mich bei Erdbeeren und Champagner an der Alster abservierte. Sie musste niemals einen Charakter entwickeln, weil sie niemals einen benötigte. Charlotte kam auch so durchs Leben. Sie war Mannequin, ein Werbeengel, und ich möchte noch immer in meinen Sofatisch beißen, wenn sie im Fernsehen auftaucht. Manchmal will sie mir Tiefkühlpizza andrehen, manchmal Fruchtsaft, manchmal einen Handyvertrag, einen Kredit oder irgendeinen anderen Mist, und jedes Mal macht sie dasselbe Gesicht, weil sie nur die eine Miene beherrscht: leuchtende Augen, den lächelnden Mund halb geöffnet, zuckerweiße Zähne. Genau so freut sie sich gerade über einen Gutschein von Jochen Schweizer.

Charlotte war ein teures Erlebnis. Sie lud sich gerne zu einem Nobelitaliener ein, bestellte die Speisekarte rauf und runter, und wenn die Rechnung kam, fragte sie mit ihrem Werbegesicht: «Na, Schatz, waren wir teuer?» Am meisten habe ich gelitten, wenn wir in Schnöseldorf essen gingen. Nicht wegen der Rechnung. Die Leute waren das Problem. Charlotte pflegte mit ihrer Clique zu dinieren, einer verlogenen Headhunterin und einem älteren Playboy mit wallenden Haaren, der gerne stahlblaue Hemden mit weiß abgesetztem Kragen trug. Er war mit einem Tennisladen pleitegegangen, lebte wieder bei seiner Mutter und schnorrte sich durch die Society. Am anstrengendsten fand ich Guy, den Lover der Headhunterin. Er sah aus wie James Bond, immer im Anzug, wahnsinnig attraktiv, doch er war so blöd wie schön. Guy vermakelte Penthäuser in Düsseldorf und sprach ausschließlich in Floskeln. Also ganz ehrlich, faselte er, wenn ich mich mal wieder über Schnöseldorfer echauffierte, man solle die Kirche doch im Dorf lassen. Wie sehr mich das nervte. Damals verriet mir Charlotte, dass ihre Freundin nur mit Guy schlief, weil er seiner Exfrau mal einen Maserati geschenkt hatte.

Leider war auch Charlotte ein Material Girl. Ich nahm sie mit auf Partys und Hochzeiten, bezahlte Hotels und Flüge und merkte nicht, dass ich versuchte, mir Liebe zu erkaufen. Charlotte hatte eine klare Vorstellung von ihrer Zukunft. Sie war auf der Jagd nach einem High Performer. In der Werbesprache würde man sagen: Ich suche einen Partner auf Augenhöhe, kultiviert, mindestens 1,80 Meter. Leider erfüllte ich in Charlottes Augen lediglich die allerletzte Voraussetzung, und die auch nur knapp. Wir beide waren nicht in dieselbe Kaste geboren worden. Erst nannte sie meine Wohnung «gemütlich», dann auf einmal «klein». Erst fand sie meine Arbeit «bewundernswert», dann «brotlos». Erst sagte sie: «Ich liebe dich.» Und später, dass der Satz ein Fehler gewesen sei. Nach dieser Erfahrung versteckte ich mich fünf Wochen in einer Hütte in

Südostasien. Das war mein Absturz. Charlotte heiratete Guy.

«Jochen hat jetzt Zeit für dich», sagt die Lilablonde, und ich bin gespannt auf seine Abenteureraugen. Der Millionär beschreibt sich in seiner Biographie als spontanen und unberechenbaren Geist. Wenn er jemanden cool findet, so richtig cool, dann düst er mit ihm in die Wildnis, lädt ihn zum Kanufahren ein und versackt mit ihm am Lagerfeuer. Zwei Tempelwächter beschützen sein Heiligtum. Links und rechts des hölzernen Portals zu Schweizers Büro stehen Miniaturen der berühmten chinesischen Terrakottasoldaten. Nun eilt der dritte Wächter herbei, Herr Schmidt, ein hagerer und haarloser Mann im Anzug, der mit dem Rennrad ins Büro kommt. Er ist nicht unsympathisch, wirkt aber inmitten des bunten Barbie-und-Ken-Universums wie einer von Momos grauen Herren. Herr Schmidt sagt, er sei von der PR-Agentur, die Schweizer vertrete, und werde beim Interview die ganze Zeit dabei sein. Das sei vollkommen üblich.

Die Tempeltür öffnet sich, und Jochen Schweizer steht uns gegenüber. Leibhaftig und in hellblauen Shorts. Seine vernarbten und von Adern überzogenen Beine bezeugen seine Tänze mit dem Tod. Früher trug er halblange, strohblonde Haare. Jetzt begrüßt mich ein Glatzkopf mit durchsichtiger Kunststoffbrille und einem dunklen Bart, der um seine Oberlippe und das breite Kinn rankt. Äußerliche Veränderungen lassen sich oft auf noch größere innere Veränderungen zurückführen. Der Crash seines Lebens, dieser totale Zusammenbruch der Existenz, hat ihn in einen neuen Menschen verwandelt. Mein Idol aus dem Buch existiert nicht mehr. Ich treffe keinen Stuntman. Ich treffe Buddha.

Als er hört, dass ich über Reichtum sprechen möchte, hält er für einige Sekunden inne. Dann faltet er die Hände hinter dem Kopf, blickt gen Himmel und beginnt einen Monolog.

«Wenn Reichtum bedeutet, dass es einem an nichts fehlt, dann bin ich reich. Geld korrumpiert die Menschen. Dabei genügt eine relativ geringe Menge an Geld, um sich sicher und frei zu fühlen.»

Ein netter Spruch, finde ich, und Schweizer erzählt, dass er ihm gerade erst eingefallen sei. Tatsächlich scheint der Erlebnisguru kurz vor der Erleuchtung zu stehen. Er schmückt seine Weisheiten mit epischen Pausen, um sie mit Weltbedeutung aufzuladen. Ist er der Meinung, etwas besonders Sinnvolles gesagt zu haben, lächelt er seinem PR-Mann Herrn Schmidt zu. «Geld ist nur interessant (Pause), wenn es einem fehlt (lange Pause).» Blick zu Herrn Schmidt. Der nickt. Schweizer verrät mir ein Geheimnis. Er habe vor kurzem Besuch von einem Konsortium bekommen. Angeblich wollte man ihm eine seiner Firmen für fünfzig Millionen Euro abkaufen. In diesem Moment habe er an viele seiner Freunde denken müssen, die sich für astronomische Summen von ihren Unternehmen getrennt hätten.

«Und dann fragen die mich (Pause): Jochen (wieder eine Pause), warum verkaufst du deine Firma nicht (Pause)? Die ist doch viel wert (Pause)! Und ich sage (Pause): Ja, das stimmt (sehr lange Pause): Aber meine Firma ist nicht zu verkaufen.»

«Dann wären Sie aber reich!», sage ich.

«Nein (Pause), dann wäre ich arm (Pause). Ich wäre um die Firma ärmer (Pause), um die Mitarbeiter, die mir wichtig sind (Pause), und um die Erfahrung, Menschen mit meinen Erlebnissen Freude in die Gesichter zu zaubern (riesige Pause).»

Wie schön das doch klingt. Schließlich vertreibt eine Freude hundert Sorgen, und je mehr sich der Beutel füllt, desto mehr leert sich das Herz. Genügsamkeit ist der größte Gewinn. Was Schweizer zu sagen hat, ist eigentlich spannend. Er glaubt an eine Zufriedenheitsgrenze. Diese sei bei vielen Menschen erreicht, wenn sie schuldenfrei sind, das Häusle abbezahlt haben und über ein freies Vermögen von fünfzig- bis hunderttausend Euro verfügen. Exakt an dieser Stelle fange das Glück an, und allerspätestens bei fünf Millionen höre es auf. Mehr Geld sei schädlich für den Menschen. Er habe Geschäftspartner, die sich allein über Materielles definieren würden. Sie stolzieren wie die Gockel in ein Edelrestaurant, zeigen auf ihren Stuhl und sagen: Schaut her, das ist der Platz, wo das Geld sitzt. Widerwärtig sei das. Oberhalb der fünf Millionen, so Schweizer, beginnen Neid, Gier und Größenwahn.

«Und wo liegen Sie?»

«Ich liege (Pause) oberhalb der Neidgrenze. Aber im Vergleich zu den richtig Reichen bin ich völlig unvermögend.»

«Das heißt, Sie sind immun? Ihnen schadet das viele Geld nicht?»

«Das ist eine Typfrage. Jens!», ruft er und meint damit den grauen Herrn. «Jens (Pause), du bist bescheidener als ich. Du sagst: Ich brauche weniger. Ich fahre gern Fahrrad. Ich hingegen habe einfach gern ein geiles Auto, am liebsten sogar zwei. Ich brauche ein bisschen mehr Cash.»

«Sie brauchen Statussymbole.»

«Ich LIEBE Statussymbole (Pause)! Aber sie bedeuten mir nichts mehr (epische Pause).»

Ich klinke mich für eine Weile aus, setze mich ans Ufer des Ganges und höre den Affen zu, die in den Wäldern herumturnen. Wie passt das alles zusammen? Ein ehemaliger Stuntman, der nun weise geworden ist, wenig von Geld hält und es trotzdem scheffelt. Einer, dem Statussymbole nichts bedeuten, der aber geile Autos liebt, eine Rennmaschine in seine Empfangshalle stellt und seine Kundschaft mit Panzerfahren und Kampfjetfliegen erfreut. In der Autobiographie schreibt Schweizer, dass nach einem Unfall wie dem in Dortmund nichts wieder gut wird. Auch nicht, wenn man erfolgreich ist. Vielleicht ist er, der Glücklichmacher, nicht immun gegen Geld, sondern immun gegen Glück. Er kann Milliarden auf dem Konto haben und sich hundert geile Autos kaufen, sie machen den Bungee-Springer nicht wieder lebendig. Trost findet er offenbar in der Spiritualität, wie so viele Westler, die durch Indien reisen und den Sinn des Lebens suchen. Vielleicht ist er aber auch nur ein guter Selbstvermarkter, und das hier ist mein persönliches Jochen-Schweizer-Erlebnis. Als ich ihn auf den Unfall anspreche, antwortet er mit einer Parabel aus dem Zen.

«Da gab es im alten Japan einen alten Bauern mit einem jungen Sohn (Pause). Und dem entläuft sein einziges Pferd. Ein kostbares Pferd (Pause). Da kommen die Dorfbewohner alle zu ihm und sagen: Mein Gott, du armer Bauer (Pause)! Wie willst du jetzt ernten? Dein Pferd ist entlaufen! Wie sollst du überleben (Pause)? Und der alte Bauer sagt nur: Wer weiß, wozu es gut ist (Pause). Und nicht lange danach kommt das Pferd zurück und bringt eine ganze Herde Stuten mit (Pause). Und jetzt kommen wieder die Leute aus dem Dorf und sagen zu dem alten Bauern: Phantastisch, nun bist du reich! Du hast so viele Pferde

(Pause)! Und der alte Bauer sagt nur: Wer weiß, wozu es gut ist (lange Pause). Nicht lange danach (Pause) verunglückt sein einziger Sohn schwer, als er (Pause) beim Zureiten der Stuten von einem der Pferde stürzt und sich viele Knochen bricht (Pause). Und die Dorfbewohner sagen: Oh, du armer Bauer. Ob er jemals wieder gesund wird? Ob er dir jemals wieder (Pause) zur Hand gehen kann? Und der alte Bauer sagt nur (Pause): Wer weiß, wozu es gut ist. Und dann bricht ein Krieg aus! Und alle Söhne werden eingezogen, um in diesem Krieg zu sterben. Nur der Sohn des Bauern, der ist für den Krieg nicht zu gebrauchen, weil er noch verletzt zu Hause liegt. Und dann kommen die Dorfbewohner und sagen: Du Glücklicher! Du bist der Einzige, der seinen Sohn nicht geben musste (längere Pause). Der alte Bauer sagt nur: Wer weiß, wozu es gut ist (wahnsinnig lange Pause).»

Und so blickte Buddha zufrieden auf den grauen Herrn, und der blickte zufrieden zurück. Die Stundenblume war geraucht. Da meldete sich ein Mobiltelefon mit einem tibetanischen Gong, und Buddha sprach: Oh! Das ist eine Erinnerung! Ich muss meine kleine Tochter abholen! Und so verabschiedete sich Buddha und ritt in einem geilen Auto in die Kita.

Der Dichter aber sah auf seine Hände. In seiner linken fand er einen Energydrink, in seiner Rechten einen Houserunning-Gutschein.

Und der Dichter sagte sich: Wer weiß, wozu es gut ist.

# Katar

## IM REICHSTEN LAND DER ERDE

Irgendwo zwischen Kirkuk und Bagdad schließe ich die Augen. Als ich sie wieder öffne, brennt eine Fackel am Horizont und hebt den nachtschwarzen Schleier über der Wüste. Das muss Kuwait sein, denke ich und beobachte, wie aus einem Feuer viele werden und aus vielen ein Meer aus orangeroten Flammen und Rauch. Es ist zwei Uhr morgens, ich bin seit Stunden unterwegs, doch ich möchte die Show vor meinem fliegenden Fenster nicht verschlafen. Eine Wolkendecke verschluckt das Orange für Minuten, dann zerreißt sie plötzlich, und zwischen den dunklen Flecken sehe ich die Insel Bahrain aufleuchten, glühen und verglimmen.

Der Himmel wird klarer. Die Insel verschwindet. Das Flugzeug sinkt. Jetzt sind die Wolken fort, und die Magie beginnt. Kristallene Lichter fließen in silbernen Linien durch den Sand und verbinden sich zu Figuren, die wie Sternbilder auf dem Wüstenboden funkeln. Abrakadabra. Wir schweben über Ras Laffan Industrial City, und die Nacht verwandelt Öl- und Gasraffinerien in apokalyptische Schönheiten. Unter mir schimmert das größte Erdgasfeld des Planeten, vor mir liegt Doha, die Hauptstadt der reichsten Nation der Erde, und vielleicht ist der Pilot genauso berauscht wie ich, denn er kurvt noch einmal um die diamantglitzernden Türme der Skyline und bringt die Orgie aus tausendundeinem Licht auf den Höhepunkt. Touchdown in Katar.

Vor hundert Jahren war dieses Land noch ein einfacher Perlenfischer. Tag für Tag fuhr er auf einer Dau zu den Austernbänken, band sich ein Seil um die Hüften und einen Stein ans Bein, um schneller auf den Grund zu sinken. Dann stürzte er sich kopfüber in die Fluten, löste die Austern mit einem scharfen Messer und verwahrte sie in einem Beutel. Näherte sich ein Haifisch, befreite er sich von seinem Gewicht und zog am Seil, damit ihn die Gefährten so schnell wie möglich nach oben hieven konnten. Seine Arbeit war gefährlich und brachte selten etwas ein. Niemand konnte sagen, warum sich in manchen Austern Perlen versteckten und in anderen nicht. Die Alten erzählten sich, dass die Muscheln bei Regen an die Wasseroberfläche kämen, sich einen Spalt öffneten und einen Tropfen aufschnappten. Manche Tropfen, so hieß es, verwandelten sich im Inneren der Auster auf wundersame Weise zu einer Perle.

Eines Tages entdeckte der Fischer einen Schatz in seinem Garten. Er fand ihn tief in der Erde vergraben, und er war so unermesslich groß, dass der Fischer nie wieder aufs Meer hinausfahren und sein Leben riskieren musste. Aber was sollte er bloß mit seinem Reichtum anstellen? Bald hatte sein Haus marmorne Böden, er ließ Tische und Stühle vergolden, und als er alles besaß, was man besitzen konnte, kaufte er sich die Fußball-Weltmeisterschaft.

Frage: Warum spielen die Deutschen eigentlich Fußball und nicht Kricket? Ranga, mein indischer Taxifahrer, hat die Antwort: Hitler sei dafür verantwortlich. Der Diktator habe sich mal ein Kricketmatch zwischen dem Deutschen Reich und England angesehen. Nach vier Tagen erkundigte er sich, wann die Partie denn endlich vorbei sei, und jemand antwortete: «Morgen, mein Führer!» Da regte sich Hitler furchtbar auf. In dieser Zeit hätte er drei Länder erobern können, tobte er. Als am fünften Tag der Schlusspfiff ertönte, wollte er wissen, wie das Match ausgegangen sei, und jemand antwortete: «Unentschieden, mein Führer!» Da bekam er den nächsten Wutausbruch. Sein geliebtes Herrenvolk habe Wichtigeres zu tun, als dieses verdammte Judenspiel zu spielen. In seinem Zorn schmiedete der Gröfaz einen diabolischen Plan: Er lud die deutsche Kricket-Nationalmannschaft zu einem Empfang nach Berlin, stellte ihnen ein Flugzeug der Luftwaffe zur Verfügung und befahl, es auf halber Strecke abzuschießen. Danach ließ er Kricket für tausend Jahre verbieten, und die Deutschen mussten sich eine neue Lieblingssportart suchen. Somit hätten wir unsere Fußball-WM-Titel also Hitler zu verdanken.

Wir erreichen das Hotel. «Nachts braucht man fünf Minuten, tagsüber fünfzig!», lacht Ranga, und ich halte das für einen Witz. «Nein, nein, Sir, die Gebäude in Doha wachsen schnell, aber die Straßen nur sehr langsam.» Die Stadt sei eine einzige Baustelle und tagsüber verstopft wie der Arsch seiner Mutter, was auch immer er mir damit sagen will. Gute Nacht, mein Freund.

An der Fassade blinken rote und blaue LED-Leuchten, die Räume sind mit Linoleum ausgelegt, die muslimische Mini-Bar ist leer und dröhnt. Sie wird die Nacht durchmachen, so wie tausend andere leere Kühlschränke in tausend Hotelzimmern auf diesem Planeten. Ich drücke mir Watte in die Ohren und falle in Trance. Bin ich angekommen? Ist das Wunderland? Während ich träume, sieht der Mann im Mond dabei zu, wie draußen in der Wüste das Geld aus dem Sand sprudelt. Millionen. Milliarden. Einfach so.

Indien ist orange. Frankreich ist blau. Russland ist grau und Brasilien grün. Katar ist beige. Dafür sorgt der feine Sand, der sich auf jede Straße und jeden Toyota Pickup legt und jeden brüchigen Balkon, jede abgerissene Satellitenschüssel und jedes offene Kabel bedeckt, das aus den Mauern ragt. Mein Hotel liegt zwischen Autowerkstätten und Polstereien in Msheireb. Das Viertel scheint der Hinterhof dieser Stadt zu sein. In den halb blinden Schaufenstern stapeln sich Waschmaschinen, Generatoren und gebrauchte Fernseher.

Hier wohnen die Diener des Perlenfischers. Er hat sie aus Indien, Pakistan, Nepal, Bangladesch und von den Philippinen in sein Haus gelockt. Auf jeden Katarer kommen vier Gastarbeiter. Sie fahren die Taxen, sie schleppen die Koffer, sie räumen die Tische ab, sie putzen die Glitzerfassaden der Wolkenkratzer, sie reinigen die Marmorlatrinen, und sie heben den Schatz, der im Wüstensand liegt. Nur profitieren sie davon wenig. Katar gilt als das reichste Land der Erde, weil jeder seiner Einwohner statistisch hunderttausend Dollar im Jahr verdient. Faktisch aber fließt der Reichtum in die Taschen einer geschlossenen Gesellschaft. Der Fischer verteilt seinen Schatz nur innerhalb der Familie.

Im Jahre 2022 soll sich kein Fußballfan in dieser Gegend die Turnschuhe schmutzig machen, deshalb reißen die Gastarbeiter ihr eigenes Viertel ab. Mitten in Msheireb klafft ein einunddreißig Hektar großer Canyon, in dem Luxushotels, Banken, Boutiquen, Museen und Parkhäuser entstehen. Wummern, Hämmern, Schleifen, Bohren, Drillen, Sägen, Klopfen, Stampfen, Schlagen, Donnern. In Doha hört man, wie das Geld arbeitet, nur sehen kann man es nicht. Die Wunde im Stadtzentrum ist aus gutem Grund von meterhohen Wänden umschlossen. Manchmal kommen Geister aus dem Tor: hagere Gestalten mit dunklen Schutzbrillen, die versuchen, jeden Zentimeter ihres Körpers zu bedecken. Sie haben ein Tuch unter ihren Helm geklemmt, das sich über Stirn, Hinterkopf und Nacken legt. Ein zweites soll Mund, Nase und Hals schützen. Gegen den Staub, gegen die Sonne. Paxino hat mir von den Gastarbeitern in Dubai erzählt. Manche Baufirmen hätten diese Leute wie Hunde gehalten, zu Dutzenden eingepfercht in Containern, die der Tag in einen Glutofen verwandelt. Immer wieder sei einer umgefallen in der Hitze, einfach umgefallen, aber es habe niemanden interessiert. Die Männer waren Arbeitsmaterial, mehr nicht.

Hier in Katar führen die Botschaften darüber Buch, wie viele ihrer Landsleute sterben. Sie müssen den Papierkram regeln, wenn eine Leiche nach Hause geschickt wird. In den vergangenen zwei Jahren sind allein vierhundertfünfzig Inder auf den WM-Baustellen ums Leben gekommen. Junge, gesunde Männer, die sich nach der Schicht auf eine verwanzte Matratze legten und an einer Herzattacke zugrunde gingen. Wenn die Spiele eines Tages angepfiffen werden, wird die Mannschaft der toten Arbeiter wesentlich größer sein als alle anderen Teams zusammen.

Es sei ja kein Geheimnis, dass die Jungs arme Schweine sind, sagt Ranga, aber er müsse aufpassen, was er sagt.

Und wem er es sagt. Letztens habe sich ein Kollege auf Facebook darüber beschwert, wie das reichste Land der Erde mit seinen Stiefkindern umgeht. Dann habe man ihn «abgeholt». Das ist der Unterschied zu einer Demokratie: Jeder in Katar kann seine Meinung sagen, aber nur einmal, und wenn es schlecht läuft, ist er danach verschwunden. Die Sitze im Taxi sind mit Plastik überzogen. Auch die Schutzfolien über den Kopfstützen hat Ranga nie entfernt. Er arbeitet seit fünfundzwanzig Jahren in diesem Land, aber einen katarischen Pass bekommt er nicht. Wenn er eines Tages nicht mehr gebraucht wird, kann man ihn problemlos in ein Flugzeug nach Indien setzen.

Wir fahren zur Qatar News Agency, einer staatlichen Nachrichtenagentur, die ausschließlich Positives aus Katar berichtet. Bad News gibt es nicht. Am liebsten würden die Schönschreiber auch die Artikel der westlichen Presse redigieren, denn der Perlenfischer fürchtet um seinen Ruf. Aus Vorsicht hat mich die QNA zu sich einbestellt. Seit einer Stunde stehen wir in einem Stau aus Geländewagen, die hier so groß sind wie Elefanten. Ranga nennt sie die «Dämonen der Straße», weil sie drängeln, rechts überholen und sich auch sonst an keine Regel halten. Dabei drohen den Verkehrssündern drakonische Strafen. Hier ein Auszug aus dem katarischen Bußgeldkatalog, frei nach Ranga:

Über Rot fahren: 1500 Dollar
Am Steuer telefonieren: 1000 bis 2500 Dollar
Alkohol am Steuer: 2500 bis 15 000 Dollar und versautes Karma
Zu schnell fahren: ab 2500 Euro
Viel zu schnell fahren: um Shivas willen!

«Das sind lächerliche Summen für Katarer!», meint Ranga. «Die zahlen cash und geben auch noch Trinkgeld. Manche kommen auch einfach so davon.» Er wisse von Leuten, die schon sechzig- oder siebzigtausend Dollar auf ihrem Strafenkonto hätten, aber weder den Führerschein abgeben noch in den Knast müssten. «Die haben einen Bruder bei der Polizei oder einen Onkel in der Behörde, Sir. So ist das Leben.»

Ich hatte einen Palast erwartet, aber die Zentrale der Qatar News Agency erinnert an den Flachbau, in dem sich Osama bin Laden versteckt hielt. Die Autos davor sind komplett von einer Sandschicht überzogen, so als hätte man sie jahrelang dort stehen lassen. «Das soll es sein?», frage ich, und Ranga deutet auf ein kleines Schild an der Fassade. Darunter hängt ein Zettel: «Lost Parrot!» Der entflogene Papagei sei grau mit rotem Schwanz, trage einen Ring am linken Fuß und spreche Arabisch. Aber wo ist der Eingang der Presseagentur? Ich kann ihn nicht finden. Soll er doch mich finden, denke ich, schlurfe in die Tiefgarage des Hauses und laufe einem Wachmann in die Arme. Er wundert sich, führt mich aber über eine Treppe in die Empfangshalle. Ranga hat mich an der Rückseite des Gebäudes abgesetzt.

Vor dem Gebetsraum stehen Schuhe, und der Wachmann deutet auf eine Ledercouch. Nach zwanzig Minuten begrüßt mich eine Amerikanerin, die als Double von Whoopi Goldberg durchgehen würde. «Hat Ihnen noch keiner einen Kaffee angeboten?» Ich schüttle den Kopf. «Was? Das kann doch nicht sein. Kumar? Kumaaar!!!», schimpft sie und bittet mich, ihr zu folgen.

Eine ähnliche Szene habe ich am Morgen in einem Café beobachtet. Alle Tische waren besetzt, und der Kellner arbeitete allein auf der Terrasse. «Excuse me! Excuse me!», zischte es aus vier Richtungen, und einige dieser «Excuse me!» spritzten wie Schlangengift hinter ihm her. Du Diener, ich Gott. Als ich ihn nach meiner Bestellung fragte, brach es aus ihm heraus: Sir, sagte er, sorry, Sir, zu viel Stress, Sir, er komme von den Philippinen, Sir, very much crisis country, Sir, und jetzt sei er einen Monat hier, Sir, und habe noch nicht einen Tag freibekommen, Sir, ein Gehalt sowieso nicht, Sir, und es täte ihm alles sehr leid, Sir, er werde sofort in die Küche gehen und nach meinem Frühstück fragen, Sir, aber jetzt müsse er wirklich weitermachen, Sir, sorry, Sir.

Whoopi leitet eine kleine, rein weiblich besetzte Presseabteilung. Manche ihrer Kolleginnen sind verhüllt, andere nicht. Im Gegensatz zu Ländern wie Saudi-Arabien, die ihre halbe Gesellschaft in der Küche verstecken, dürfen Frauen in Katar arbeiten. Die meisten Migrantinnen jobben allerdings als Hausangestellte in Privatfamilien und sind ihren Herren ausgeliefert. Amnesty International spricht von Ausbeutung, Misshandlungen und sexuellem Missbrauch.

Kumar eilt mit zwei Tassen Kaffee herbei und verzieht sich so schnell, wie er gekommen ist. Whoopi hält mir einen Vertrag und einen Kugelschreiber unter die Nase. Ich verpflichte mich, keine Gesetze zu brechen, keine Frauen zu belästigen, keine Aufstände anzuzetteln und das Land nicht in den Dreck zu ziehen, andernfalls werde man mich und meinen Verlag verklagen. Immerhin lese ich nichts von abgehackten Dichterhänden. Vor der Reise hatte man mir Interviews mit hochrangigen Politikern und Unternehmern versprochen, jetzt überreicht mir Whoopi eine Liste mit Sehenswürdigkeiten. Ich soll mir ein Kulturzentrum und das Museum für Islamische Kunst ansehen, in dem der alte Perlenfischer das Bling-Bling der Ahnen hütet. Es wurde vom selben Architekten entworfen, der auch die Louvre-Pyramide geschaffen hat. Das klingt phantastisch, aber von Interviews ist keine Rede mehr. Zum Abschied möchte ich wissen, ob wenigstens der Emir für mich Zeit hat. Eine Frage, die Whoopi, vorsichtig gesagt, arrogant findet. So einen Termin müsse man ein bis zwei Jahre vorbereiten.

«The Pearl» ist eine künstliche Insel vor der Küste, die aus der Höhe betrachtet an eine Perle erinnert. Ein Copy and Paste aus Dubai. Halbfertige, seelenlose Luxus-Tower wachsen im Kreis um einen schwimmenden Campingplatz der High Snobiety. Wie weiße Wale, die man in eine Bucht getrieben hat, schieben sich die Yachten aneinander. Eine Dominator ist auch darunter. Im Wasser findet gerade ein besonders sinnloser Wettbewerb für Reiche statt, die schon alles haben. Bei den Weltmeisterschaften im «Flyboard» tragen die Teilnehmer Düsen an den Füßen, die über einen langen Schlauch mit einem Jetski verbunden sind. Sie schießen wie Superhelden aus den Fluten und stürzen sich mit einem Salto in die Tiefe. Ein etwas untersetzter Mann präsentiert uns seine Talente im Bauchklatschen. Offenbar lässt sich in dieser Sportart noch relativ leicht die Weltspitze erreichen. Rund um die Bucht hat sich die übliche Infrastruktur in Stellung gebracht. Eine riesige verwaiste Luxusmall, die wie ein Terrarium wirkt. Zwischen Taschen und Kleidchen sitzt in jedem Glaskäfig eine andere traurige Frau aus einem anderen exotischen Land. Sie alle tragen denselben «Lost in Translation»-Blick. Sie wollen gefunden werden. Sie können ihre Kunden an einer Hand abzählen, aber bald sollen sie kommen, spätestens zur Weltmeisterschaft.

«Im Moment ist alles etwas improvisiert, aber wenn Doha erst mal fertig ist, werden Sie es lieben», hat Whoopi gesagt, und in der Hoffnung auf eine bessere Zukunft lasse ich den Abend an der Promenade vergehen. Cannes hat eine Corniche, Monte Carlo hat eine Corniche, und jetzt bekommt auch Doha seine Uferstraße, Corniche Road, die ein Traum sein könnte, wären da nicht die Baustellen. Ich bin in eine Lehmpfütze getreten, setze mich auf eine Mauer, ziehe die Schuhe aus, halte sie ins Wasser und blicke auf die hölzernen Daus, die in den milchblauen Wellen vor den Wolkenkratzern schaukeln. Was für ein Bild. Der Schatz des Fischers hat Sand in Glas, Stahl und Licht verwandelt. Katar wurde aus dem Mittelalter in die Neuzeit geworfen, jetzt reist es mit aller Petropower in die Zukunft. Noch vor vier, fünf Jahren soll auf der anderen Uferseite nur die Pyramide des Sheraton gestanden haben. Das größte Gebäude weit und breit. Heute verschwindet es in einem Dickicht aus funkelnden Minderwertigkeitskomplexen. Neureiche Männer kaufen sich einen Lamborghini, neureiche Länder ihre Wolkenkratzer.

Ein Arbeiter fischt mit Nylonschnüren nach einer Mahlzeit. Zwei andere bemerken meine Kamera und möchten, dass ich sie vor einem Nationalsymbol fotografiere. Es ist eine riesige, von Bauzäunen umschlossene Auster mit einer Perle darin. Die Männer posieren in ihren Blaumännern wie Freiheitskämpfer. Einer verschränkt die Arme und macht auf cool, der andere zeigt Peace. Als ich sie auf ihre Arbeit anspreche, verschwinden sie.

In ihre Heimat können sie nicht fliehen. Nach katarischem Recht, dem Kafala-System, gehören sie ihrem Boss, und der wird einen Teufel tun, sie gehen zu lassen. Irgendwann hat ihnen ein Agent von einem Land erzählt, in dem Gas und Öl wie Milch und Honig fließen. Von einem Ort, an dem es Jobs gibt, viele Jobs, für ordentliches Geld. Man hat ihnen dreihundert Dollar im Monat versprochen, vielleicht sogar mehr, und sie haben sich verschuldet, um die überzogene Vermittlungsgebühr zu bezahlen. In der Hoffnung auf ein besseres Leben unterzeichneten sie einen Vertrag, den sie nicht lesen konnten, weil er auf Arabisch abgefasst war. Dann verließen sie ihre Frauen und Kinder mit einem weinenden und einem lachenden Auge. Würden sie eines Tages zurückkehren, da waren sie sich sicher, hätten sie genug Geld verdient, um ein Haus zu bauen und ein Auto zu kaufen.

Jetzt sind sie hier. «Wie bitte? Vierzehn Stunden in der Sonne findest du übertrieben? Willst du etwa deine Familie enttäuschen? Du hast doch Schulden!» – «Was? Du möchtest Gehalt? Was fällt dir ein? Wer Honig essen will, der ertrage das Stechen der Bienen!» – «Moment, du forderst deinen Pass zurück? Weißt du nicht, wer vor dir steht? Ich bin dein Boss, und ich bürge für deinen nepalesischen Arsch. Also sei nicht undankbar, halt die Klappe und kletter verdammt noch mal zurück auf den Kran!» In Katar sprechen manche nicht von Gastarbeitern, sondern von Sklaven. In Katar sprechen manche nicht von Vorgesetzten, sondern von Besitzern. In Katar sprechen manche nicht von Sonnenuntergängen, sondern von Erlösung.

Am nächsten Tag hält ein goldener Mitsubishi Pajero vor meinem Hotel. Ich werde von zwei jungen Männern in Anzügen abgeholt, einem Deutschen und einem Briten, beide gehören zum WM-Organisationskomitee. Wir fahren etwa eine Stunde, dann hält der Pajero vor einem Flachbau im Nichts. An der Fassade flattert ein langsam verbleichendes Banner im heißen Wind: «Expect Amazing», ich soll Unglaubliches erwarten. In der Lobby, die wie ein Beduinenzelt dekoriert ist, empfängt uns ein Buffet aus hundert Häppchen. Frisches Obst, Säfte, Softdrinks, Kaffee, Tee, Sandwiches, Brownies, Croissants, angerichtet auf goldenen Tabletts. Während wir Blaubeermuffins verdrücken, Coca-Cola und Sprite trinken, sprechen wir über tote Bauarbeiter. Völlig verzerrt sei die Berichterstattung, also im Ernst, totaler Schwachsinn, warum die Deutschen das Turnier in Katar verhindern wollen, könne sich kein Mensch erklären. Ausgerechnet Deutschland, das an der Weltmeisterschaft doch so viel verdiene.

In der Lobby stehen Modelle der katarischen WM-Stadien. Eine der Arenen ist komplett von einer Videowand umhüllt, eine andere erinnert an eine hölzerne Dau, das Boot der Perlenfischer.

«Die Stadien sind hübsch, oder?», fragt der Deutsche.

«Ja, wirklich beeindruckend», antworte ich.

«Die hat Albert Speer entworfen.»

(Ich muss lachen.)

(Er nicht.)

«Ach so, der Sohn.»

«Genau.»

Eine Delegation des FC Valencia rettet die Stimmung. Fünf kaugummikauende Millionäre in Vereinsanzügen, die zwar nicht wissen, wer ich bin, mich aber dennoch mit Schulterklopfern begrüßen. Gemeinsam folgen wir den High Heels einer blonden Hostess in einen Saal voller Ledersessel. Genau an diesem Ort, in diesen schwarzen Sitzen machten es sich die Kommissare der FIFA gemütlich. Genau hier hat man sie von einem Turnier bei vierzig Grad im Schatten überzeugt. Genau hier ist das Todesurteil für viele hundert Menschen gefallen. Reichtum ist der größte Verführer aller Zeiten. Er hat die Arbeiter in die Wüste gelockt, er hat mich in die Wüste gelockt, und bald wird er die ganze Welt in die Wüste locken.

Die Hostess dimmt das Licht. Drei Wände des Saals sind gläsern. Sie bestehen aus futuristischen Screens, die mehrere Bildebenen gleichzeitig darstellen können. Wer braucht noch 3-D-Brillen? Der Effekt entsteht ganz von allein. Die Sessel lassen sich in alle Richtungen drehen, und so können wir verfolgen, was um uns herum passiert. Es ist klar, dass wir auf festem Boden stehen, doch wir haben bald das Gefühl, auf einem fliegenden Teppich zu reisen. Der Trip beginnt im Weltall. Zehn, neun, acht, sieben, sechs, fünf, vier, drei, zwei, eins. Bei null rasen wir auf die Erde zu. Erst durchqueren wir ein Asteroidenfeld aus Schlagzeilen, die vom «Beautiful Game» erzählen. Dann breiten sich die Kontinente vor uns aus, und wir erfahren, dass noch nie eine Fußball-Weltmeisterschaft auf arabischem Boden stattgefunden hat, obwohl hier fabelhafte Märkte und Kontakte auf die FIFA-Familie warten. Wir sausen im Sonnenaufgang durch die Wüste. Auf einer Düne steht ein Scheich mit seinem Sohn und fährt mit dem rechten Arm über das Land. Eine Stimme berichtet von der Herzlichkeit des Orients. Den Charakter eines Menschen erkenne man daran, wie er seine Gäste behandelt.

Trommeln. Wir schweben über einem neuen Flughafen mit zwei parallelen Startbahnen, der keine Wartezeiten und keine Verspätungen kennt. Zwei Boeings heben gleichzeitig unter uns ab. Asphalt ergießt sich in die Wüste,

Highways entstehen, mit eigenen Fahrstreifen für FIFA-Funktionäre. Jetzt kommt eine Flotte aus modernen Bussen, Fährschiffen und Zügen auf uns zu. Wir hören, dass die Deutsche Bahn ein komplettes Schienennetz durch Katar zieht. Ein Milliardenauftrag. Die Transfers zu den WM-Stadien sollen schnell, komfortabel und so gut wie kostenlos sein. So könne man problemlos mehrere Spiele an einem Tag sehen. Rüdiger Grube liest eine epische Lobeshymne in die Kamera. In Deutsche-Bahn-Englisch preist er die unendlichen Möglichkeiten des Morgenlands. «It will be an amazing World Cup!», stimmt Bayern-Trainer Pep Guardiola mit ein, und ich frage mich, wer von beiden das höhere Honorar bekommen hat.

Die Präsentation simuliert einen Spieltag. Viertelfinale. Millionen Fans sind auf Schienen und Straßen quer durch die Wüste unterwegs und kommen pünktlich ans Ziel. Kein Stress, keine Staus, keine Hektik. «What an amazing day of competitions and surprises!», frohlockt der Sprecher, und wir sehen, dass Katar die deutsche Nationalmannschaft mit 2:0 aus dem Turnier geworfen hat. Auf einer künstlichen Halbinsel vor der Küste wächst ein Stadion. Architektur, wie sie die Welt noch nie gesehen hat. Kühltürme schießen aus dem Boden, Wasserdampf sprüht über Spielfeld und Ränge, in keiner Arena soll es jemals wärmer als siebenundzwanzig Grad werden.

Vögel singen. Nun spricht der große Dokumentarfilmer und Umweltschützer Yann Arthus-Bertrand. Er steht vor einer Blockhütte am Waldrand und sagt, dass er die Spiele aus vollem Herzen unterstütze. Die Testimonials folgen immer schneller aufeinander. Lachende Menschen aller Hautfarben, Religionen und Nationen fliegen uns entgegen und schwärmen von einem weltoffenen Land.

Schöne Gesichter machen schöne Worte, doch mir ist, als sprächen die Köpfe der Toten zu uns. Eingefallene Wangen, verbrannte Haut, weit aufgerissene Augen. Dann geht das Licht an.

Ich starre auf die erloschenen Screens. Ähnlich überfahren müssen sich die FIFA-Kommissare gefühlt haben, als sie an meiner Stelle saßen. Es ist sehr wahrscheinlich, dass ihnen die Scheichs weitere wertvolle Argumente zu Füßen legten. Ein Funktionär aus Trinidad und Tobago soll kurz nach der WM-Entscheidung anderthalb Millionen Dollar aus Katar eingestrichen haben. Dazu gibt es ein arabisches Sprichwort: Arm ist nicht der, der wenig hat, sondern der, der nie genug bekommen kann.

# Wer ist Thomas Kramer?

## DAS GERMAN WUNDERKIND

«Was, du kennst TK nicht?», hat Wedigo im Marbella Club gefragt. «Dann google den mal, da fällst du um!»

Ich liege rücklings auf meinem Wohnzimmerboden und studiere die Wasserflecken an der Decke. Vor drei Jahren hat ein Herbststurm eine Pfanne vom Dach geweht, und es regnete tagelang unbemerkt ins Haus. Damals habe ich versucht, die Stellen mit Farbe zu kaschieren, aber sie kamen immer wieder durch. Meinen Vermieter mochte ich nicht um Hilfe bitten. Er ist ein moderner Raubritter, der mir und meinen Nachbarn Herrn Römer, Frau Pöhlmann und Familie Gogic nicht das Schwarze unter den Nägeln gönnt. Halleluja. Ich richte mich auf und mache mir einen starken Kaffee.

Der weiße Riese, mit dem ich durch die Gatsbys geschwommen bin, der General Charming mit dem goldenen Totenkopfring und der Gewürzmischung in der Hose, das Party Animal, dem ich x-mal High Five geben musste, hat mich nicht belogen. TK ist tatsächlich mit Donald Trump befreundet und bereitet tatsächlich einen Zwanzig-Milliarden-Dollar-Immobiliendeal in Pakistan vor. Außerdem scheint ihm halb Florida zu gehören. TK besitzt tatsächlich ein Grundstück auf Star Island, einer privaten Luxusinsel mit Blick auf die Skyline von Miami. An den blutroten Wänden seiner Villa mit dreizehn Schlafzimmern und fünfundzwanzig-Karat-vergoldetem Stuck hängen ausgestopfte Löwenköpfe. Den Himmel im Speisesaal schmückt ein Fresko im Stile Michelangelos, auf dem sich der Hausherr persönlich mit nackten Englein vergnügt. Von der Decke reichen zwei blankpolierte Messingstangen bis zur Tischplatte. TK lässt Stripperinnen daran tanzen und nennt sie sein «kalorienfreies Dessert». Er feiert Orgien in der Poollandschaft direkt am Meer und verfügt über ein Anti-Paparazzi-System: Auf Knopfdruck erhebt sich dichter Nebel vor seinem Yachthafen, der den Sündenpfuhl verhüllt. TKs Nachbarn heißen Julio Iglesias und P. Diddy.

Ich öffne eine Dose, kratze die Linsensuppe heraus und mache sie warm. Am Anfang riecht sie immer nach Hundefutter, das ist normal, aber wenn sie erst mal heiß ist, kann man sie essen. Dazu eine geröstete Scheibe Vollkorntoast. Ich bin sehr stolz auf meinen Toaster. Er ist ein Designerstück mit Bräunungskontrolle und automatischer Brotzentrierung. Außerdem glänzt er so schön. Wo habe ich noch gleich TKs Visitenkarte mit dem Stier gelassen? Ach ja. Ich finde sie in meiner Schreibtischschublade zwischen Heftklammern und einem Tesafilm-Abroller. Als ich den Handycode auf der Rückseite scanne, erscheint ein Name und eine Nummer auf dem Display: Thomas Kramer. President of Star Island.

Es rauscht.

«HALLO???»

«Hi, hier ist Dennis aus Marbella ...»

«WER???»

«Dennis the Menace. Der mit dem Wet Gel!»

Die Verbindung ist miserabel. Er kann mir noch erzählen, dass er gerade mit Freunden in einem Helikopter durch die Dolomiten fliegt. Sie würden gleich über der Marmolata schweben, die Sitzgurte lösen und sich senkrecht die Steilwand hinunterstürzen, eine «total geile Nummer». Ich soll ihm Glück wünschen. Dann bricht das Gespräch ab.

Wochen später versuche ich es erneut. Thomas Kramer hat den Trip überlebt und weilt in Bad Soden am Taunus. Natürlich erinnere er sich an Marbella. Er habe mich gleich gemocht, weil ich nicht so angepasst sei wie die anderen. Im Moment sei er «auf Stand-by». Der neue Emir von Katar, ein Partybruder, der angeblich oft auf Star Island zu Gast war, habe ihn in die Wüste eingeladen, und die Reise könne jeden Tag losgehen. «Komm doch vorbei, dann gehen wir ins Gym!», schlägt er vor. «Abends nehme ich dich mit zu ein paar Kumpels. Wir haben früher im Sudan Waffen gekauft und da rumgeballert, ist schon ewig her. Das wird lustig. Ich freu mich auf dich!»

An einem klaren Tag kann man von den Terrassen seiner Heimatstadt bis zu den Wolkenkratzern von Mainhattan sehen. Dort, in den Fördertürmen von Frankfurt, wird das Geld gewonnen, hier, in Bad Soden, ist es zu Hause. Schlösschen, Parks, warme Quellen. Mendelssohn Bartholdy komponierte einige seiner Orgel- und Orchesterstücke in dem alten Kurort, Tolstoi ließ Szenen aus «Anna Karenina» hier spielen. Doch das Paradies ist in Gefahr: Die hessische Landesregierung möchte ein Asylbewerberheim zwischen die Villen von Bad Soden setzen. Bald könnten Flüchtlinge aus Syrien und Afghanistan durch die hübschen Parks marodieren, und die Anwohner fürchten um ihre Häuser, ihre Autos, ihre Frauen, ihre Kinder und vor allem ihre Grundstückspreise. Schon hat sich eine Bürgerinitiative gegründet, die fleißig Stimmen gegen die Fremden sammelt. Man spendet gern, aber man möchte das Elend nicht sehen.

Die Adresse, die mir Thomas Kramer genannt hat, führt mich zu einem regengrauen Plattenbau, nicht weit vom Bahnhof. Zwischen all den Jugendstilfassaden ist dieses Haus vielleicht das hässlichste, ganz sicher aber das höchste. Ich klingle, und eine Stimme schickt mir den Lift ins Parterre. Zögerlich betrete ich den Aufzug. Er passiert das oberste Geschoss und hält in einer privaten Etage unter dem Dach, die im Inneren nicht angezeigt wird. Das alles erinnert mich an Stockwerk siebeneinhalb in «Being John Malkovich», das nur halb so hoch ist wie alle anderen. Es führt über eine Geheimtür hinter einem Aktenschrank direkt in den Kopf des Hollywoodschauspielers. Und genauso ist es hier.

Keine ausgestopften Löwen, kein Fresko am Himmel, keine Striptease-Stangen. An der Wand im dunklen Flur lehnt ein Lattenrost, und TKs Mutter Ingeborg, die mich begrüßt, führt mich zu ihrem Sohn. Der König von Wunderland herrscht über ein Jugendzimmer in der Wohnung seiner Eltern. Nur die blutrote Farbe des Laptops, des Staubsaugers auf dem Laminat und des Fahrrads auf dem Balkon erinnert an Star Island. Ein paar Fotos von Reichen und Prominenten hängen an den Wänden, und auf einem Sessel liegt ein Häkelkissen mit dem Spruch «You can't be too rich or too thin».

Ich springe auf TK zu wie ein Hund auf sein Herrchen und möchte ihm High Five geben. Doch er beachtet mich nicht. Thomas Kramer sitzt mit verschränkten Armen hinter seinem Schreibtisch und starrt aus dem Fenster. Ich frage, ob ich mich setzen darf, bekomme aber keine Antwort. Ich frage, ob es ihm gut geht. Nichts. Dann hocke ich mich neben ihn und überlasse mich seiner Laune, die den ganzen Raum ausfüllt und wie Blei auf meine Schultern drückt. Vielleicht hätte ich ihn nicht anrufen sollen.

Jetzt betritt ein junger Typ im T-Shirt das Zimmer, der sich als Kramers Assistent vorstellt. Er nimmt mich zur Seite und versucht, die Situation zu erklären. TK habe gestern lange gefeiert und spätabends noch Kaffee und Red Bull getrunken. Er bekam die Augen nicht zu, und seine Kopfdisco tanzte weiter. Also nahm er Schlaftabletten, drei Stück, die ihn wohl umgehauen haben. Er sei trotzdem früh wach gewesen und habe sich den ganzen Tag nicht von der Nacht erholt. «Thomas taut schon wieder auf.»

Der Assistent krabbelt mit den Fingern über seine Tastatur, ich schlurfe auf die Veranda und lobe den Ausblick. Das Tolle an einem hässlichen Gebäude ist doch, dass man es nicht sieht, solange man darin lebt. Als Student habe ich in einem ähnlichen Hochhaus gewohnt und fühlte mich wie der Erste Bürgermeister von Hamburg, wenn ich morgens aus dem Fenster über St. Pauli und die Landungsbrücken bis zum Hafen sah. Thomas könnte über einen Wald und mehrere Dörfer bis auf die Südhänge des Taunus schauen, wäre sein Gehirn eingeschaltet. Doch er bleibt apathisch. Immerhin hat er eben geseufzt, und vielleicht hilft es, wenn ich ihm gut zurede. Bei YouTube gibt es eine englischsprachige Dokumentation über sein Leben, die er offenbar selbst produziert hat. Ich erzähle ihm, wie begeistert ich davon bin.

Der Imagefilm beginnt mit den schönen Worten «German born Thomas Kramer, called ‹TK›, a visionary entrepreneur». Der Vater, ein erfolgreicher Kurshändler an der Frankfurter Börse, bringt Thomas das Aktiengeschäft bei und bezahlt ihm die beste Ausbildung, die es in Deutschland gibt: das Elite-Internat Schloss Salem am Bodensee. In den Schulpausen handelt der Filius über ein Münztelefon mit Wertpapieren, wird schon mit siebzehn Millionär und geht als Investmentbanker an die New Yorker Wall Street. 1987 gelingt ihm eine Sensation: Er sagt den Schwarzen Montag voraus, den ersten Börsencrash seit dem Zweiten Weltkrieg. Tatsächlich fällt der Dow Jones innerhalb eines Tages um 22,6 Prozent. Thomas zieht sein Geld rechtzeitig ab und verdient auf einen Schlag ein Vermögen. Die Medien nennen ihn ein Wunderkind, und Thomas reist als Börsenguru von Talkshow zu Talkshow. In den Neunzigern wird er endgültig zum Star. Er kauft die Südspitze von Miami South Beach und macht aus einem angeblichen Ghetto, in dem kubanische Drogengangs hausen, eine der weltweit angesagtesten Luxus-Locations mit Appartement-Towern, Malls und Yachthäfen. «TK proved to be a major global developer by changing the skyline of one of America's premier cities into something truly spectacular.»

TK dreht sich vom Fenster weg und sieht seinen Assistenten ratlos an.

«Was erzählt Dennis da?»

«Es geht um deinen Film.»

«Welchen Film?»

«Thomas Kramer, das Wunderkind.»

«Mhm.»

Nun kehrt endlich das Leben zurück. TK und sein

Assistent werfen sich Zahlen zu. Zehntausend? Jap. Zwanzigtausend? Jap. Fünfundzwanzigtausend? Jap. Ich kann nicht folgen, und das wissen die beiden natürlich. Der Assistent meint, es gehe um ein Grundstück in Miami, das einem Rivalen von TK gehöre. Sein Boss wolle es seit anderthalb Jahren kaufen, aber der Deal sei kompliziert und mit viel juristischem Ärger verbunden. Jeder Anwaltsbrief habe eintausend Dollar gekostet, und es sei schon sehr, sehr viel Geld über den Jordan gegangen. Dreißigtausend? Jap. Fünfunddreißigtausend? Jap.

Endlich scheint TK zu registrieren, dass ich seit einer halben Stunde neben ihm sitze. Er erhebt sich, schlurft zu einem Bücherregal und zieht einen roten Bildband heraus, auf dessen Umschlag sein eigener Name steht: «Thomas Kramer – Meet the man behind the vision». Als wolle er mich entschädigen, versieht er das Buch mit einer Widmung: «For Dennis the Menace. My new friend.» Er reicht es mir, läuft zu seinem Fahrrad auf den Balkon und schiebt es in die Wohnung. «Geiles Teil, oder? Das habe ich gestern zusammengeschraubt.» Dann fällt ihm ein, dass er ja mit mir ins Gym wollte. Er gehe jeden Tag ins Gym. Er habe wahnsinnig viel abgenommen. Ich biete ihm High Five an, doch er übersieht meine Hand.

Ich kann nicht sagen, dass ich gerne zu jemandem in den Wagen steige, der unter dem Einfluss von Schlaftabletten steht. In Kambodscha durfte ich mal erleben, wie mein Fahrer ohnmächtig wurde und mit dem Kopf auf das Lenkrad kippte. Lustig war das nicht. Der Moneymaker fährt uns im Golf seiner Mutter zwar schweigend, aber erstaunlich souverän zu einem Bodystyling-Studio an der Autobahn.

Zumba, Großbild-TVs, tätowierte Gorillas. An der Fruchtcocktailbar wartet TKs Personal Trainer. «Hey Männer!», wirft er uns entgegen, und ich ahne, dass dieser Nachmittag nicht gut enden wird. TK befiehlt seinem Körpercoach, uns brutal hart ranzunehmen. Keine Gnade. «Wisst ihr, ich hab so eine Wut im Bauch!!!» Thomas ist ein Wahnsinniger. An jedem Gerät drückt er das Maximum weg. Achtzig Kilo am Butterfly, hundert Kilo an der Beinmaschine. «Du bist doch gedopt!», lacht sein Trainer, und das ist er tatsächlich: Im Moment berauscht er sich an sich selbst und an meiner Überforderung, denn selbstverständlich soll ich mich genauso schinden wie er. «Kommt, Männer, noch mal zehn Wiederholungen! Jawoll! Zieht durch!»

Ich werde Zeuge einer erstaunlichen Verwandlung. Mit jedem Zug, der mich schwächt, wächst die Kraft des Riesen. Meine Energie geht auf ihn über. Er saugt mich aus und wird allmählich wieder der, den ich in Marbella kennengelernt habe. «Sehr schön, noch mal fünf! Genießt es, Männer! Genießt es!» Bald lädt er die Asiatin am Crosstrainer zum Abendessen ein und fragt eine Achtzehnjährige, die auf einem Stepper hüpft, nach ihrer Telefonnummer. Er liegt mit dem Rücken auf der Hantelbank, glotzt einem dritten Mädchen auf den Hintern und ist schon bei fünfundzwanzig Wiederholungen angekommen, als der Personal Trainer ihn bittet, sich endlich auf den Bauch zu drehen. «Hey! Stellungswechsel mag ich gar nicht, wenn's gerade so richtig zur Sache geht!» Zack, High Five.

Schon zu Wall-Street-Zeiten soll TK ein Playboy gewesen sein. Als er dreißig wurde, so heißt es, mietete er ein ganzes Schloss, lud zweihundert Gäste ein und ritt als Zirkusdirektor verkleidet auf einem Elefanten zu seiner

Party. Er datete eine Reihe bildhübscher Frauen, bis er Ende der Achtziger auf einem Charity-Dinner die Verlagstochter Catherine Burda kennenlernte. Angeblich drei Tage später ließ Catherine ihren neuen Lover im Privatjet nach München einfliegen, um ihn Franz Burda junior, ihrem Vater, vorzustellen. Der war wenig begeistert. Kurz nachdem die beiden heimlich in New York geheiratet hatten, rollte eine Welle schlechter Presse über TK hinweg. Es ging um ein Großbauprojekt in Ostdeutschland, das er bald vergessen konnte, weil ihm die Investoren entsetzt davonliefen. Eine grandiose Pleite. Sein Image in Deutschland war zerstört.

Mitte der Neunziger wurde TK in Zürich festgenommen. Man warf ihm vor, die Ehefrau eines alten Schulfreunds auf der Toilette eines Striplokals vergewaltigt zu haben. TK sagte aus, der Sex sei einvernehmlich gewesen, und die Anschuldigungen wurden aus Mangel an Beweisen fallengelassen. Im selben Jahr trennte sich Catherine von ihm, doch er blieb nicht lange allein. TK lernte das Model Stephanie Phillips kennen, eine Psychologiestudentin, die ihm guttat. Statt mit ihm zu feiern, ging sie lieber mit ihm wandern. Trotzdem kam sein Leben nicht zur Ruhe. Bei einem Dinner in Miami soll er den Besitzer einer Trattoria ins Gesicht geschlagen haben, als der ihn darum bat, seine Zigarre auszudrücken. Die Sache endete in einer wilden Prügelei. Geschirr und Gläser flogen durch die Luft, Tische stürzten um, und TK flüchtete blutend in seinen SUV. Vor Gericht wurde er freigesprochen. Die Geschworenen waren der Meinung, der Trattoriabesitzer habe den Streit angefangen. Etwa zur gleichen Zeit nahm sich Kramers neue Freundin das Leben. Sie litt an Depressionen und wurde mit einer Kaliber .38 im South-Beach-

Appartement ihrer Mutter gefunden. Damals erzählte TK der Presse, er fühle sich, als habe ihm jemand seinen rechten Arm abgeschnitten.

Der Frust suchte sich ein Ventil. Als er zweiundvierzig wurde, flog TK von seiner eigenen Geburstagskreuzfahrt, die in Tel Aviv begann. Nach einem Faustkampf mit einem Kellner setzte ihn der Kapitän im ägyptischen Port Said an Land. TK hatte sich darüber echauffiert, dass sein Lieblingswein ausgegangen war. Einen Monat später wurde er schon wieder unter dem Vorwurf der Vergewaltigung festgenommen. Dieses Mal behauptete seine Sekretärin, er habe sie sexuell belästigt. TK sagte aus, die Frau wolle ihn fertigmachen. Am Ende entschied sie sich, ihre Aussage zu widerrufen.

Der Präsident von Star Island liegt auf einer Gummimatte und stöhnt. Über ihm kniet sein Personal Trainer. Er hat das rechte Bein des Riesen auf seine linke Schulter gelegt und drückt mit aller Macht dagegen. Partner-Stretching. TK hat ein frisches T-Shirt übergezogen. Darauf steht: «It wasn't me. It was TK!»

Vielleicht habe ich es mit einer gespaltenen Persönlichkeit zu tun. Auf der einen Seite der joviale, weltgewandte Immobilientycoon mit dem gebrochenen Herzen. Auf der anderen Seite der unberechenbare Kraftmensch, ein Hasardeur auf dem Selbstzerstörungstrip. Der wahre Thomas Kramer wird irgendwo zwischen seinen Extremen liegen. Er ist wie das Fellmonster aus Kinderträumen. Manchmal beschützt es dich. Es kann zaubern und fliegen und trägt dich auf seinem Rücken in ferne Länder. Doch manchmal macht es dir Angst. Dann verschwindet es für einen ganzen Tag im Wald, kehrt mit Blut um das Maul zurück, und du traust dich nicht, es darauf anzusprechen. Im Moment ist es ganz friedlich. TK hat die Augen geschlossen und umarmt sich selbst. Der Personal Trainer presst ihn noch stärker zusammen, und ich sehe zu, wie er sich biegt und windet. Wie er schnurrt und grunzt und brummt. Gerade noch klang er wie ein Tier, jetzt wie ein Kind.

In der Umkleide bleibt TK für eine Weile nackt vor dem Spiegel stehen und betrachtet seinen Körper. Ich glaube nicht, dass ihm Geld viel bedeutet. Als ich ihn danach fragte, schnauzte er mich an: «Was willst du von mir???» Seine Währung ist Aufmerksamkeit. Er sucht nach Anerkennung.

Auf der Rückfahrt erzählt mir TK von Star Island. Nichts sei da gewesen, nur eine hölzerne Brücke zur Insel. «Ich habe in einer Woche sechzehn Gebäude aufgekauft, alles plattgemacht, und jetzt sind das die teuersten Immobilien der Welt! Da wohnen nur Milliardäre! Handverlesen! Und in jedem Kaufvertrag steht, dass sich niemand bei der Polizei beschweren darf, wenn ich Party mache!» High Five.

Die Artikel der amerikanischen Presse aus dieser Zeit lesen sich wie Anklageschriften. TK muss völlig rücksichtslos über South Beach hergefallen sein. Er erwarb riesige Flächen und soll nicht mal versucht haben zu handeln. Geld spielte keine Rolle. Bald begann er, die alten Wahrzeichen an der Südspitze Miamis abzureißen: erst das legendäre Leonard Beach Hotel, dann das Ocean Haven. Er setzte einen Turm nach dem anderen in die Landschaft. Pastellfarbene Luxus-Wolkenkratzer aus Megalomanistan. Gemeinsam mit Donald Trump, seinem Bruder im Gelde und Geiste, wollte er die Gegend mit Casinos überziehen, doch der Plan scheiterte am Protest der Anwohner. Sie nannten ihn die Inkarnation des Bösen.

TKs Handy klingelt. Gute Nachrichten. «Geil! Hahaha! Wie geil!» Am anderen Ende erzählt ihm sein Assistent, dass der komplizierte Immobiliendeal, um den es heute Nachmittag ging, endlich perfekt ist. TK hat den Zuschlag bekommen und seinem Rivalen ein Grundstück abgeluchst. Er schlägt mir auf die Schulter und meint, dass ich ihm Glück bringe. «I can't believe it! I wanna go out tonight!» Irgendwie soll sein Assi die Mädchen aus dem Fitnessstudio klarmachen. TK wünscht außerdem, dass ein gewisser Holger mit uns an den Start geht, der beste Ausgeher von Frankfurt. Dieser Holger, ein alter Internatskumpel, stammt angeblich aus einer Pferdezüchterdynastie und verkauft seine Reithengste bis nach Dubai.

Das ist der Plan für heute Abend: Ich gehe mit dem Assistenten in Bad Soden essen, während Thomas ein Dinner mit Freunden besucht. Danach fahren wir alle zusammen nach Mainhattan und drehen durch. High Five.

Eine Viertelstunde Frühling ist mehr wert als ein Sack Gold. Der Assistent öffnet das Sonnendach seiner Limousine. Er hat sich eine alte S-Klasse gekauft und einen Funksender auf dem Dach angebracht. Jetzt kann er während der Fahrt auf seinem iPad fernsehen. Er ist vielleicht fünfundzwanzig, nicht älter, studiert in St. Gallen und möchte Investmentbanker werden. Seine Frisur ist ein angedeuteter Gordon Gekko, und das Geld ist schon dabei, ihn zu infizieren. Dabei ist er ein netter Kerl.

Wie er TK kennengelernt hat? Er sah ihn im Discovery Channel, als er mit Freunden in Miami Urlaub machte, und schrieb ihm eine Mail. Einen Tag später lud Thomas die Jungs nach Star Island ein und zeigte ihnen seine Welt.

Wir halten beim Edelitaliener, bestellen ein paar überteuerte Schweinereien, und ich konfrontiere ihn mit einer Frage, die mir schon den ganzen Tag auf der Zunge liegt. Würde ich sie seinem Boss persönlich stellen, so weit kenne ich ihn jetzt, würde er mich enthaupten. Ich will wissen, ob Thomas Kramer ein Betrüger ist. Es kursiert eine Version seiner Lebensgeschichte, die er weder in seinem Imagefilm noch in seinem Buch erwähnt. Glaubt man dieser Lesart, dann hat das vermeintliche Finanzgenie die Wall-Street-Gewinne schnell wieder verspielt. Nach seiner Immobilienpleite in Ostdeutschland suchte er verzweifelt nach Sponsoren und frischem Kapital. Siegfried Otto konnte ihm helfen. Der Stiefvater von Catherine Burda kontrollierte eine Gelddruckerei, die über sechzig Länder mit Banknoten und Wertpapieren versorgte und eine Milliarde Umsatz im Jahr machte. «Geldschein-Otto» galt als einer der angesehensten Unternehmer der Nation, doch er hütete ein dunkles Geheimnis: Über eine Tarnfirma hatte er Millionen in die Schweiz geschafft und ein enormes Schwarzgeldvermögen aufgebaut. TK, so vermuten manche, sollte das Geld für ihn mehren. Und so flog der mit einem Hubschrauber über South Beach, pickte sich aus der Luft die Filetgrundstücke heraus und bezahlte sie cash. Mein neuer Freund soll von dem Großunternehmer zweihundert bis dreihundert Millionen Mark bekommen haben.

Das könnte die wahre Geschichte von Thomas Kramer, dem Börsenwunderkind, sein. Es ist kein Geheimnis, dass ihn Ottos Nachkommen seit Jahren mit Flüchen und Klagen verfolgen. Bisher vergeblich.

Der Assistent lächelt. Er könne nichts dazu sagen, aber er habe auch schon mal davon gehört. Sein Handy vibriert. Es ist TK. Bei seinem Dinner seien nur Arschlöcher gewesen. Jetzt laufe er alleine durch den Wald und wolle früh ins Bett gehen. Gute Nacht. Klick.

Am nächsten Morgen rufe ich ihn an, um mich für den Nachmittag im Gym zu bedanken, auch wenn ich meine Arme kaum noch heben kann. TK ist bestens gelaunt. Er habe einen total geilen Abend gehabt. Nur tolle Leute. Großartiges Essen. Ich hätte dabei sein sollen. Dann lädt er mich zu seiner nächsten Party auf Star Island ein.

# Planet des Affen

## DIE HEILE WELT DES WOLFGANG GRUPP

Hinter Ulm die Ausfahrt Merklingen nehmen. Nach Merklingen der Beschilderung Münsingen folgen. Immer weiter durch Ennabeuren, Magolsheim, Böttingen, Auingen und schließlich in Münsingen rechts ab Richtung Reutlingen. Durch Kohlstetten fahren bis zur Kreuzung, dann links Richtung Riedlingen. Nur fünfhundert Meter weiter rechts abbiegen nach Großenstingen, Richtung Trochtelfingen. Circa zweieinhalb Kilometer hinter Großenstingen erneut rechts abbiegen, diesmal Richtung Bärenhöhle. An der nächsten Querstraße links nach Erpfingen. Von nun an immer Richtung Burladingen. In Burladingen ganz hinunterfahren bis zur Hauptstraße, dann rechts abbiegen und immer geradeaus fahren bis zum Trigema-Werk eins.

Hallo Fans!

Die Wegbeschreibung des Konzerns hat mich auf einen fremden Planeten geführt. In diesem Universum, Lichtjahre von uns entfernt, sitzen keine Sekretärinnen in den Empfangshallen. Hier wird jeder Besucher von einem Schimpansen mit Brille, Schlips und Kragen begrüßt. Vor ihm steht ein Telefon, und über ihm hängt eine Sprechblase: «Hallo Fans! Zur Anmeldung nehmen Sie bitte den Hörer ab!»

Der Affe ist ein alter Freund. Seit Jahrzehnten taucht er regelmäßig im letzten Werbespot vor der Tagesschau auf. Da hockt er dann wie ein Nachrichtensprecher am Mikrophon, blickt treuherzig in die Kamera, ruft: «Hallo Fans!», und erzählt von einer Textilfirma aus Utopia. Der Schimpanse lässt uns wissen, dass der größte Hersteller von Sport- und Freizeitkleidung nur in Deutschland produziert. «Was sagt der Inhaber Herr Grupp dazu?», fragt er, und plötzlich schreitet dieser Herr Grupp wie ein General durch einen Saal voller Näherinnen und versichert mit rollendem «R», dass man auch in Zukunft «nurrr» in Deutschland produziere und diese zwölfhundert «Arrrbeitsplätze» sichere. «Ich kaufe nur Trigema-Produkte und sichere diese Arbeitsplätze!», wiederholt der Affe, aber jedes Kind sieht, dass er lügt, denn er trägt ja weder T-Shirt noch Tennisrock, sondern Anzughemd und Krawatte.

Ich nehme den Hörer ab und sehe dem Schimpansen in die Augen. Im Fernsehen spricht er mit einer Reibeisenstimme, die auf exzessiven Bananenschnapskonsum hindeutet. Heute hat er eine reife Frauenstimme, schwäbelt ein wenig und teilt mir mit, dass ich bald von einer Fremdenführerin abgeholt werde. Guter Affe.

Zeit für die ersten Schritte auf diesem Himmelskörper. Im Foyer hängt eine Reihe goldgerahmter Fotos, die allmählich verblassen. Es sind Meisterwerke von unschätzbarem Wert, zumindest für jenen Mann, der einen Primaten zum Pressesprecher gemacht hat. Wolfgang Grupp, der letzte Ritter unter den Raubtieren, ist ein seltsames

Wesen. Einerseits gibt er den sparsamen Schwaben, der Müllsäcke mehrfach benutzen lässt und seinen Hausmeister anweist, die Löcher in den Beuteln so lange mit Tesafilm zu flicken, bis es nicht mehr geht. Andererseits hat er atemberaubende Allüren, die an Ludwig XIV. erinnern. Grupp liebt es, sich zu inszenieren, und er genießt es, «König von Burladingen» genannt zu werden.

Unter den Aufnahmen finden sich kleine Messingplaketten mit dem jeweiligen Datum des Spektakels. 25. Juni 1988: Seine Majestät, der Trigema-Chef, ehelicht die Baronesse Elisabeth von Holleuffer und gondelt nebst Braut und Gefolge in einer blumengeschmückten Kutsche durch den Ort. Das Volk von Burladingen säumt die Straßen und winkt den Vermählten ergriffen zu. 25. Juni 1992: Familie Grupp wird gemeinsam achtzig. Von rechts nach links: der Patriarch, Prinzessin Bonita, Königin Elisabeth und Prinz Wolfgang junior, der gerade ein Jahr alt ist. 15. Juli 1995: fünfundsiebzigstes Firmenjubiläum und feierlicher Einzug der Herrscherfamilie durch die Schar der applaudierenden Untertanen. Wolfgang Grupp im Smoking, seine Gattin im schneeweißen Abendkleid. Zwischen ihnen laufen Bonita im Kleidchen und Wolfgang junior mit Weste und Fliege. 24. Juli 1999: achtzigstes Firmenjubiläum und feierlicher Einzug der Herrscherfamilie. Wolfgang Grupp als großer Gatsby, seine Gattin in blaubeerblauer Abendrobe. Bonita und Wolfgang junior, beide in Weiß, laufen diesmal außen. 25. Juni 2002: hundertster Geburtstag des Grupp-Geschlechts. Feierlicher Einzug der Herrscherfamilie. Der König wieder im Smoking, die Königin wie auch der Prinz in Schwarz, die Prinzessin in Weiß.

Die Tür zum Foyer öffnet sich, und ich werde von einer Wolke aus Hormonen verschluckt. Feierlicher Einzug einer neunten Klasse der Graf-Eberhard-Realschule aus Kirchentellinsfurt bei Tübingen. Trigema-Touristen. Die Schüler sind vierzig Kilometer gereist, um sich den Planeten des Affen einmal live und in Farbe zu geben. Dieser sonderbare Ort scheint sich zu einer schwäbischen Sehenswürdigkeit zu entwickeln, ähnlich wie die Heidelberger Altstadt oder das Porsche-Museum in Stuttgart. Gegen Aufpreis reicht Trigema Kaffee und Kuchen, das Geschirr steht schon bereit: Porzellantassen, goldenes Besteck und Servietten mit den Initialen «W» und «G». Eine Frau mit rotgefärbtem Pony dimmt das Licht und kündigt einen Imagefilm an, schließlich gehört zu jeder Werksführung eine gründliche Gehirnwäsche.

Anschnallen! Wir beginnen mit einem atemberaubenden Flug um die Burg Hohenzollern und der vollen Breitseite Pathos. Dies, tönt der Sprecher, sei das Wahrzeichen einer großen Dynastie auf der Schwäbischen Alb. Nun fliegt die Kamera auf das Wahrzeichen einer noch bedeutenderen Dynastie zu. Wir sehen die Festung derer von Grupp, das Trigema-Werk, die allerletzte Trutzburg der sozialen Marktwirtschaft. Früher habe es im Spätzleland eine florierende Textilindustrie gegeben, erzählt die Stimme. Doch diese Zeit ist lange vergangen. Während alle anderen Familienbetriebe vor der Billigkonkurrenz aus Asien kapituliert haben, hört ein Unternehmen nicht auf, den Heuschrecken, den Turbokapitalisten und der bösen Globalisierung Widerstand zu leisten.

Auftritt seiner Majestät. Der «Firmenchef und alleinige Inhaber» schreitet im Anzug mit Einstecktuch durch die Produktion, so wie es sich gehört und wie wir es aus dem Werbespot kennen. Seit über vierzig Jahren leitet Wolfgang Grupp nun schon die Geschicke des Unternehmens, das er von seinem Vater Kaiser Franz Grupp übernommen hat. Schwarzweißbilder: Trigema stellt Unterwäsche für Kaufhäuser her. Die Sechziger: Trigema bietet die erste Sportkollektion an. Flower-Power: Deutschland macht sich locker, verbannt die biederen Unterhemden und entdeckt das T-Shirt. Wolfgang Grupp ist einer der Ersten, die diesen Trend erkennen. Mit dem Slogan «T-Shirt-Time ist überall und für jeden!» gelingt ihm ein Durchbruch. Es folgt ein Satz aus dem Wirtschaftswunderland, viel zu schön, um wahr zu sein: Grupp, die menschgewordene Betriebswirtschaftslehre, habe in seiner Ära noch nie Kurzarbeit angeordnet und bislang niemanden aus Rationalisierungsgründen entlassen.

Wir dürfen den König von Burladingen in einer Talkshow erleben. Die Moderatorin kündigt ihn als Deutschlands vermutlich meinungsstärksten Unternehmer an, und es dauert nicht lange, bis er ihre These eindrucksvoll belegt. «Wer eine Milliardenpleite hinlegt», poltert er, «aber Milliardär bleibt und anschließend den Steuerzahler die Verluste zahlen lässt, ist für mich kein Unternehmer, sondern ein Ausbeuter!» Neben Grupp sitzt ausgerechnet mein neuer Millionärsfreund Thomas Kramer. Das Thema der Show ist «Moral».

Zum Abschluss überhäuft der Trigema-Film seine Zuschauer mit Wohlfühladjektiven, die sich im Unterbewusstsein verankern und die neurale Konsumdrüse massieren: «Nachhaltig» – «modern» – «solide» – «zukunftsweisend» – «sparsam». Ach, wie wohl das doch tut. Das Licht geht an, und ich fühle mich, als wäre ich in ein Museum für Industriekultur geraten. Zurück in der guten alten Zeit der ehrbaren Kaufleute, als die Unternehmen noch ihren Unternehmern gehörten und die Nordseekrabben nicht in Marokko gepult wurden. Die Frau mit dem roten Pony möchte wissen, ob jemand eine Frage hat. Nur ein Arm geht nach oben. «Warum der Affe?»

Man will uns beweisen, dass Trigema tatsächlich in Burladingen und nicht in Bangladesch produziert. Wir spazieren durch die Strickerei und blicken auf Karussells, in denen tausend Nadeln tanzen und aus weißen Fäden unschuldige weiße Stoffe weben. Nur das Garn werde angeliefert, beteuert die PR-Frau, sonst sei alles zu einhundert Prozent hausgefertigt. In der Färberei geht es derb zu: Jemand hat eine ordentliche Pupswolke hinterlassen, und die Aufmerksamkeit der Teenies wechselt vom Herstellungsprozess zu einer breitbeinigen Frau mit beachtlicher Oberweite, deren Poster an einem Spind klebt. Es folgt eine Halle mit computergesteuerten Geräten, die aus Stoffballen T-Shirt-Teile schneiden und schwäbischer als jeder Schwabe arbeiten. Kaum ein Gramm Stoff geht verloren. Dahinter liegt der Nähsaal aus dem Fernsehen. Jetzt darf sich jeder einmal wie Wolfgang Grupp fühlen und im Stechschritt durch den Trigema-Werbespot laufen. Erleichterung: Es gibt sie noch immer, die braven Näherinnen, die Jeanne d'Arcs der deutschen Industrie, die eintausendzweihundert Arbeitsplätze, die der König von Burladingen sichert.

Unser Sightseeing endet in einem Raum, der auf jeder anderen Werksführung tabu wäre. Wir wandern quer durch die Verwaltung und bleiben unmittelbar vor den Schreibtischen der Büroangestellten stehen. Was es hier zu sehen gibt? Niedrige Decken, Neonlicht und einen himmelblauen Veloursteppich, der sich über den Boden, die Säulen und einige Wände streckt. Ansonsten nicht viel, und gerade darauf ist Trigema stolz. Nur zweiunddreißig Mitarbeiter rocken die Verwaltung. Wolfgang Grupp hat alle Trennwände einreißen lassen, damit sich niemand verstecken kann. Er brauche jeden Mitarbeiter «konstant», wie er gerne sagt. Königin Elisabeth, die sonst über das Treiben der Angestellten wacht, weilt gerade nicht in der Zentrale. Sie besucht den Nachwuchs in London. Bonita und Wolfgang junior sollen die Welt sehen, bevor sie eines Tages zu Trigema zurückkehren. Auf dem Schreibtisch der Königin steht ein übergroßes Porträt ihres Gatten. Zehn Meter dahinter thront der Regent in Fleisch und Blut. In seinem Rücken hängen barocke Ölgemälde. Eines davon zeigt ihn selbst.

Seine Majestät winkt mich heran und gewährt mir eine Audienz. Eine außergewöhnliche Ehre: Ich darf zur Rechten des Herrschers Platz nehmen und beiwohnen, wie Hochwohlgeboren die Tagespost bearbeitet. Grupp gegenüber sitzt seine Sekretärin, die ihm Antwortschreiben vorlegt. Er hat sie diktiert, sie hat Steno mitgeschrieben und alles sauber abgetippt. Jetzt liest Grupp seine Zeilen laut vor, korrigiert die Syntax, streicht Füllwörter und ereifert sich über die «Idiotie» eines «weiblichen Geschlechts», das es gewagt hat, ihm einen Beschwerdebrief zu schicken. Ich trinke Kaffee aus einer Schimpansentasse und versuche zu verstehen, warum er sich so ärgert. Eine Kundin hat in einem Trigema-Geschäft eingekauft und mit einer Karte bezahlt, die nicht gedeckt war. Um an die Adresse der Dame zu kommen, musste der Konzern eine Bankauskunft einholen, die fünfzehn Euro plus drei Euro Zusatzgebühr verschlungen hat. Grupp wollte seine Kundin nicht für alle Zeiten vergraulen, also stellte er ihr nur eine Bearbeitung von symbolischen fünf Euro in Rechnung.

«Und jetzt bekomme ich eine Mail, wo die sich auch noch darüber beklagt! Manche Leute sind so unverschämt! Lauter so ein Mist!»

Grupps Art, sich zu echauffieren, ist herrlich. Der Mann ist kleingewachsen wie der Däumling, aber energetisch wie Rumpelstilzchen und manchmal so furchteinflößend wie der böse Wolf. Offenbar hat er sich angewöhnt, gleichzeitig zu brüllen und zu flüstern, um seine Mitarbeiter nicht zu stören. Nur sein Duktus und seine Wortwahl sind brachial. Man meint, die Wände würden wackeln, doch tatsächlich unterhalten wir uns in Zimmerlautstärke.

Die Sekretärin tritt ab, ich rutsche auf ihren Stuhl und sitze Grupp gegenüber. Sein Scheitel wirkt wie mit dem Lineal gezogen. Sein makelloses weißes Hemd ist bis zum obersten Knopf geschlossen und seine grüne Krawatte so erbarmungslos eng geknotet, als wolle er sich kasteien. Der König von Burladingen ist einer der wenigen Reichen, die mir im Gespräch in die Augen sehen. Er hält bei jedem Wort Kontakt. Sollte er nicht das große Ganze seiner Firma im Blick haben? Warum belastet er sich mit so viel Kleinkram?

Kaum habe ich ihn gefragt, da spannen sich all seine Muskeln, und seine rechte Handkante zerhackt die Luft. «Eins kann ich Ihnen sagen! Genau das ist es doch, was diese sogenannten Unternehmer wie Thomas Kramer meinen! Ich habe in fünfundvierzig Jahren nicht einmal eine Verlustbilanz gemacht, weil ich die Probleme im Kleinen löse. Wer meint, er habe ein großes Problem, der ist ein Versager, denn jedes Problem war mal winzig!»

Heute sind die Nachrichten voller Versager. Es ist ein trauriger Tag für die Wirtschaft und auch für die Werbung. Nie wieder «Zwanzig Prozent auf alles – außer Tiernahrung». Praktiker musste Insolvenz anmelden, weil die Rabattschlacht der Baumarktkette den Hals gebrochen hat. «Praktiker, Praktiker!», knurrt Grupp. «Jeden Morgen lese ich in der Zeitung, wer wieder Pleite gemacht hat. Wenn all diese Leute für ihren Größenwahn haften müssten, dann würden sie rumlaufen wie gebeugte Greise, weil sie vor Schulden nicht mehr laufen könnten! Die gehören alle in die Haftung!»

«Haften» ist Grupps Lieblingswort. Haften, haften, haften. Er wiederholt es wie ein Mantra. Er persönlich hafte mit seinem Privatvermögen für Trigema. Er habe schließlich nur eine Firma und nicht Hunderte wie diese Zampanos, die einen Bankrott nach dem anderen hinlegen und dafür auch noch abgefunden werden. Der König von Burladingen fletscht die Zähne wie sein Schimpanse. Mit aller Kraft presst er die Kauleisten aufeinander, als wolle er seine nächsten Worte aufhalten, einen Ausbruch verhindern, aber wie soll man einem Vulkan Einhalt gebieten, wenn das Höllenfeuer aus dem Erdinneren mit aller Urgewalt an die Oberfläche drängt? Grupp schlägt mit der Faust auf den Tisch. «DIESE LEUTE SOLLTEN NICHT MERCEDES FAHREN, SONDERN ENDLICH EINMAL BÜSSEN!!!»

Hallo, Fans. Es war einmal ein Leiseschimpfer. Jetzt ist er laut geworden. Sehr laut. Das Großraumbüro versinkt in betretenem Schweigen. Grupp lächelt verlegen und blickt für eine Sekunde peinlich berührt zur Seite. «Ich versuche eben nur, ehrlich zu sein», flüstert er. «Aber Sie dürfen das nicht so schreiben. Sie müssen meine Worte etwas charmanter formulieren, wissen Sie?»

Natürlich weiß ich das. So müsste ich es schreiben:

«Trigema-Chef Wolfgang Grupp geht mit der Zocker-Mentalität einiger Unternehmer hart ins Gericht.» Dazu noch ein oder zwei Beispiele, etwas wörtliche Rede, und fertig ist der PR-Text. Aber wer will so was lesen? Deutschland liebt den cholerischen Gerechtigkeitsfanatiker, weil er so ist, wie er ist. Die einen würden sich seine Statements auf den Grabstein meißeln lassen, die anderen sind wahrscheinlich Fans von Louis de Funès. Nur Journalisten können sich nicht entscheiden, in welche Schublade er gehört. Ist er ein Bilderbuchunternehmer oder nur dessen Karikatur? Ist er Idealist, Populist oder Autist?

Man muss ihn verstehen. Auch er leidet unter einem Trauma. Als er Trigema von seinem Vater übernahm, belieferte er die großen Kaufhaus- und Versandkönige. «Aber diese Idioten sind fast alle pleitegegangen!», flucht Grupp, um sofort nachzuschieben, dass ich das auf keinen Fall schreiben dürfe. Mein Text solle sachlich formuliert sein, sodass man ihn gut lesen könne. Dann fährt er im selben Ton fort. «Hertie ist pleite! Horten ist pleite! Karstadt ist pleitegegangen! Quelle! Neckermann! Schöpflin! Alle pleite bis auf Otto und das Versandhaus Klingel!» Als Grupp erleben musste, wie er einen Großkunden nach dem anderen verlor, dealte er notgedrungen mit den Discountern und avancierte zum größten Non-Food-Lieferanten von Aldi und Lidl. Das funktionierte so lange, bis die Supermärkte seine Preise um angeblich dreißig, vierzig Prozent drücken wollten. Grupp bedankte sich und eröffnete trotzig seine eigene Ladenkette, die Trigema-Testgeschäfte. Man könnte sie auch Outlet Stores nennen, aber erstens klinge Outlet nach Pleite, meint der Firmenchef, und zweitens hasse er Anglizismen. Damals zog er sich auf seinen eigenen Planeten zurück, den er manchmal wie ein Gottkönig beherrscht. Dafür garantiert er jedem Kind seiner Mitarbeiter einen Job mit «langfristiger Perspektive» bei Trigema und bezeichnet es als Schande, dass Deutschlands Unternehmer über einen Mindestlohn diskutieren mussten. Wer volle Arbeitszeit leiste, solle auch von seinem Lohn leben können.

«Okay, wo ist der Haken?», frage ich.

«Welcher Haken?»

«Ihre heile Welt. Da kann etwas nicht stimmen.»

«Schauen Sie sich doch mal um! Das sind alles ehemalige Lehrlinge! Wenn wir einen Riesenhaken hätten, dann würden die Leute doch weggehen! Der Buchhaltungschef ist dreiunddreißig und mit fünfzehn ins Unternehmen gekommen! Die Verkaufsleitung ist zweiundvierzig und siebenundzwanzig Jahre im Unternehmen! Meine erste Sekretärin ist einundzwanzig Jahre im Unternehmen! Ihr Vater ist mein Fahrer, der ist fünfzig Jahre bei uns. Seine Mutter war fünfundzwanzig Jahre Näherin!»

Allmählich fühle ich mich, als wäre ich in eine Sekte geraten, die noch an Leistung, Verantwortung und Vertrauen glaubt, während Europas Wirtschaft längst von Todsünden beherrscht wird. Hochmut, Habgier, Völlerei, Neid, Zorn. Das Volk der Trigema wirkt wie ein unentdeckter Eingeborenenstamm in einem Urwald voller Bestien. Wohin sollten die Mitarbeiter auch gehen? Entweder werden sie von den Tigern gefressen, oder sie verlieren sich im Dschungel der Großstadt.

«Was macht man denn abends in Burladingen?», frage ich und denke an die Fahrt durch den Ort. Ich erinnere mich nur an eine Bäckerei und eine geschlossene Schlecker-Filiale.

«Ich weiß nicht», knirscht Grupp, «ich muss mich an

die Kandare nehmen, wissen Sie? Ein Chef ist nun mal ein Vorbild.» Er könne ja nicht besoffen in irgendeinem Lokal rumhängen. Ich solle mir das mal vorstellen. Also, er sitzt da, sturzbetrunken, benimmt sich unmöglich, jemand kommt in die Kneipe und fragt, wer diese Person sei, und der Wirt sagt: «Das ist der Inhaber von Trigema!» Was wäre denn dann los? Ja, wenn sich ein Färber von Trigema besäuft, sei das in Ordnung, aber doch nicht der Chef. «Also, Herr Gastmann, wenn es Ihnen nichts ausmacht, dann würde ich Sie gerne zum Essen einladen.»

«Zu Ihnen nach Hause?»

«Natürlich. Aber ich muss Sie warnen, ich esse nur kalt. Morgens Brot, mittags Müsli, abends Brot. Und ich esse sehr früh, weil ich danach wieder in die Firma gehe.»

Es ist seltsam, ein Date mit Wolfgang Grupp zu haben. Wir verabreden uns für achtzehn Uhr, und um Punkt sechs stehe ich wieder vor seinem Schreibtisch. Der Trigema-Chef springt auf, greift sich sein Sakko und schreitet die Reihe der wenigen Untertanen ab, die noch im himmelblauen Großraumbüro verweilen. Seine Majestät läuft etwas gebückt, so als schultere er die Verantwortung für sein Volk, die linke Hand ruht stützend in der Hosentasche. Es sind nur drei, vier, fünf Schritte über den Broadway von Burladingen, bis wir eine hohe weiße Mauer erreichen. Das sind die Steine, mit denen Grupp für seinen Betrieb haftet. Sein Haus steht dem Werk direkt gegenüber. Tag und Nacht blickt der König auf Trigema, und Trigema blickt auf den König.

Ein Tor öffnet sich, und dahinter enthüllt sich das enorme Anwesen der Dynastie. Wir flanieren durch einen fünfundzwanzigtausend Quadratmeter großen Park und betreten einen Palast, in dem nichts zusammenpasst. Die Familienvilla ist reetgedeckt wie ein Ferienhaus auf Sylt, aber genauso eingerichtet wie Grupps Wochenenddomizil im Allgäu. An den Wänden aus hellem Eichenholz prangen die Geweihe der Rehe und Hirsche, die er selbst zur Strecke gebracht hat. Seine größte Trophäe erlegte Grupp vor fünfundzwanzig Jahren, als er zum Auerhahnschießen in die Steiermark reiste. Eigentlich wollte er nur einen Jagdfreund besuchen, doch dann erhielt er eine Einladung des Barons von Holleuffer, der ihn beim Kaffee mit seiner Tochter Elisabeth bekannt machte. Sie war damals neunzehn und passte hervorragend in das Beuteschema des ewigen Junggesellen. Wenn ich einmal heirate, hatte er immer gesagt, darf meine Braut nicht älter als zwanzig sein. So geschah es. Bereits lange vor dieser Begegnung habe er in seiner Villa einen «Damentrakt» eingerichtet, weil er erlebt habe, wie manche «Damen» so «hausen», und er hasse nun mal Unordnung und Schlamperei. Als seine Gattin schließlich einzog, habe sie nichts verändert. Gar nichts.

«Sie wollen sich sicher die Hände waschen», stellt der Hausherr fest und zeigt mir den Weg zur Gästetoilette. Grupp hat ein Faible für Gold. Alle Armaturen leuchten wie der Schatz des Priamos, sogar die Seifenschale und der Rollenhalter. Als ich die Sonnenterrasse betrete, erwartet er mich bereits am Kopfende einer langen, reichgedeckten Tafel. Frisches Brot, Schwarzwälder Schinken, Marmelade, Käse und kleine Gewürzgurken, die jemand mit dem Zentimetermaß auf dem Teller angerichtet haben muss, so präzise und adrett liegen sie in einer Reihe. Grupp beschäftigt drei Hausdamen und einen klassisch ausgebildeten Butler aus den Niederlanden. Wir stoßen mit einem trockenen Weißwein an, von dessen Etikett mich der Trigema-Chef persönlich anlächelt, und blicken über den fünfundvierzig Meter langen Pool. Er ist schmal, relativ flach und zieht sich wie ein Fluss durch den Park. Was bringt es ihm, im Kreis zu schwimmen? Deutschlands Musterunternehmer möchte ordentliche Bahnen ziehen. «Greifen Sie zu!», ruft er, und ich spieße mit einer güldenen Gabel ein Gürkchen auf.

Wir sind nur wenige Minuten vom Großraumbüro über die Hauptstraße durch den Park bis in die Villa gelaufen, doch in dieser Zeit hat sich der sparsame Schwabe in einen exzentrischen Bonvivant verwandelt. Wie kann das sein? Grupp fragt, ob mir die weiße Mauer um sein Grundstück aufgefallen sei. Noch nie habe jemand das Wort «Ausbeuter» auf den Putz gepinselt. «Wissen Sie, wir sind keine Neidgesellschaft. Wir sind eine Gerechtigkeitsgesellschaft. Sie neiden nur, wenn jemand etwas nicht verdient hat. Früher sind die Mitarbeiter noch mit Stolz an einer Unternehmervilla vorbeigelaufen. Schau, das ist mein Chef, dem gehört das Haus!» Alles hier sei weder geleast noch gemietet, es sei bezahlt, und er habe keinen Cent Bankschulden. Jawohl, er liebe den Luxus, aber er habe dafür auch etwas geleistet. Was wäre denn, wenn der Chef von Trigema aus Bescheidenheit mit einer Rostlaube durch Burladingen fahren würde? Was sollten denn die Mitarbeiter denken?

Wolfgang Grupp bittet mich trotzdem, seinen Mercedes S 600 zu verschweigen. Den Beifahrersitz hat er verkehrt herum einbauen lassen. Grupp pflegt rückwärts zu reisen, damit er während der Fahrt mit seiner Familie oder seinen Mitarbeitern im Fond des Wagens sprechen kann. Seinen Hubschrauber solle ich besser auch nicht erwähnen. «Damit will ich nicht angeben!», meint er und fügt entschuldigend hinzu, dass der Helikopter ja «konstant» Werbung mache. «Wenn wir runtergehen, dann stehen da Kinder und rufen: ‹Mama, das ist der Affe, der immer von Trigema spricht!›»

Wie wäre es mit einem Deal? Ich verspreche Grupp, all seine Statussymbole für mich zu behalten, wenn er mir im Gegenzug verrät, wie reich er eigentlich ist. Doch er lässt sich auf keine Diskussion über sein Vermögen ein. Ob seine Firma, sein Haus und der Affenschrauber nun eine Million oder hundert Millionen wert seien, wisse er nicht, und es sei auch egal, denn er könne von heute auf morgen alles wieder verlieren. «Ich hafte schließlich mit meinem Privatvermögen!», sagt er. «Ich weiß», sage ich. Man dürfe ihn erst reich und erfolgreich nennen, wenn er in seinem Grab liege und das Unternehmen noch immer existiere. Die Familiengruft wurde übrigens vor kurzem fertiggestellt und entwickelt sich zu einer weiteren Sehenswürdigkeit im Ländle. Sie liegt auf einer sechshundert Quadratmeter großen Fläche am Eingang des katholischen Friedhofs. Auf dem Grabmal der Trigema-Dynastie steht ein vier Meter hohes Kreuz.

Grupp marschiert zurück in seine Firma. Pünktlich um neunzehn Uhr. Er möchte noch ein letztes Mal durch die Produktion gehen und die Spätschicht kontrollieren, so wie jeden Abend. Wann er gedenke, den Thron für die nächste Generation zu räumen? Das werde die Natur regeln. Allerdings wolle er bald seinen Sohn in die Firma holen. Wolfgang junior werde erst mal eine Weile neben ihm am Schreibtisch sitzen und erleben, wie leicht es sei, ein Unternehmen zu führen. «Man muss nur die Probleme so einfach wie möglich lösen! Das Leben ist doch so kompliziert geworden», sagt er, und ich schüttle einem Millionär die Hand, der sich eine Parallelwelt geschaffen hat, weil ihm unser Planet nicht mehr gefällt. Die Frage ist nur: Welche der beiden Welten ist besser?

Zum Abschied lüftet er eines der größten Geheimnisse der Menschheit: Warum der Affe?

Wir schreiben die Achtziger, die große Zeit der Werber. Privatsender erobern das deutsche Fernsehen, Hände werden in Palmolive gebadet, und die Frisur ist auch bei brennender Sonne in Rom perfekt geschützt. Natürlich möchte auch der König von Burladingen mit einem originellen TV-Spot auffallen, also zitiert er eine Agentur in die Firmenzentrale und befiehlt ihr, kreativ zu werden. «Wenn Sie keine Idee haben, senden wir zehn Sekunden Schwarzbild ohne Ton, und die Leute werden denken, ihr Apparat sei kaputt. Dann ist das Publikum hellwach, und wir sagen unseren Spruch auf: ‹Trigema ist der größte Hersteller von Sport- und Freizeitkleidung.› Fertig!» In ihrer Not sei die Agentur mit einem sprechenden Schimpansen aus dem japanischen Fernsehen um die Ecke gekommen. Der habe Grupp irgendwie imponiert. Wenn es ein sprechendes Nilpferd gewesen wäre, hätte er es wahrscheinlich auch gekauft.

# Bad Love, Baby

## DER OLIGARCH UND SEINE FRAU

Auf dem Maidan in Kiew steht die Zeit still. Es riecht nach Ruß und Tod. Kaum ein Pflasterstein ist mehr im Boden, und zwischen den Barrikaden aus verkohltem Holz, Schrott und Autoreifen verharren die ukrainischen Revolutionäre in Trauer und Wut. Ihre Schlacht ist geschlagen, aber sie wollen das Feld nicht räumen. Sie tragen noch immer ihre Kampfanzüge, ihre Springerstiefel und Helme, bereit, jederzeit wieder in den Krieg zu ziehen. Ihre Gesichter sind schwarz und ihr Blick so leer wie ihre Seelen. Spricht man sie an, erzählen sie vom Feuer, von den Granaten, von den Scharfschützen und von der vergoldeten Toilettenschüssel im Präsidentenpalast, den sie vor ein paar Wochen gestürmt haben. Während Staatschef Viktor Janukowitsch sein Volk ausbluten ließ, gestattete er sich einen Privatzoo, ein eigenes Automuseum und einen schwimmenden Bankettsaal im Stil einer spanischen Galeone aus dem sechzehnten Jahrhundert. Jetzt ist die Ratte geflohen, und niemand weiß, wie es weitergeht.

Das Land steht vor dem Bankrott. In kurzer Zeit hat der ukrainische Griwna ein Viertel an Wert verloren. Ich wollte Geld abheben, aber die Bank hatte keins mehr. Rien ne va plus. Dann schickte man mich in irgendeinen Hauseingang. Über meinem Kopf hing eine Kamera, und auf Höhe meiner Hüfte entdeckte ich ein quadratisches Loch, nicht größer als eine Badezimmerkachel. Ich bückte mich, warf einen Blick hindurch und sah eine alte Frau mit roten Locken in einem Kabuff. Sie lächelte, als ich ihr einen Schein reichte, und gab mir viele bunte Scheine zurück. Natürlich hat sie mich beschissen, aber ich gönne es ihr von Herzen. Eine Quittung bekam ich nicht.

Jetzt trinke ich einen Americano auf der Terrasse des Restaurants «Coffee Time» und blicke über den Platz auf das ausgebrannte Gewerkschaftshaus, in dem die Maidan-Bewegung ihr Hauptquartier hatte. An der Straßenecke steht ein Panzer, und ein paar Meter weiter hat sich schon das Merchandising der Revolution in Stellung gebracht: Souvenirstände bieten Ukraine-Flaggen, Klitschko-Tassen und Fotos von Wladimir Putin mit Scheitel und Hitlerbärtchen an. Im Inneren des Restaurants läuft Discopop, und neben mir bestellen bewaffnete Männer in schusssicheren Westen eine Pepsi und ein Club-Sandwich mit Fritten. Eigentlich hasse ich es, wenn der Hauch der Geschichte durch den Phrasendschungel weht, aber für diesen surrealen Ort fällt mir keine bessere Beschreibung ein.

Wir befinden uns im Jahr 2014 nach Christus. Europa fürchtet sich vor einem neuen Kalten Krieg, die Krim ist von den Russen besetzt, und alle Reporter in Kiew berichten über die politische Lage. Alle Reporter? Nein! Drei unbeugsame Journalisten sind aus Deutschland angereist, um die ukrainische Popdiva Kamaliya zu interviewen: ein RTL-Reporter, ein Kameramann und ich. Die Sängerin war Misses World, pflegt einen kapriziösen Lebensstil, und in diesen Tagen erscheint ihre neue Single. Das macht sie für den Boulevard interessant. Ich möchte Kamaliya treffen, weil sie mit einem Oligarchen verheiratet ist, der sie mit aller Geldmacht zu einem internationalen Superstar formen will. «Wir schicken Lady Gaga in Rente!», teilte er der Welt vor kurzem mit, und die Welt schüttelte den Kopf. Jetzt hat er uns eingeladen.

Vor dem Hotel wartet ein silbergrauer Mercedes-Geländewagen mit verdunkelten Scheiben, die typische Limousine der Osteuropa-Mafia. Der Fahrer, Lederjacke, Stiernacken, eisblaue Augen, sieht so sehr nach Ex-Geheimdienst aus, dass er ein Schauspieler sein könnte. Wortlos brettert er mit hundert Sachen über Kopfsteinpflaster und Schlaglöcher, bis sich die graue Stadt zerfasert und aus Plattenbauten einfache Hütten werden. Der Mann fährt nicht, er spielt «Need for Speed». Links blinken, rechts vorbei, quer über die Gegenfahrbahn, was soll's. Rote Ampeln sind für Mädchen, und Verkehrspolizisten kann man kaufen.

Nach einer halben Stunde Adrenalin erreichen wir einen Wald, der von vier Meter hohen Mauern, Kameras und Wachtposten umgeben ist. In Höhe der Baumkronen fliegen Werbebanner für Oligarchenbedarf an uns vorbei: Yachten, Maseratis und Luxus-Chronographen von Pierre Kunz Genève, die für dreitausend bis dreißigtausend Euro zu haben sind. Jetzt biegt die Gangsterkarre links ab und passiert ein eingezäuntes, hunderttausend Quadratmeter großes Grundstück, das einem Expräsidenten gehören soll. Hier haben sich die Wohlhabenden also eingeschlossen, in der Koncha-Zaspa, einem Naturschutzgebiet direkt am Dnjepr. Der Schlagbaum hebt sich, und wir fahren durch eine Gated Community, ein abgeriegeltes Neubau-Ghetto für Reiche. Man muss davon ausgehen, dass mindestens die Hälfte dieser Villen mit gestohlenem Geld gebaut wurde. Die Ukraine ist eines der korruptesten Länder der Erde, auf einer Stufe mit Nigeria, Papua-Neuguinea und dem Iran. Willkommen in der Kleptokratie.

Es soll in diesem Gebiet hübsche Seen und Wanderwege geben, aber ich kann nicht behaupten, dass ich auf diese Wohnlage neidisch wäre. Rund um die Häuser, von denen viele noch Baustellen sind, liegen Wüstenlandschaften aus Sand, Steinen und Schutt, und es macht nicht den Anschein, als wolle jemand in den nächsten tausend Jahren mal aufräumen. Die Villa des Oligarchen wird von einem goldenen Zaun, sechs bis acht Securityleuten und drei scharfen Dobermännern geschützt. Ein Tor öffnet sich, wir rollen langsam auf das Anwesen und halten zwischen einem Range Rover und einem taubenblauen Bentley.

Vor uns erhebt sich ein Kitschpalast aus Marmor und Glas, der genauso in Dubai oder Doha stehen könnte. An den saharafarbenen Säulen links und rechts des Eingangs hängen Lichterketten, das Portal ist mit orientalischen Ornamenten geschmückt, und heraus schlüpft nicht der Hausherr oder die Lady Gaga des Ostens, sondern eine Putzfrau mit grüner Schürze. Sie spricht kein Wort Englisch und gibt uns mit einer Geste zu verstehen, dass wir ihr ins Poolhaus folgen sollen. Es liegt direkt gegenüber. Der Poolpalast ist nur unwesentlich kleiner als der Wüstenpalast, und wer auch immer ihn eingerichtet hat, muss ein ernsthaftes Drogenproblem haben. Die Tapete in der Lobby ist ein Horrortrip aus Regenbogenfarben, die sich spiralförmig ineinander verschlingen und, je länger ich sie betrachte, zu roten Fröschen und hellblauen fleischfressenden Pflanzen verwachsen. Immer mehr bizarre

Wesen bewegen sich in den Wänden, vielleicht liegt es an der Tropenhitze. Es krabbelt, es kriecht, es greift nach mir, und meine Augen fliehen in die Kristallkronleuchter, die durchaus stilvoll wären, würden sie an einem weniger psychedelischen Ort hängen. Ganz harmonisch fügen sich dagegen die goldenen Schalensessel mit dem Leopardenfell ein, auch die vielen Adler- und Raubtierstatuen sowie die Stepper und Trimmräder auf dem dunkelroten Marmorfußboden passen hervorragend in das eigenwillige Raumkonzept. Feng Shui fatal.

Wir setzen uns um einen Glastisch, der auf einem vergoldeten Baumstamm fußt und von Versace sein könnte. Die Putzfrau bringt Chai, Mineralwasser und einen großen Teller mit Früchten, dann begrüßt uns Kamaliyas Manager mit schlechten Nachrichten: Es tue ihm sehr leid, aber die Popdiva brauche noch mindestens anderthalb Stunden, bis sie fertig geschminkt sei und Besuch empfangen könne. Sie sei heute sehr spät aus dem Bett gekommen und habe es erst gegen Mittag in die Maske geschafft. Ich sehe auf die Uhr: Jetzt ist es halb vier. «Ich sage euch: Kamaliya ist eine tolle Künstlerin, aber sie hat einfach kein Zeitgefühl.» Nun ist auch die Assistentin des Managers eingetroffen. Die beiden haben ihre Laptops auf den Knien ausgeklappt und einiges zu tun. Sie schicken E-Mails nach Berlin, London, Los Angeles, ständig klingelt ein Handy, Musikbusiness as usual.

Kamaliyas neue Single ist tatsächlich in die deutschen «DJ-Charts» eingestiegen, was auch immer das ist. Letzte Woche Platz 176, jetzt immerhin Platz zehn. Lady Gaga wird davon wenig beeindruckt sein, aber das Management hat schon mal einen Fernsehwerbespot vorbereiten lassen, der den Song pushen soll: «Kamaliya – die Dance-Diva aus der Ukraine mit ihrem neuen Smash-Hit! Jetzt überall! Bad Love, Baby!» Die Nummer hat der ehemalige Nena-Produzent Uwe Fahrenkrog-Petersen komponiert, der vor Jahren Insolvenz anmeldete und jetzt wahrscheinlich in goldenen Hosen durch Berlin rennt. Wenn Kamaliya es mit seiner Hilfe unter die Top Five der DJ-Charts schafft, wird sie von den Radiosendern gespielt. Das wäre ein großer Erfolg, denn ihr Musikstil ist, freundlich formuliert, etwas gewagt. Die Diva mixt osteuropäisches Dance-Pop-Bumm-Bumm mit Operngesang, und es klingt, böse formuliert, als hätte man die Trip-Tapete im Poolhaus eins zu eins auf ein Notenblatt übertragen. Ich will damit nicht sagen, dass sie untalentiert ist. Im Gegenteil: Kamaliya hat eine außergewöhnliche, klassisch ausgebildete Stimme und trällert über drei Oktaven. Sie spielt Violine und sieht sich selbst als Kreuzung aus Céline Dion und Britney Spears. Doch vielleicht ist beides zusammen etwas too much.

Natürlich hat der Oligarch zum Launch der neuen Single ein aufwendiges Musikvideo gesponsert. Es wurde auf Schloss Bückeburg gedreht, dem Erbsitz von Fürst Alexander zu Schaumburg-Lippe, der offenbar auch jeden Cent gebrauchen kann. Ich hatte ihn vor Monaten für ein Interview angefragt, und seine Hofsekretärin ließ mir ausrichten, der Fürst finde mein Projekt «spannend». Danach konnte ich die beiden nie wieder erreichen. Zurück zum Video. Die Assistentin des Managers spielt mir den Clip auf ihrem Rechner vor, fragt, wie ich ihn finde, und ich weiche aus, weil ich überfordert bin.

Das Video erzählt eine Liebesgeschichte in der Ästhetik von Dr. Schiwago: Vollmond, blaue Nacht, Eis und computeranimierter Schnee. Kamaliya sitzt bei Kerzenlicht in einer kargen Kammer und schreibt einen Abschiedsbrief mit Tinte und Feder. Sie ist offenbar von ihrem Lover enttäuscht, der hinter ihr mit nacktem Oberkörper seinen Testosteronrausch ausschläft und nicht bemerkt, dass Kamaliya ihre Koffer gepackt hat. Das Bumm-Bumm beginnt. «I loved the way that you held my body / I loved the way that we did it, baby / I loved to be in your arms / but now we're falling apart», singt Kamaliya, setzt trotzig ihre Pelzmütze auf, hinterlässt ihre Botschaft auf dem Nachtschränkchen und steigt in eine Dampfeisenbahn. Zwischendurch hat sie sich die Lippen knallrot geschminkt und offensichtlich noch schnell eine Dauerwelle machen lassen. Als der Lover erwacht, sitzt sie schon flennend in der Bahn und tupft sich eine Träne aus dem Auge. Der Zug schießt unaufhaltsam durch die Winterwelt. Hat Kamaliya die richtige Entscheidung getroffen? «You gimme bad love, baby», klagt sie, «bad love, baby!» Sie tanzt sich in ihrem historischen Holzabteil den Frust aus den Hüften.

Während sich der Lover einen Pelz überwirft und seine Buddys die Pferde satteln, braust Kamaliya in einer offenen Kutsche durch die Kälte. Sie balanciert einen Falken auf der linken Hand, und ihre wasserstoffblonden Extensions wehen im virtuellen Schneesturm. Zwischendurch performt die Diva mit sechs Tänzern eine Choreographie im Festsaal von Schloss Bückeburg, der wie eine Russendisko ausgeleuchtet ist und von grünen und roten Laserstrahlen durchschossen wird. In dieser Kulisse, sorry, ist sie wie eine Stangentänzerin zurechtgemacht. Mit Hot Pants, Leder-BH und Smoky Eyes.

Jetzt wird es wild. Kamaliya ist zurück am Bahnhof und singt eine Arie aus Fürst Igor von Alexander Borodin. Dabei schmiegt sie sich mit dem bepelzten Rücken an einen Eisenbahnwaggon. Die Szenerien wechseln nun in Sekundenschnitten. Falkenkutsche, reitender Lover, Laserdisco, Bahnhof, Falkenkutsche, Laserdisco, Falkenkutsche, Laserdisco, reitender Lover. Kamaliya ist immer noch mies drauf. «Bad love baby, you gimme bad love, baby!» Am Ende erreicht sie einen vereisten Märchenpalast. Sie ist nun wie eine Schneekönigin gekleidet und wundert sich, denn ihre Tänzer sind offenbar während des letzten Festbanketts vom Winter überrascht worden und schon beim Aperitif eingefroren. Sogar das Amuse-Gueule auf der Etagere hat es erwischt. Glücklicherweise erreicht jetzt auch der Lover den Saal. Er hat damit seine Liebe bewiesen, Kamaliya kann wieder lachen, und das Schloss taut auf. Nun hopsen alle gemeinsam durch die barocke Laserdisco, und irgendwo, leider nicht im Bild, zählt Fürst Alexander zu Schaumburg-Lippe seine Geldscheine.

Mein Gehirn schmilzt. Auch das RTL-Team sieht nicht glücklich aus. Im Poolhaus herrschen über dreißig Grad, Stunden vergehen, die Drogentapete macht uns zu schaffen, und ich frage das Management, ob ich mich mal umsehen darf. Eigentlich hätte ich mir die Antwort selbst geben können, denn die beiden sind in ihre Laptops versunken. Habe ich erwähnt, dass sie in diesem Schwitzbunker übernachten müssen? Ihre Gästezimmer gefallen mir ganz gut. Es sind rosarote Prinzessinnenträume. Auf den Sekretären stehen lustige historische Telefone, ganz aus Gold und groß wie eine Stereoanlage. Außerdem entdecke ich eine finnische Sauna, ein Standsolarium, einen Whirlpool, ein Fünfundzwanzig-Meter-Becken und den Oligarchen persönlich – in Farbe, aber leider nicht live. Er hat sich wie eine Jahrmarktfigur in Lebensgröße an eine Wand seines Schwimmbads malen lassen. Da steht er also mit verschränkten Armen, die signalisieren: Seht her, ich habe es geschafft. Sein weißes Sommerhemd ist halb offen, und hinter ihm auf dem türkisblauen Meer schaukelt seine Yacht. Im richtigen Leben, das ist kein Witz, ankert das Schiff direkt hinter seinem Palast im Dnjepr. Will Kamaliya shoppen gehen, lässt sie sich manchmal mit der Superyacht in die City bringen, weil der Autoverkehr in Kiew eine Katastrophe ist.

Der Name des Oligarchen ist Mohammad Zahoor, er ist gebürtiger Pakistaner und ähnelt dem indischen Bollywoodstar Shah Rukh Khan. Ich weiß noch nicht viel über ihn. Nur, dass er sein Vermögen mit Stahl gemacht hat. Vor ein paar Jahren ist er plötzlich aus dem Business ausgestiegen und hat sein komplettes Imperium verkauft. Wie viel er bei dem Deal verdient hat, ist nicht offiziell, aber wir reden etwa über eine Milliarde Dollar. Seitdem spielt Mohammad Zahoor den guten Oligarchen, der sein Geld nur in die Ukraine investiert: in Hotels, in die liberale Wochenzeitung «Kyiv Post», in ukrainisches Pay-TV – und in seine Frau. Für die Popdiva lässt er den Stylisten von Kylie Minogue einfliegen, er organisiert eine Nebenrolle in einem Hollywoodfilm mit Sharon Stone und spendiert ihr prominente Duettpartner wie José Carreras, Thomas Anders oder Filipp Kirkorow, den russischen Michael Jackson. Heute Abend wird Kamaliya beim YUNA singen, dem «Yearly Ukrainian National Award». Zahoor sponsert die Verleihung. Seine Lady Gaga ist auf der Wand im Poolhaus gleich doppelt verewigt: einmal als griechische Göttin in einem Hauch von einer Stola, die nur haarscharf ihre Brustwarzen verdeckt, ein zweites Mal als Disco-Schönheit im Leopardendress. Auf dem gemalten weißen Marmorboden zu ihren Füßen sitzen zwei Pudel, ein Pinscher, zwei Zwergspitze, zwei Kaninchen, zwei Kanarienvögel, eine Katze und ein Kakadu.

Die Hälfte des Zoos wetzt uns entgegen, als wir am Abend endlich Zahoors Palast betreten dürfen. RTL schultert sofort die Kamera, denn das hier ist der Hauptgewinn für jeden Society-Journalisten. Alles glänzt in Gold: die Wände, die Säulen, der Boden, die Kronleuchter, die Tische, die Vitrinen, die Wendeltreppe, das komplette Atrium. Auf den goldenen Sofas springen die Pudel herum, und zwischen den anderen goldenen Möbeln rennen sich vier oder fünf Hausdamen gegenseitig über den Haufen. Vor dem goldenen Kamin stehen zwei goldene Thronsessel. Auf dem linken sitzt eine Zahoor-Puppe, auf dem rechten eine Kamaliya-Puppe mit einem goldenen Krönchen und einer Misswahl-Schärpe. Sie war übrigens nicht «Miss World», wie der Boulevard gerne berichtet, sondern tatsächlich «Misses World». Das ist der Wettbewerb für die etwas reiferen, verheirateten Damen. Neben den Figuren sitzen zwei Babypuppen. Ich erfahre, dass Kamaliya vor einem halben Jahr Zwillinge bekommen hat: Arabella und Mirabella. Das erklärt auch den pinken Kinderwagen und die beiden übergroßen «I-love-you»-Herzballons, die in der Halle schweben.

Seltsamerweise hat der Palast einen arabischen Touch, obwohl Zahoor aus Karatschi stammt. Ägyptische Göttinnen winden sich grazil vor der goldenen Wanduhr, und um ein Haar wäre ich eben mit dem Rücken gegen den Falken gestoßen, der auf einem goldenen Sockel in der offenen Küche neben der goldenen Mikrowelle sitzt und auf den goldenen Boden kackt. Ich war so fasziniert von all dem Prunk, dass mir der Raubvogel gar nicht aufgefallen ist. Jetzt lässt mich das Vieh nicht mehr aus den Augen. Wohin ich auch gehe, der Falke dreht seinen Hals in meine Richtung, und ich frage mich, wie oft ich wohl im Kreis um ihn herumschleichen muss, bis er sich selbst stranguliert.

«Leila war ein Geschenk des Scheichs von Schardscha», erklärt Zahoor, der mich im weißen Bademantel begrüßt. Er ist ein großer Mann von Ende fünfzig, der aber jünger wirkt, weil er offensichtlich nachgeholfen hat. Seine Haut ist straff, sein Haar schwarz wie Öl und dicht wie ein englischer Rasen. Irgendwie ist er mir gleich sympathisch. Er verrät mir, dass seine Hütte zwanzig Millionen Dollar gekostet hat, und ich frage ihn, ob etwas mit seinem Rücken ist, weil er sich so unglaublich gerade hält. Tatsächlich wurde der Oligarch vor kurzem an der Wirbelsäule operiert und trägt ein Korsett.

Mehr Zeit für Smalltalk bleibt nicht. Wir müssen leise sein, denn die Tür zu Kamaliyas Schminkzimmer hat sich geöffnet, und das RTL-Team ist hineingestürmt. Wir können die Diva zwar nicht sehen, lauschen aber ihrem bedeutsamen Interview:

«Wer hat Ihr Kleid designt?»

«Alexander McQueen.»

«Wie würden Sie den Stil Ihres Outfits beschreiben?»

«Femme fatale.»

«Was werden Sie auf der Bühne tragen?»

«Etwas aus dem alten Rom. Sie werden es schon sehen.»

«Sind Sie eher Römerin oder Femme fatale?»

«Zu Hause Femme fatale!», lacht Zahoor, verzieht sich in sein Umkleidezimmer und kehrt in einem bläulich mäandernden Smoking zurück: «Tom Ford. Vom Kragen bis zu den Schuhen.» Jetzt soll Zahoor seine Frau begrüßen und «Wow!» sagen. Das Kameralicht geht an, Zahoor begrüßt seine Frau und sagt: «Wow!» Sie sieht wirklich umwerfend aus in ihrem langen schwarzen Designerkleid. Der weiße Kragen umschließt ihre Oberweite wie eine Blume, und ihr Dekolleté ist nur von dunkler Spitze bedeckt. Ansonsten kein Chichi, kein Disco-Schick, keine Extensions. Kamaliya trägt eine elegante Kurzhaarfrisur aus den Zwanzigern, und während sie an ihrer elektronischen Mini-Shisha zieht, schenkt sie mir einen Blick.

Was für ein Weib. Eine gefährliche Frau. Zahoor ist ihr verfallen und macht daraus kein Geheimnis. Auf einer Hochzeitsfeier kippte der Oligarch symbolisch eine ganze Schubkarre Spielgeld ins Feuer. Die Frage ist: Nutzt sie ihn aus, oder nutzt er sie aus? Wahrscheinlich führen sie eine Win-win-Beziehung. Er sichert sie und ihre Familie für alle Zeiten ab und steckt Millionen in ihre Karriere, sie verleiht dem ehemaligen Stahlmanager Glanz und Anerkennung. Zwischen den beiden ist keine Intimität, keine Nähe, kein Kuss und keine Umarmung. Der Oligarch fasst Kamaliya nicht um die Hüfte und hält nicht ihre Hand. Zahoor bewundert sie und ist offenbar unendlich stolz, dass er sie erobert hat. Er scheint sie aus tiefstem Herzen zu lieben, aber ihre Liebe kann er nicht kaufen. So ist Kamaliya nur ein weiteres Artefakt in seinem goldenen Museum. Wie der Falke im Atrium, wie die Yacht hinterm Haus oder der taubenblaue Bentley vor der Tür.

Motoren heulen auf. Igor, ein finsterer Leibwächter, der schon für Boris Jelzin gearbeitet haben soll, stellt den Konvoi bereit. Mit nur einer halben Stunde Verspätung verlassen wir den Palast. «Es ist seltsam», scherzt Zahoor, «seit kurzem hat sich Kamaliya angewöhnt, pünktlich fertig zu werden. Wahrscheinlich wäscht sie demnächst noch meine Socken!»

Ich fahre zusammen mit dem Management in einem schwarzen Transporter. Während wir im Slalom über die Autobahn rasen, erklärt mir Kamaliyas Manager, wie Preisverleihungen in der Ukraine normalerweise ablaufen. Kurz gesagt: alles Beschiss. Wer eine Auszeichnung gewinnen will, der bezahlt, und fertig. Beim YUNA, den Zahoor vor zwei Jahren ins Leben gerufen hat, soll es anders sein. Angeblich stimmen hundert Experten aus der Musikbranche über die besten Künstler des Jahres ab, und die Umschläge mit den Siegern werden erst auf der Bühne geöffnet. Obwohl Zahoor den Abend finanziert, ist Kamaliya nicht nominiert. Der Oligarch befürchtet, dass man seiner Frau den Preis neiden würde. Würde sie gewinnen, was sie natürlich sehr verdient hätte, hieße es nur: Klar, sie ist ja die Frau des Oligarchen. Noch schlimmer wäre es wohl, denke ich, wenn sie nominiert wäre und bei einer freien Wahl leer ausginge.

Wir halten vor einer riesigen Konzerthalle aus Sowjetzeiten. Nachdem gerade die Russen einmarschiert sind, verzichtet der YUNA auf übermäßigen Glamour. Es gibt keinen roten Teppich, und die Stars müssen wie alle anderen durch die Sicherheitsschleusen im Haupteingang. Das ist gut gemeint, sorgt aber für Chaos, denn bald sind die Künstler von Menschentrauben mit Kameras und Fotohandys umringt. Man stelle sich vor, was los wäre, wenn Madonna oder die echte Lady Gaga bei den Grammys einfach quer durch den Pöbel marschieren würden. Als Kamaliya und Zahoor aus ihrem taubenblauen Bentley steigen und in Begleitung von RTL über den Vorplatz gehen, dauert es eine Weile, bis jemand sie erkennt.

Dann nähern sich zwei Teenies und schießen Selfies mit Kamaliya im Hintergrund. Auch drinnen bleiben die Besucher merkwürdig distanziert. Natürlich gibt Zahoor als Veranstalter einen Haufen Interviews, aber andere Stars scheinen für die Fans interessanter zu sein.

Diese Stimmung hält an. Der ukrainische Music Award stehe auf drei Säulen, verkündet der Moderator: auf Transparenz, auf etwas anderem, das ich vergessen habe, und auf Kamaliya. Das Publikum johlt, und auf der Videoleinwand erscheint Zahoor, der gute Miene zum bösen Witz macht. Es ist ein Abend, an dem man nicht weiß, ob man lachen oder Antidepressiva einwerfen soll. Zehn Frauen und Männer betreten in der Farbe des Friedens die Bühne, ganz in Weiß, und singen die Nationalhymne. Die dreitausend Besucher erheben sich und stimmen in einer Mischung aus Hilflosigkeit und blanker Angst mit ein. Gestern hat Russland die letzte Militärbasis auf der Krim eingenommen, Putin schielt bereits auf Donezk und Charkow im Osten, und manche fürchten, dass er bald seine Panzer nach Kiew schickt. Sollte das passieren, hat Zahoor mir verraten, wird er sich mit Kamaliya und den Zwillingen in seinem Privatjet nach Mallorca absetzen. Auch dort hat er einen Palast.

An dieser Stelle muss ich mich bei der Popdiva entschuldigen. Nicht nur ihre Musik klingt wie die Trip-Tapete im Poolhaus – auch viele Darbietungen auf dem YUNA bringen mein Gehör an die Grenze der Belastbarkeit. Besonders schmerzhaft ist der Auftritt von sechs halbschwulen Elektro-Kosaken, die eindeutig zu viel Kraftwerk gehört haben: «YOU WANT ME! YOU LOVE ME! YOU HATE ME! I DON'T CARE.» Es folgen diverse osteuropäische Schönheiten, die mit einer Ballade beginnen und wenig später in schrille Eurotrash-Nummern übergehen. Dazwischen entkleiden sie sich meistens.

Lady Gaga tritt als Letzte auf und toppt mal wieder alles. Im besinnlichen Teil ihres Œuvres lehnt sie mit einem roten Abendkleid am Piano. Kurzes Zwischenspiel, die Diva verschwindet von der Bühne, um vierzig Sekunden später als römische Göttin in Unterwäsche mit einem Dutzend Ledersklaven wiederaufzutauchen. «I'm coming alive», singt sie, «I'm coming ali-hi-hive!» Manche Zuschauer scheinen das als Drohung zu verstehen, denn sie verlassen den Saal. Verhaltener Applaus. Kamaliya, die von ihrem Management gerne als «Superstar aus der Ukraine» verkauft wird, ist in ihrem eigenen Land nur der Superstar des Oligarchen. Später werden die Zeitungen schreiben, ihre Show sei «nicht von dieser Welt» gewesen.

Der Abend endet bei Drinks und Sushi in der Disco «Indigo». Auf der Aftershowparty sitzen Zahoor und Kamaliya mit ihrem Clan in einer weißen Lounge und lassen sich von der Presse ablichten. Der VIP-Bereich ist voller langbeiniger Mädchen, die ich nicht einordnen kann: Wer ist Star, wer ist Groupie, wer ist professionell unterwegs? Ich komme mit einer Frau ins Gespräch, und sie erteilt mir eine Lektion über Männer, die ich nie im Leben vergesse werde. Ich frage sie ganz offen, ob sie auf der Suche nach einem reichen Sugardaddy sei. Das ist ihre Antwort: Sie wäre schon zufrieden, wenn ein Mann sie nicht schlage, kein Alkoholiker sei, keine Schulden habe, einem geregelten Job nachgehe und ein kleines bisschen hübscher sei als ein Affe.

Tag zwei im Goldpalast. Kamaliya streift sich einen Lederhandschuh über und führt den Falken für eine RTL-Homestory im Atrium spazieren. Zahoor hat sich von seinen Hausdamen Arabella oder Mirabella bringen lassen und spielt Vater. Spricht man ihn auf Korruption an, schimpft er über den Oberoligarchen Rinat Achmetow, der den Fußballclub Schachtjor Donezk mit vielen Millionen und der halben brasilianischen Nationalmannschaft in die Champions League geführt hat. Was für ein Gangster! Früher hätte der Typ doch nur Schaschlik verkauft. Dann sei auf der Ehrentribüne, unter dem Sitz des Mafia-Paten, dem damals die ganze Stadt gehörte, eine Bombe explodiert. Ausnahmsweise sei Achmetow, die rechte Hand des Paten, dieses eine Mal nicht im Stadion gewesen, und er habe sich das ganze Imperium unter den Nagel gerissen. «Also, was willst du von mir? Ich habe niemanden umgebracht!», empört sich Zahoor. «Ich habe auch niemanden bestohlen. Ich bin kein Oligarch!»

Zahoor kommt mit neunzehn in die Sowjetunion und spricht kein einziges Wort Russisch. Seine Eltern, ein Buchhalter und eine Hausfrau, sind gerade auf der Haddsch nach Mekka, als er die Zusage für ein Stipendium erhält. Was für ein Glück: Er hat sich gegen dreiundsechzigtausend Mitbewerber durchgesetzt, und nun muss alles ganz schnell gehen. Ohne sich von seinen Eltern verabschieden zu können, reist er nach Moskau, wo er nach drei Tagen in einen Bus nach Donezk gesteckt wird. Es herrscht tiefster Winter, der Bus fährt durch die Dunkelheit, und Zahoor bekommt es mit der Angst zu tun. Er wollte doch unbedingt nach Europa oder Amerika, weil er noch nie einen Wolkenkratzer gesehen hatte. Zahoor dachte, dass überall im Westen Wolkenkratzer stehen, aber Stunde um Stunde vergeht, und kein einziger taucht vor seinen Augen auf. Kann das wirklich Europa sein?

Weil er immer schon etwas schlauer war als alle anderen, lernt er die Sprache des seltsamen neuen Landes in nur drei Monaten. Auf der Universität in Donezk lässt er sich zum Stahlingenieur ausbilden, obwohl er sich eigentlich gar nicht für Stahl interessiert. Zahoor weiß, dass diese Industrie in seiner Heimat im Aufwind ist. Nach der Ausbildung geht er zurück nach Karatschi und steigt dort rasant in eine Top-Position bei Pakistan Steel auf. Zahoor kümmert sich um alles: Produktionsplanung, Marketing, Verkauf. Doch als die Rote Armee nach Afghanistan einmarschiert, hat er ein Problem. Zahoor ist damals mit einer Russin verheiratet, und die Russen sind nun auch die Feinde Pakistans. Deshalb teilt ihm seine Firma mit, dass man ihn nicht weiter befördern werde.

Zahoor ist erst neunundzwanzig und hungrig auf mehr. Er schmeißt alles hin, geht zurück nach Moskau, arbeitet in der Textilindustrie und bald wieder für eine Stahlfirma. Während der Perestroika startet er sein eigenes Business: Mit Hilfe eines thailändischen Investors handelt er weltweit mit Stahl. Es ist eine wilde Zeit. Mal verliert er zehn Millionen Dollar an einem Tag, mal verdient er das Doppelte an einem halben. Mitte der Neunziger kauft Zahoor eine marode Stahlmühle in Donezk und rüstet sie zu einem High-End-Betrieb hoch. Dasselbe tut er in Pennsylvania, Großbritannien, Serbien und Dubai. Sein Geschäftsmodell zahlt sich aus: Die Qualität seines Stahls ist unschlagbar, und er macht ein Vermögen.

Als er kurz vor der Finanzkrise plötzlich alles verkaufen will, hält man ihn für verrückt. Doch Zahoor hat eine Theorie. Er weiß, dass die Chinesen mehrere Stahlwerke gebaut haben, um Peking für Olympia 2008 auf Vordermann zu bringen. Nach den Spielen, das ist ihm klar, wird

China massiv billigen Stahl aus Überproduktion auf den Markt werfen. Genau so kommt es. Kaum ist er sein Unternehmen los, rutscht der Preis in den Keller. «Heute ist das Werk in Donezk pleite», erzählt Zahoor, «ich habe also alles richtig gemacht.» Ob seine Geschäfte sauber waren, lässt sich schwer sagen. Er beteuert, dass er grundsätzlich niemanden geschmiert oder bestochen habe. Andererseits kann man sich schwer vorstellen, dass jemand in einem Gangsterstaat zu einem der reichsten Männer des Landes avanciert, ohne selbst ein Gangster zu sein.

Ich frage Zahoor, ob er Kamaliya aus Liebe oder Geschäftssinn fördert, und er überrascht mich. «Ganz klar Business», antwortet er und vergleicht sie nüchtern mit einem Produkt. Als seine Frau zur Misses World gewählt wurde, habe er ihr «Marktpotenzial» erkannt und «gezielt investiert». Es sei bald an der Zeit, dass sich das «Projekt» selber trage, in den nächsten Jahren müsse der «Break Even» erreicht werden. Erfolg ist käuflich, und Popkarrieren sind planbar.

Kamaliya sitzt auf einem goldenen Höckerchen neben einem Flügel und gibt ein großes RTL-Hintergrundinterview:

«Wie hat Ihnen Schloss Bückeburg gefallen?»

«Sehr gut. Ich mochte die Wandmalereien und die Gemälde. Eines Tages möchte ich dort Urlaub machen.»

«Können Sie verstehen, dass manche Menschen neidisch auf Sie sind?»

«O ja. Ich komme aus einer einfachen Sowjetfamilie und weiß, was Armut ist.»

«Was wünschen Sie Ihrem Land?»

«Ich finde, jeder Ukrainer sollte in Wohlstand leben, mit hohen Einkünften und Renten.»

Als Beweis für ihre Volksnähe und ihren Patriotismus möchte uns Kamaliya die Gesichter der Revolution auf dem Maidan zeigen. Sie schwebt zu ihrem Schminkzimmer, verschwindet eine Weile darin und kehrt in einem pechschwarzen Kostüm zurück, das ihr für diesen Zweck angemessen erscheint. Ihre Haare hat sie zu einem Zopf flechten lassen, und ihre Wangen sind ausnahmsweise dezent geschminkt – zumindest für ukrainische Verhältnisse. Eine der Hausdamen heftet Kamaliya eine Schleife in Blau und Gelb ans Revers, und Igor, der finster dreinblickende Bodyguard, legt mehrere Sträuße roter Nelken in den Kofferraum eines elfenbeinweißen Range Rovers. Wir heizen mit drei Wagen Stoßstange an Stoßstange in die Innenstadt von Kiew, um unser Mitgefühl darzutun: Kamaliya, ihre Nichte, eine Hausdame, drei Leibwächter, das Management, RTL, einer der Zwergpinscher und ich. Zahoor bleibt in der Villa. Er meint, er könne mit seinem Rücken nicht so lange stehen.

Die Kolonne hält direkt neben den Barrikaden, und der Betroffenheitstourismus kann beginnen. Igor holt die Blumen aus dem Kofferraum, die zwei anderen Bodyguards checken die Lage aus der Entfernung. Die Gesichter der Revolution sind auch schon da. Jemand hat sie pünktlich zu unserem Treffpunkt bestellt. Sie sprechen Deutsch und Englisch, was für ein Zufall, und zur Sicherheit gesellt sich noch eine Übersetzerin zu uns. Es ist früher Abend, und der Maidan leuchtet im Totenlicht. Tausend Grabkerzen brennen zwischen Bergen aus Blumen und Stacheldraht. Die Porträts der gefallenen Männer und Frauen hängen an Zelten, Holzverschlägen und verkohlten Straßenschildern. An manchen Fotos heften kleine

Heiligenbilder. Jetzt erklärt Kamaliya dem deutschen Fernsehen, wie sie allein die Ukraine vom verbrecherischen Janukowitsch-Regime befreit hat. Überall dort, wo Menschen gestorben sind, legt die Frau des Oligarchen eine Nelke ab. Sie versucht sich an einem ernsten Gesicht, schließt die Augen und betet. Jemand macht sie auf Einschusslöcher in einem Laternenmast aufmerksam, das Kameralicht geht an, und Kamaliya zeigt entsetzt auf die Laterne, als sei auch auf sie geschossen worden. Später wärmt sie ihre manikürten Hände an einem brennenden Ölfass.

Nach zweieinhalb Stunden ertrage ich das Theater nicht mehr. Ich will Kamaliya gar nicht absprechen, dass sie etwas für die Opfer empfindet, aber ohne RTL wäre sie niemals hierhergefahren. Ich möchte mich verabschieden, doch Kamaliyas Management bittet mich, noch ein letztes Mal mit in die Villa zu kommen. Für ein Abendessen. Ohne Kamera. Ohne RTL. Man habe doch noch gar keine Zeit gehabt, sich kennenzulernen.

Im Palast ist es dunkel. Der Manager eilt über die Wendeltreppe nach oben, um den Hausherrn zu suchen. Kamaliya ist in einem ihrer Gemächer verschwunden, auch die Dienerinnen haben sich zurückgezogen. Plötzlich bin ich ganz allein. Ich sitze auf einem goldenen Thron in einem goldenen Palast in einem der ärmsten Länder Europas und frage mich, ob ich so leben könnte. Eine Katze springt auf meinen Schoß, eine zweite kratzt an meinem linken Bein. Die Kaninchen randalieren in ihrem Käfig. Auch der Falke sehnt sich nach Liebe. Er schlägt mit den Flügeln und sucht meine Nähe. Du armes Geschöpf. Tag und Nacht hockst du wie eine Statue auf deiner Säule. Du musst nicht jagen, keine Nester mehr bauen, und eines Tages wirst du fett und faul von deinem Sockel kippen und begraben oder einfach in den Müll geworfen. Du erinnerst mich an eine Weisheit des indischen Dichters Rabindranath Tagore: «Fasst die Flügel des Vogels in Gold, und er wird sich nie wieder in die Lüfte schwingen.»

Im Esszimmer brennt Licht. Zahoor lässt auftischen. Kaviar, Fisch, Hühnchen, gedünstetes Gemüse, pakistanisches Curry mit Kichererbsen, Schokolade, Konfekt und ein Früchteteller für den Manager, der auf seine Linie achten will. Zahoor ist großzügig wie immer. Er schenkt aus einer Karaffe Rotwein ein und erzählt eine wunderbare Geschichte, die mich versöhnt. Sie beginnt mit osteuropäischer Bürokratie: In der Ukraine hat jedes Gesetz zwei Bedeutungen. Das Steuerrecht wirkt auf den ersten Blick drakonisch, doch beim näheren Hinsehen öffnet sich immer ein Schlupfloch. Um sich Rat zu holen, vereinbart Zahoor zusammen mit befreundeten Geschäftsmännern einen Termin bei einem Steuerberater, der zufälligerweise ein Freund von Kamaliyas Familie ist. Als der Berater hört, dass reiche Leute in sein Büro kommen, fragt er die Sängerin, ob sie dazustoßen möchte. Vielleicht springt ein Auftritt auf einer Firmenfeier dabei heraus? Kamaliya sagt zu, doch sie hat Bedenken. Sie weiß, was passiert, wenn eine ledige Frau auf so viele Männer trifft. Die Kerle werden sich um sie schlagen und sie wie Freiwild behandeln. Also planen die beiden eine List: Kamaliya wird sich zwar als Sängerin vorstellen, aber so unscheinbar wie möglich kleiden, und der Steuerberater wird behaupten, dass sie seine Verlobte sei.

Nun sitzt Zahoor also mit drei, vier Kollegen in einem Kiewer Büro, und als er die blonde Sängerin sieht, trifft ihn sofort der Blitz. Sie trägt eine gewöhnliche Hose, einen Mantel und eine schlichte schwarze Bluse, sie ist kaum geschminkt, aber Zahoor findet sie wunderschön. So klassisch. So traditionell. Dann betrachtet er den Steuerberater: Der angebliche Verlobte ist ein grober Kerl mit einem typisch ukrainischen Schnurrbart. Zahoor bittet Kamaliya, eine Kostprobe ihrer Kunst zu geben, und sie singt ein ukrainisches Volkslied. Jetzt trifft ihn der Blitz ein zweites Mal. Ihre Stimme erinnert ihn an Sarah Brightman, die er doch so sehr verehrt. «Was zum Teufel machst du in diesem Land?», fragt er. «Du müsstest irgendwo da draußen im Westen sein und Millionen verdienen!»

Glücklicherweise soll eine Woche später im Stadion von Donezk ein großes Konzert für seine Stahlarbeiter stattfinden, und Zahoor möchte Kamaliya buchen. «Sprich doch mit meiner Produzentin», sagt sie zu ihm. «Mein Management wird mit deiner Produzentin reden», antwortet er, «ich möchte mit dir sprechen!» Zahoors Manager überbringt Kamaliyas Mutter, die damals ihre Produzentin ist und übrigens gerade neben uns Platz genommen hat, einen großzügigen Vorschuss. Zahoor selbst findet die Handynummer der Sängerin heraus und ruft sie von nun an jeden Tag dreimal an. Wie geht es dir? Bist du schon aufgeregt? Wie laufen die Vorbereitungen? Als seine Angebetete in Donezk aus dem Flugzeug steigt, lässt er ihr einen riesigen Strauß Rosen bringen, und nach ihrem Auftritt schickt er ihr jeden Tag einen ganzen Lieferwagen Blumen, bis Kamaliyas Dreizimmerappartement nicht mehr bewohnbar ist. Sie kapituliert und ist endlich bereit für ein Rendezvous.

«Was erzählst du da?», fragt die Popdiva, die jetzt im

Bademantel an die Tafel schlurft und plötzlich ein ganz normales hübsches Mädchen ist, das mit ihren Fingern ein Stück Hühnchen auseinanderzupft.

«Unsere Liebesgeschichte!», ruft Zahoor.

«Das muss eine neue Version sein. Aber bitte, fahr fort.»

Nach zwei Monaten sind die beiden ein Paar, und es geht auf große Fahrt nach Dubai. Sie checken im Burj al Arab ein und vertreiben sich die Zeit mit Shopping und Sightseeing. Danach nimmt Zahoor seine Geliebte mit in die Heimat, um die Trauung eines Freundes zu besuchen. So eine pakistanische Hochzeit dauert vier Tage, also schenkt er Kamaliya viele teure Kleider, unter anderem ein rotes. Da sie schon einige Bollywoodfilme gesehen hat, fragt sie Zahoor, ob Rot nicht die Farbe der Braut sei. «Nein, nicht unbedingt», antwortet er, «diesmal wird die Braut eine andere Farbe tragen.» Als Kamaliya im roten Dress auf der Feier erscheint, wird ihr klar, dass sie sich auf ihrer eigenen Hochzeit befindet. Außer den beiden sind nur ein paar Freunde zu Gast. Und der Mullah.

«Du hättest mich wenigstens fragen können!», schimpft sie.

«Ich frage dich jetzt!», sagt er.

«Aber ich muss mit meiner Mutter darüber reden!»

«Hier ist das Telefon, ruf sie an.»

Das ist die Geschichte von Kamaliya und Zahoor. Sie sind neureich. Sie haben alle Maßstäbe verloren, und ich denke, das Management sollte sie vor sich selbst schützen. Doch irgendwie mag ich die beiden.

Wer den Palast und das Poolhaus dekoriert hat? Das war Kamaliya. Sie wollte ihrem Ehemann ihre Zuneigung beweisen und schenkte ihm einen Traum aus Tausendundeiner Nacht, damit er sich zu Hause fühlt. Nach ihrer unfreiwilligen Hochzeitsreise dachte sie, Pakistan sei ein Teil Arabiens.

# Star Island

## AM ENDE DER TRÄUME

Löwenköpfe, dreizehn Schlafzimmer, zwei Gästehäuser, ein Anti-Paparazzi-Nebel und Striptease-Stangen auf dem Esstisch. Wunderland liegt vor der Küste Miamis, und Hollywood würde sagen: It's all coming to an end. Karate Kid suchte die Entscheidung in Okinawa, James Bond jagte Dr. No bis nach Crab Key, und ich folge Thomas Kramer an den Nabel der Dekadenz. Auf nach Star Island!

Doch TK bleibt unberechenbar. Erst trennt er sich von seinem Assistenten, dann weiß er plötzlich nicht mehr, ob er feiern will. Mal kündigt er die Party seines Lebens an, mal besteht die Welt nur noch aus Arschlöchern. So geht es über Wochen. Wenige Tage vor dem großen Finale bläst er alles ab. Mein neuer bester Freund entfernt mich aus seinen Facebook-Kontakten und lässt mir schriftlich über seine Immobilienfirma mitteilen, dass er das Anwesen auf Star Island verkaufen will. Wunderland ist abgebrannt.

Sagenhafte siebenundvierzig Millionen Dollar verlangt TK für seinen Palast und sein Grundstück zwischen Julio Iglesias, P. Diddy und der legendären Scarface-Villa, das sind etwa vierunddreißig Millionen Euro. Wir sprechen also von über dreizehn Millionen Coffee to go, die tropfdicht versiegelt und hintereinandergelegt, je nach Größe, drei- bis viermal um den Äquator reichen würden. Allerdings besteht die Oberfläche unseres Planeten zu einundsiebzig Prozent aus Wasser, und eine Monsterwelle auf dem Atlantik kann über fünfundzwanzig Meter hoch werden. Wie soll man da überhaupt etwas «um die Erde legen»? Volle Kaffeebecher schwimmen nicht, leere Kaffeebecher laufen voll, und selbst wenn es irgendwie gelänge, eine vierzigtausend Kilometer lange Kaffeebecherkette über Kontinente und Ozeane zu spannen, müsste der internationale Schiffsverkehr für mehrere Tage umgeleitet werden, was bei den derzeitigen Schwerölpreisen und Konventionalstrafen zu Mehrkosten im Milliardenbereich führen würde. Ganz nebenbei bezweifle ich, dass jemand bereit ist, siebenundvierzig Millionen Dollar für einen Kitschbunker mit Garten hinzublättern.

Ich weiß nicht, ob TK jemals mit Vladi Private Islands gesprochen hat, aber er sollte es tun. Farhad Vladi, Sohn eines persischen Dolmetschers und einer Hamburger Kaufmannstochter, ist der einzige Inselmakler der Welt. Er hat ein Büro an der Außenalster, doch meistens hüpft er in Wasserflugzeugen von Eiland zu Eiland und führt seine Klienten barfuß über einsame Strände.

Alles begann mit einer geplatzten Verabredung. Vladi war neunzehn, saß in einem russischen Restaurant und wartete auf einen Freund. Auf dem leeren Stuhl lag eine Zeitung. Sie berichtete von einem Glücksritter, der eine Insel auf den Seychellen gekauft hatte. Für nur fünftausend Mark. Diese Story ließ Vladi nicht mehr los. Natürlich hatte er Robinson Crusoe gelesen, und so brannte sich ein Satz auf seine Festplatte: «Ich will auch eine Insel!» Doch wie stellt man so was an? Zwei Jahre lang suchte er nach dem Käufer aus dem Artikel. Vergeblich. Dann steckte er hundert Mark in einen Briefumschlag, schickte ihn an eine Redaktion auf den Seychellen und bat darum, eine kleine Annonce zu schalten. Er hatte keine Ahnung, wie wertvoll ein Hunderter dort unten war. Als die Post ihm Wochen später ein Exemplar des Blatts brachte, lachte seine Mutter Tränen. Das Inserat füllte eine ganze Seite: «Mister Vladi from Hamburg looks for an island.»

Bald meldete sich ein Jurist und bot ihm die Insel Cousine an. Der Mann zauberte eine Leinwand vor Vladis geistiges Auge und ließ darauf ein Meisterwerk entstehen: azurblaues Wasser, smaragdgrüne Wälder, magische Sonnenuntergänge und Riesenschildkröten, die nachts ihre Eier im Sand vergraben. So reiste unser Freund eines Tages selbst auf die Seychellen und verliebte sich in fünfundzwanzig Hektar, die wie ein Stück Himmelreich aus dem Indischen Ozean ragten. Doch statt ein paar Tausendern verlangte der Besitzer eine Million Deutsche Mark. Viel zu viel für den großen Mister from Hamburg, der in Wirklichkeit nur ein verträumter Student war. Er besaß nichts außer seinem Geschäftssinn. Zurück bei Muttern, schrieb er einen Rundbrief an die hanseatischen Kaufleute und erzählte ihnen, dass das Paradies gerade zu haben sei. So fädelte er seinen ersten Deal ein. Am 14. März 1971 vermittelte er Cousine Island an drei Pfeffersäcke, die gemeinsam die Million zahlten. Vladi kassierte eine üppige Provision und eröffnete einen völlig neuen Markt. Zu seinen Kunden gehören Johnny Depp, William und Kate, Bill Gates, die Google-Guys und Richard Branson, der übrigens bis heute noch nicht entschieden hat, ob er mich treffen möchte.

Um ein Haar hätte der Inselmakler die Ehre gehabt, Seite an Seite mit Nicolas Cage zu sterben. Die beiden starteten mit einem Hubschrauber in Nassau, um sich eine der Berry Islands anzusehen. Beim Anflug warf Vladi einen Blick auf die Landkarte. «Sir, das ist die falsche Insel!», rief er dem Piloten zu, doch der reagierte nicht. «Wrong island!», wiederholte er, da drehte sich der Captain um und machte ihm klar, dass jetzt keine Zeit für Diskussionen war. Die Maschine hatte einen Getriebeschaden und musste so schnell wie möglich runter. Irgendwie gelang dem Piloten eine Notlandung, und Vladi war der Vorfall unendlich peinlich. Er fing sofort an zu telefonieren und versuchte, einen zweiten Heli aufzutreiben. Cage aber hatte genug vom Fliegen. «Hey, besorg uns lieber einen Tisch im besten Restaurant auf den Bahamas», meinte er, «heute feiern wir unsere Wiedergeburt!» Am späten Abend bekam Cage einen Anruf von American Express. Das Kreditkartenunternehmen fragte, ob er wirklich in einem Restaurant sei oder ob er gerade ein Auto gekauft habe.

Farhad Vladi ist eine weiße Eminenz mit Lausbubengesicht. Ich glaube, er hält sein Leben für einen einzigen gelungenen Streich. Mal sehen, wann ihm das Dauerlächeln vergeht, schließlich sitze ich an seinem Schreibtisch und bedrohe ihn mit einer Waffe. Jemand hat den Namen «Alexander Selkirk» und die Jahreszahl «1705» in den Schaft geritzt. Ihr ursprünglicher Besitzer, ein Seefahrer, verbrachte viel Zeit mit Schnitzereien, denn er lebte vier Jahre und vier Monate ganz allein auf der Insel Más a Tierra vor der chilenischen Küste. Sein Kapitän hatte ihn dort zurückgelassen, weil Selkirk an der Seetüchtigkeit des Schiffs zweifelte und eine Meuterei anzetteln wollte.

Tatsächlich ging der Seelenverkäufer bald darauf unter und mit ihm die gesamte Crew. Als ein gewisser Daniel Defoe diese Geschichte hörte, inspirierte sie ihn zu einem großen Roman. Alexander Selkirk ist der wahre Robinson Crusoe, und ich halte gerade seine Muskete in Händen. Eine Ur-Ur-Ur-Enkelin des Abenteurers hat sie Vladi vermacht, weil sie sich keinen besseren Erben vorstellen konnte als ihn.

Das sind die Momente, für die ich lebe. Ich brauche keine «Robusto» und keine «Diamonds Are Forever», keine ausgestopften Giraffen, kein goldenes Atrium und keinen Falken, der auf den Marmor kackt. Um ehrlich zu sein, muss ich auch nicht in einem offenen weißen Mercedes die Côte d'Azur entlanggleiten. Mein Reichtum ist ein bunter Kessel Brausepulver, und wenn die Sehnsucht kommt, springe ich hinein. Trotzdem wäre eine Privatinsel nicht schlecht.

«Was stellen Sie sich denn so vor?», fragt Vladi.

«Ganz egal, es soll nur nicht regnen.»

«Wollen Sie auch schöne Palmen?»

«Natürlich.»

«Und wie sollen die ohne Regen wachsen?»

Wenn es allein nach den Wünschen seiner Klienten ginge, würde er nur Wüsteninseln ohne jegliche Vegetation verkaufen. Wer eine Wohnung sucht, hat klare Vorstellungen, wer sich für eine Insel interessiert, hat meist keine Ahnung. Das ist der Unterschied zu einem normalen Makler. Vladi muss erst mal herausfinden, was seine Kunden wirklich wollen. Mittlerweile hat er sich abgewöhnt, in Klientengesprächen auf die Männer zu hören. Sie halten sich für unsterblich und stellen die falschen Fragen. Ehefrauen sind klüger. Sie möchten wissen, ob es auf der Insel

Taranteln gibt. Oder Skorpione. Oder Moskitos. Oder Kannibalen. Oder Hurricanes. Oder Strom. Oder Grundwasser. Oder eine Toilette. Wo kann ich Lebensmittel einkaufen, und wie kann ich sie kühlen? Was passiert, wenn ich auf einer Qualle ausrutsche, von einem Hai gebissen werde oder mir eine Kokosnuss auf den Kopf fällt? Wie weit ist es bis zur nächsten Klinik? Am Ende einigt man sich gerne auf eine bärenfreie kanadische Insel mit Blockhütte und Ruderboot, nicht allzu fern vom Festland. Vladi selbst ist Herr über Forsyth Island, ein subtropisches Paradies in Neuseeland mit fünfzig Kilometern Wanderwegen und Wäldern, die ihn an «Lord of the Rings» erinnern. Keine gefährlichen Tiere, keine beißenden Insekten. Auf den sattgrünen Hängen weiden Kaschmirziegen, Schafe und drei Lamas. Er hat ihnen Namen gegeben. Ein Schaf heißt Puschi, ein anderes Puschilino.

Wer sich ein Auto leisten kann, meint Vladi, der kann sich auch eine Insel leisten. Vielleicht nicht Skorpios, Richard Bransons Necker Island oder David Copperfields Musha Cay, die Bentleys der Branche, aber ein kleiner Traum ist auch ein Traum. Die günstigste Insel, die Vladi je verkauft hat, wechselte für anderthalbtausend kanadische Dollar den Besitzer. Allerdings stand darauf nur ein Hühnerschuppen. Als ich dem Makler das Verkaufsangebot für Star Island zeige, muss er lachen. «Das ist ein völlig utopischer Preis», sagt er. «Ganz offensichtlich braucht dieser Herr Kramer dringend Geld.»

Vladi behält recht. «Ausgeprotzt!», titelt die Bild-Zeitung an einem Sonntag im Februar. Dazu druckt sie das Foto eines blonden Party Animals mit irrem Blick und Zigarre im Mundwinkel. Auf seinem T-Shirt steht in blutroten Lettern: «Kiss my Ass» – Leckt mich doch alle am Arsch. Mein Freund TK ist bankrott. Die Erben von Geldschein-Otto haben nach fast zwanzig Jahren recht bekommen, und Thomas muss das Vermögen seines ehemaligen Schwiegervaters zurückzahlen. Plus Zinsen und Zinseszinsen. Von zweihundert Millionen Dollar ist die Rede, außerdem soll er gewaltige Steuerschulden haben. Amerikanische Quellen berichten, dass die Villa und das Grundstück auf Star Island an einen Konkursverwalter gefallen sind. Die Artikel triefen vor Zynismus und Schadenfreude. «German playboy Thomas Kramer's millions up in smoke.»

In St. Moritz scheint an dreihundertzweiundzwanzig Tagen im Jahr die Sonne. Heute aber schneit es. Es hat schon den ganzen Tag geschneit, während ich im Sozialschlauch quer durch Europa gereist bin. Dreizehn Stunden von Hamburg über Basel, Zürich und Chur bis auf das Dach der Welt. Jetset für Arme. Mein Budget ist am Ende, meine Nerven sind es auch, und so werfe ich mich auf der Zugtoilette für einen letzten Tanz in Schale. Fürst Schaumburg-Lippe lädt zu einem Charity-Abend ein. Der Dresscode ist «Black Tie», eine klassische Falle. Früher wäre ich davon ausgegangen, dass man von mir einen Anzug und eine schwarze Krawatte erwartet. Doch «Black Tie» bedeutet in der geschlossenen Gesellschaft nichts anderes als Smoking. Das muss man wissen, sonst erkennen sie dich, die Fürsten und die Könige, die Baronessen und die Prinzessinnen, die Oligarchen und die Mannequins, die Moguln und die Maharadschas, die Scheichs und die Scharlatane.

Ich bin mit der Grande Dame der Alpen verabredet, sie ist weit über hundert Jahre alt. Wenige Schritte vom

Bahnhof entfernt steht eines der berühmtesten Luxushotels der Geschichte. Selbstverständlich ist der Schah von Persien hier abgestiegen, genau wie Marlene Dietrich, Audrey Hepburn, Churchill, Chaplin, Hitchcock, und natürlich sollen ihre Seelen noch immer über die holzvertäfelten Gänge spuken. Das Badrutt's Palace ist ein Zauberschloss. Außen Hogwarts, innen Hollywood. In seinem Turm richtete sich Gunter Sachs sein legendäres Pop-Art-Appartement ein. Eine Suite kostet sechzehntausend Euro die Nacht, dafür verfügt der Chauffeurservice über drei verschiedene Rolls-Royce-Modelle, ganz nach Geschmack, und der Concierge erfüllt jeden Wunsch, sei er noch so absurd. Als ein Gast auf dreitausend Metern fernsehen wollte, flog man mit dem Helikopter eine Mattscheibe in die Berge. Als ihm kalt wurde, brachte man ihm ein Lagerfeuer hinterher. Zwei Gästen fiel ein, dass sie zur Feier ihrer Verlobung gerne ein Kamelrennen auf dem gefrorenen St. Moritzersee veranstalten würden – das Personal stellte keine Fragen und leitete alles in die Wege. Auch ein Elefant ließ sich organisieren. Allerdings bockte er vor dem Hoteleingang, und der Pâtissier musste ihn mit Pralinen in die Halle locken.

Leider stehe ich nicht auf der Gästeliste, weshalb ich versuche, möglichst selbstbewusst durch die Lobby zu gockeln. Vorbei an den Portiers, vorbei am Pianisten, vorbei an den haushohen Panoramafenstern, die den Blick auf den See und die Skipisten freigeben. Auf dem schwarzweiß marmorierten Korridor verschwinde ich in einer Gruppe aus Pinguinen und Pfauendamen. Sie trägt mich bis an den Eingang des Embassy Ballrooms, wo ich auf drei alte Bekannte treffe. Nummer eins ist der Manager von Kamaliya, die den Sprung zum internationalen Superstar bisher verpasst hat. Vielleicht ist die Welt noch nicht bereit für ukrainischen Operndancepop. Der Manager hat mir von der Charity-Gala erzählt und meinte, ich solle einfach vorbeikommen, kein Problem. Jetzt wechselt er zwei, drei Worte mit einem der Veranstalter, und voilà, schon trage ich ein gehäkeltes Bändchen um das Handgelenk. Nummer zwei ist Fürst Alexander zu Schaumburg-Lippe persönlich, der mich mit Shakehands empfängt und sich freut, dass ich gekommen bin, obwohl er mich nicht einordnen kann. Seine Hofsekretärin ignoriert meine Anfrage bis heute. Nummer drei hat sich ganz in Weiß gekleidet, so unschuldig, als wäre er gerade geboren worden. Er ist schmaler und deutlich leiser als sonst. Früher hätte er mir zur Begrüßung High Five gegeben.

«Geht es dir gut?», frage ich.

«Na klar, ging nie besser, geile Partys, schöne Frauen, lass uns doch die Tage mal Ski fahren», antwortet TK im Vorübergehen, und ich werde nie wieder etwas von ihm hören.

Was aus meinen anderen Freunden wurde?

Vielleicht hat der König von Burladingen die größte Veränderung hinter sich. Wolfgang Grupp eröffnete einen «Flagship-Store» in Berlin, obwohl er Anglizismen genauso ablehnt wie Affenhirn auf Eis. Plötzlich denkt der Firmenchef und alleinige Inhaber über Filialen im europäischen Ausland nach und erzählt von Anfragen aus Dubai und Saudi-Arabien.

Auch Reinhold Würth ist in Aufbruchstimmung. «Wir sind viel zu satt und zu fett!», schimpfte Nummer sieben in einem Interview, dieser Elder Statesman, der doch angeblich so gelassen vom Gipfel der Geldberge auf sein Lebenswerk blickt und sich nur noch einen sanften Tod wünscht. Weil die Umsätze gesunken sind, soll sein Konzern nun «aggressiver» werden und «jeden Stein umdrehen».

Dmitri Jewgenjewitsch Rybolowlew, der russische Oligarch aus Monaco, hat seinen Scheidungsprozess deutlich verloren. Nun freut sich seine Verflossene über diverse Van Goghs, Picassos und vier Milliarden Schweizer Franken.

Von Roland Paxino höre ich nur Gutes. Er tingelt mit seinen elektronischen Shishas von Messe zu Messe. Seine obergeile Menschenfresserstory konnte er Spiegel Online verkaufen, wo sie eins zu eins veröffentlicht wurde. Vielleicht hat er die Autorin zu einem guten Essen eingeladen?

Werner Kieser schickte mir letztens ein Foto. Volta, seine Rottweilerdame, hat jetzt einen Boyfriend, einen bezaubernden Rottweilerrüden.

Werner Mang sei unter die Kolumnisten gegangen, erzählt Opa Max. Er gebe in der Lokalzeitung «wertvolle Tipps» für das Wohlbefinden. Folge eins: «So besiegen Sie den Winterblues!» Neben seinem Text habe das Blatt drei Fotos abgedruckt: Mang mit Johann Lafer, Mang mit Jürgen Drews, Mang mit Rudi Assauer und Dieter Thomas Heck.

Noch erfolgreicher sind nur die Jungs von Dominator. Ihre neue Yacht, der aggressiv elegante Kampfjet, wurde in den Kategorien «Best Layout» und «Best Interior Design» ausgezeichnet.

Ich bin dankbar, dass ich all diese Menschen kennenlernen durfte. Auf viele von ihnen war ich neidisch, aber tauschen möchte ich mit keinem. Und was machen die Schnöseldorfer? Sie laufen gegen ein Flüchtlingsheim Sturm, das der Senat in ihr hübsches Viertel setzen möchte. Ganz genau wie die Bewohner von Bad Soden.

Haben sie Angst vor den Fremden? Fürchten sie um ihre Hausfrauenpanzer, ihre Hockeyschläger und die Jungfräulichkeit ihrer blonden Töchter? Aber nicht doch. Ihr Stadtteil sei viel zu reich für Asylanten, argumentieren sie. Wo sollen diese armen Kreaturen denn bloß einkaufen?

Der Embassy Ballroom ist wie ein Theater gestaltet, besitzt aber die Aura eines Wiener Bordells aus dem neunzehnten Jahrhundert. Es fühlt sich an, als würden wir in einer Gebärmutter speisen. Alle Wände sind dunkelrot, so wie der schwere Vorhang, der die Bühne verhüllt. Auf dem Tanzparkett stehen cremeweiße Tische voller Kerzen und Orchideen. Ich deute Handküsse an, schiebe Stühle heran, fülle Gläser nach und führe Smalltalk über New York, Paris und London. Ja, ja, London ist sehr international, sehr, sehr international. Natürlich koste ich den Hummer «Ceviche» mit Sellerie und Safransauce nur, alles andere wäre unfein, außerdem konnte ich heute nicht ins Gym. Die spitzen Schreie des Kontratenors und die Orgasmen der Mezzosopranistin lasse ich klaglos über mich ergehen, blicke ins Nichts und wünsche mir, dass die beiden bald Gnade walten lassen. Alle Gäste scheinen das Konzert als eine Art Zen-Übung zu verstehen. Nur nicht Walter, der links von mir sitzt. «This is complete madness», flüstert er mir zu. Ich mag den Kerl. Gerade hat er mir erzählt, wie er seiner Exfreundin ein Glitzertop von Swarovski schenkte. Bei einem Streit zog sie es aus, warf es aus dem Fenster seines Maserati Quattroporte, und noch bevor er aussteigen und es retten konnte, rollte ein Bus darüber. «So schnell habe ich noch nie dreißigtausend Euro verloren!»

Walter ist Brite, und ich habe keine Ahnung, was er

beruflich macht. So was fragt man nicht. Entweder weiß man es, oder man schweigt wissend, sonst bekommt man die Antwort, die mir mein rechter Nachbar gibt: Waffen, Drogen, Frauen, Import und Export. «Ich will gar nicht hören, in welchem Business Sie sind», sagt der Glatzkopf. «Wenn Sie hier sitzen, müssen Sie ein vermögender Mann sein. Das reicht mir.»

Wer beehrt mich noch? Letícia, eine hochklassige brasilianische Schönheit, die entweder als Model oder Juniorprofessorin arbeitet, beides würde ich ihr zutrauen. Monsieur und Madame Tobler sind im Genfer Bankengeschäft, daraus machen sie kein Geheimnis. Als ich erwähne, dass ich aus Hamburg komme, fällt Madame eine nette Geschichte ein. Sie und ihr Mann hätten ja mal eine Weile im Vier Jahreszeiten an der Alster gewohnt und sich einen Aston Martin liefern lassen. Und was ist passiert? Also nein, da habe dann ein Riesenlaster vor der Tür gehalten, so ein richtiges Monstrum von einem Lkw, und ach, das sei ihnen alles so peinlich gewesen, der Wirbel, die Schaulustigen auf der Promenade, diese Fotohandys, also da seien sie erst mal mit dem neuen Wagen für ein Wochenende nach Sylt geflüchtet.

Tatjana ist Russin, sehr jung, und Walter hält sie für eine Professionelle.

Walter: «Spielst du ein Instrument?»

Tatjana: «Nein.»

Walter: «Oh, come on!»

Tatjana: «Wirklich nicht.»

Walter: «Baby, ich wette, du spielst Flöte.»

Madame Tobler: «Sie spielen mit den Gefühlen der Männer, nicht wahr?»

Walter: «Woher kommst du?»

Tatjana: «Aus Moskau.»

Madame Tobler: «Walter, kennen Sie Moskau?»

Walter: «Fuck, ich habe dort drei Monate in jeder orthodoxen Kirche für das Leben meines Sohnes gebetet.»

Der Glatzkopf: «War er krank?»

Walter: «Nein, meine Ex wollte ihn abtreiben.»

Jetzt bestellt Walter eine Runde Wodka für alle und behauptet, Prinz William sei der Antichrist.

Madame Tobler: «Sie wollen uns auf die Schippe nehmen.»

Walter: «Hey, ich habe fünftausend Bücher in meiner Bibliothek.»

Letícia: «Vielleicht solltest du sie lesen.»

Der Hauptgang rettet die Stimmung. Filet mignon mit Trüffeln, Pfifferlingen und gratinierten Gnocchi Pariser Art. Danach verteilen die Kellner goldene Umschläge mit Überweisungsträgern, und Fürst Schaumburg-Lippe hält eine Rede.

Walter (flüsternd): «Bullshit.»

Glatzkopf: «Was hat er gesagt?»

Ich: «Er sagte: ‹Bullshit.›»

Letícia: «Pardon?»

Madame Tobler: «Er hält die Rede für Bullshit.»

Letícia: «Ja, natürlich ist es Bullshit, aber das weiß man doch vorher.»

Der Fürst bittet den Saal, eine großzügige Summe für einen guten Zweck zu spenden: Wir sollen das Hadassah-Krankenhaus in Jerusalem unterstützen. Eine Klinik, die jeden Hilfsbedürftigen behandelt, egal, ob er Israeli, Palästinenser oder Araber ist. Dass Hadassah durch Managementfehler und fragwürdige Investitionen dreihundert Millionen Miese gemacht hat, verschweigt er. Stattdessen zeigt er einen Film über ein kleines Mädchen, das aus dem neunten Stock gefallen ist und dank des Engagements der Ärzte wieder ganz gesund wurde.

«Oh, wie süß!», ruft Walter. «Als Nächstes erzählt er uns von Auschwitz!»

Nach diesem Satz serviert die Küche eine Schokopyramide mit Kokosnuss-Eiskrem, und ein Herr bittet meinen Tischnachbarn freundlich, aber bestimmt, die Veranstaltung zu verlassen. Ich begleite Walter zum Ausgang, weil er mich an Ole erinnert. Irgendwie tut er mir leid. Draußen warten zwei Herren von der Polizei, die seine Personalien aufnehmen und mit ihm in die Nacht fahren. «Wir kennen diesen Klienten», verrät mir der Portier, mehr nicht. Als ich zurück in den Ballsaal komme, hat Fürst Schaumburg-Lippe sein edles Sakko ausgezogen und sich am Konzertflügel auf der Bühne niedergelassen. Er spielt «Guten Abend, gute Nacht», und das nicht mal schlecht.

Genau in dieser Minute, mag es am Wein, an der Höhenluft oder der langen Reise im Sozialschlauch liegen, wächst ihm ein Schutzpanzer auf dem Rücken. Seine fleischigen Hände färben sich schwarz und verwandeln sich in Flossen, seine Augen treten hervor, und Schuppen bedecken sein Kinn. Durchlaucht ist eine Lederschildkröte. Die beiden Warane an meinem Tisch könnten Monsieur und Madame Tobler sein, sie wälzen sich übereinander auf einem Stuhl, während Tatjana und Letícia zwischen den halbvollen Gläsern hindurchschlängeln. Und wo ist der Glatzkopf? Er krabbelt auf sechs Beinen durch den Sand. Welcher Sand? «Willkommen auf Star Island!», kreischt ein Vogel. Ich sehe gen Himmel. In den Blättern einer Palme sitzt ein Papagei und wacht über die Insel der Seligen.

Das für dieses Buch verwendete FSC®-zertifizierte Papier
*Schleipen Werkdruck* liefert Cordier, Deutschland.